普通高等教育"十三五"精品规划教材

（计算机网络技术系列）

Java 程序设计

主　编　甘　霞

副主编　王中婧　李　亮

主　审　何友鸣

中国水利水电出版社
www.waterpub.com.cn
·北京·

内 容 提 要

本书全面系统地介绍了 Java 语言的特点及其应用技术，内容上以 Java 的基础程序设计、面向对象程序设计和事件处理为三大主线，利用浅显易懂的语言、简单丰富的实例，完整地介绍了 Java 面向对象程序设计的要点和难点。全书共 14 章，内容包括 Java 语言概述、Java 语言基础、类与对象、键盘输入与流程控制、数组、类的方法、继承性和多态性、异常处理、I/O 技术与文件处理、多线程、图形界面设计、小程序设计、数据库程序设计和网络编程。

本书在章节编排与内容上注重教材的体系，其特点是结构合理、概念清晰、语言简练；在结构上特别注重前后内容的连贯性，力求抓住关键、突出重点、分解难点，体现"理论性、实用性、技术性"三者相结合的编写特色。

本书可以作为高等院校计算机、信息管理与信息系统及相关专业的教学用书，也可以作为职业教育的培训用书和 Java 初学者的入门教材。

图书在版编目（CIP）数据

Java程序设计 / 甘霞主编. -- 北京：中国水利水电出版社，2018.8
普通高等教育"十三五"精品规划教材. 计算机网络技术系列
ISBN 978-7-5170-6726-9

Ⅰ. ①J… Ⅱ. ①甘… Ⅲ. ①JAVA语言－程序设计－高等学校－教材 Ⅳ. ①TP312.8

中国版本图书馆CIP数据核字(2018)第185603号

策划编辑：杜 威　　责任编辑：张玉玲　　加工编辑：张青月　　封面设计：李 佳

书　名	普通高等教育"十三五"精品规划教材（计算机网络技术系列） Java 程序设计　Java CHENGXU SHEJI
作　者	主　编　甘　霞 副主编　王中婧　李　亮 主　审　何友鸣
出版发行	中国水利水电出版社 （北京市海淀区玉渊潭南路 1 号 D 座　100038） 网址：www.waterpub.com.cn E-mail: mchannel@263.net（万水） 　　　　sales@waterpub.com.cn 电话：（010）68367658（营销中心）、82562819（万水）
经　售	全国各地新华书店和相关出版物销售网点
排　版	北京万水电子信息有限公司
印　刷	三河市祥宏印务有限公司
规　格	184mm×260mm　16 开本　17 印张　421 千字
版　次	2018 年 8 月第 1 版　2018 年 8 月第 1 次印刷
印　数	0001—3000 册
定　价	38.00 元

凡购买我社图书，如有缺页、倒页、脱页的，本社营销中心负责调换

版权所有·侵权必究

前 言

  Java 语言是完全面向对象的，具有容易学习、功能强大、程序可读性好等优点，是其他传统语言无可比拟的。

  本书在内容编排上做了精心地设置与选取，注重基础知识的理解与基本技能的培养。本书内容思路清晰、结构严谨，在内容的叙述上由浅入深、循序渐进、用语规范，全面准确讲述基本语法和面向对象技术等理论内容；在结构上特别注重前后内容的连贯性，力求抓住关键、突出重点、分解难点，体现"理论性、实用性、技术性"三者相结合的编写特色。同时将实用性强的应用程序穿插在理论叙述中，以实例体现和巩固理论基础知识，并结合新技术的发展趋势介绍网络编程等。本书共分 14 章，其中第 1 章至第 5 章介绍了 Java 语言的基础；第 6 章和第 7 章介绍了面向对象的程序设计；第 8 章和第 9 章介绍了异常处理和文件处理；第 10 章介绍了多线程；第 11 章和第 12 章介绍了图形界面（UI）设计和小程序设计；第 13 章介绍了数据库程序设计；第 14 章介绍了网络编程。

  本书由甘霞任主编，王中婧、李亮任副主编，何友鸣任主审。非常感谢何友鸣教授以及两位参编宋洁和张永进老师在本书编写过程中所做出的贡献。

  由于编者水平有限，书中疏漏和不妥之处在所难免，敬请广大读者和同行批评指正。

编 者

2018 年 5 月

目　　录

前言

第 1 章　Java 语言概述 ………………………… 1
1.1　Java 语言的诞生与发展 ……………… 1
1.2　Java 语言的特点和技术 ……………… 2
1.3　Java 虚拟机 …………………………… 4
1.4　Java 程序种类和结构 ………………… 5
1.5　Java 开发环境 ………………………… 7
1.5.1　JDK 的下载与安装 ……………… 8
1.5.2　设置 JDK 的操作环境 ………… 10
1.6　JDK 的使用 ………………………… 12
1.6.1　编译与运行 Java 应用程序 …… 12
1.6.2　编译与运行 Java 小程序 ……… 13
本章小结 …………………………………… 16

第 2 章　Java 语言基础 ………………………… 17
2.1　关键字与标识符 ……………………… 17
2.2　数据类型 ……………………………… 18
2.3　常量和变量 …………………………… 21
2.3.1　常量 …………………………… 21
2.3.2　变量 …………………………… 23
2.4　数据类型转换 ………………………… 24
2.5　运算符与表达式 ……………………… 27
2.5.1　算术运算符 …………………… 27
2.5.2　关系运算符 …………………… 28
2.5.3　逻辑运算符 …………………… 29
2.5.4　位运算符 ……………………… 30
2.5.5　赋值运算符 …………………… 30
2.5.6　条件运算符 …………………… 31
2.5.7　字符串运算符 ………………… 31
2.5.8　表达式及运算符的优先级、结合性 … 32
本章小结 …………………………………… 33

第 3 章　类与对象 ……………………………… 34
3.1　类的基本概念 ………………………… 34
3.2　定义类 ………………………………… 35
3.3　对象的创建与使用 …………………… 38

3.3.1　创建对象 ……………………… 38
3.3.2　对象的使用 …………………… 39
3.3.3　匿名对象 ……………………… 41
3.4　私有成员与公有成员 ………………… 42
3.4.1　私有成员 ……………………… 42
3.4.2　公共成员 ……………………… 43
3.4.3　缺省访问控制符 ……………… 44
本章小结 …………………………………… 44

第 4 章　键盘输入与流程控制 ………………… 46
4.1　从键盘输入数据 ……………………… 46
4.2　分支结构 ……………………………… 50
4.2.1　if 条件语句 …………………… 50
4.2.2　switch 选择语句 ……………… 52
4.3　循环结构 ……………………………… 55
4.3.1　while 语句 …………………… 55
4.3.2　do while 语句 ………………… 56
4.3.3　for 循环语句 ………………… 58
4.3.4　多重循环 ……………………… 58
4.4　循环中的跳转语句 …………………… 59
4.4.1　break 语句 …………………… 59
4.4.2　continue 语句 ………………… 60
4.4.3　return 语句 …………………… 60
本章小结 …………………………………… 60

第 5 章　数组 …………………………………… 61
5.1　数组的概念 …………………………… 61
5.2　一维数组 ……………………………… 62
5.2.1　一维数组的定义 ……………… 62
5.2.2　一维数组元素的访问 ………… 63
5.2.3　一维数组的初始化及应用 …… 64
5.3　foreach 语句数组 …………………… 67
5.4　多维数组 ……………………………… 67
5.4.1　二维数组 ……………………… 67
5.4.2　三维以上的多维数组 ………… 70

5.5 字符串 71
　5.5.1 字符串变量的创建 72
　5.5.2 String 类的常用方法 73
本章小结 74

第 6 章 类的方法 75
6.1 调用方法 75
　6.1.1 在类定义内调用方法 75
　6.1.2 以变量为参数调用方法 76
　6.1.3 以数组作为参数或返回值的方法调用 78
6.2 方法的重载 80
6.3 构造方法 81
　6.3.1 构造方法的作用与定义 81
　6.3.2 默认的构造方法 83
　6.3.3 构造方法的重载 83
6.4 静态成员 87
　6.4.1 实例成员 87
　6.4.2 静态变量 88
　6.4.3 静态方法 89
　6.4.4 静态初始化器 91
本章小结 91

第 7 章 继承性和多态性 93
7.1 类的继承 93
　7.1.1 子类的创建 93
　7.1.2 在子类中访问父类的成员 97
　7.1.3 覆盖 99
　7.1.4 不可被继承的成员与最终类 101
7.2 抽象类 102
　7.2.1 抽象类与抽象方法 102
　7.2.2 抽象类的应用 103
7.3 接口 105
　7.3.1 接口的定义 105
　7.3.2 接口的实现与引用 105
　7.3.3 接口的继承 107
　7.3.4 利用接口实现类的多重继承 108
7.4 内部类与匿名类 110
　7.4.1 内部类 110
　7.4.2 匿名内部类 111
本章小结 112

第 8 章 异常处理 115
8.1 基本概念 115
　8.1.1 错误与异常 115
　8.1.2 Java 语言的异常处理机制 116
8.2 异常处理类 117
8.3 异常的处理 119
8.4 抛出异常 122
8.5 自定义异常类 128
本章小结 129

第 9 章 I/O 技术与文件处理 131
9.1 输入输出类库 131
　9.1.1 流的概念 131
　9.1.2 输入输出流类库 132
9.2 使用 InputStream 和 OutputStream 流类 134
　9.2.1 基本的输入输出流 134
　9.2.2 输入输出流的应用 135
9.3 使用 Reader 和 Writer 流类 144
　9.3.1 使用 FileReader 类读取文件 145
　9.3.2 使用 FileWriter 类写入文件 146
　9.3.3 使用 BufferedReader 类读取文件 146
　9.3.4 使用 BufferedWriter 类写入文件 148
9.4 文件的处理与随机访问 149
　9.4.1 Java 语言对文件和文件夹的管理 149
　9.4.2 对文件的随机访问 152
本章小结 155

第 10 章 多线程 156
10.1 线程的基本概念 156
　10.1.1 程序、进程、多任务和线程 156
　10.1.2 线程的状态与生命周期 158
　10.1.3 线程的调度与优先级 159
10.2 Java 的 Thread 线程类与 Runnable 接口 159
　10.2.1 利用 Thread 类的子类创建线程 159
　10.2.2 用 Runnable 接口来创建线程 165
　10.2.3 线程间的数据共享 166
10.3 多线程的同步控制 168
10.4 线程之间的通信 169
本章小结 172

第 11 章 图形界面设计 174

11.1 图形用户界面概述 …………… 174
11.2 图形用户界面工具包——Swing ……… 175
    11.2.1 Swing 组件分类 …………… 175
    11.2.2 颜色类 Color、字体类 Font 与图像图标类 ImageIcon …………… 182
11.3 创建组件 …………… 184
    11.3.1 标签 JLabel …………… 185
    11.3.2 命令按钮、复选框和单选按钮 …… 187
    11.3.3 文本编辑组件与滚动窗格 …… 191
    11.3.4 选项卡窗格 JTabbedPand …… 194
11.4 布局管理器 …………… 196
    11.4.1 流式布局管理器 FlowLayout …… 197
    11.4.2 边界式布局管理器 BorderLayout …… 198
    11.4.3 网格式布局管理器 GridLayout …… 200
    11.4.4 卡片式布局管理器 CardLayout …… 202
    11.4.5 网格包布局管理器 GridBagLayout …… 204
    11.4.6 盒式布局管理器 BoxLayout …… 207
    11.4.7 重叠布局管理器 OverlayLayout 和弹簧布局管理器 SpringLayout 简介 …… 209
本章小结 …………… 209

第 12 章 小程序设计 …………… 210
12.1 小程序的基本工作原理 …………… 210
12.2 JApplet 类 …………… 210
12.3 Java 小程序编程实例 …………… 212
12.4 将应用程序转换成小程序及小程序的安全性 …………… 216
12.5 图像文件处理 …………… 217
12.6 播放音乐 …………… 218
12.7 动画程序设计 …………… 220
本章小结 …………… 222

第 13 章 数据库程序设计 …………… 223
13.1 关系数据库系统 …………… 223
    13.1.1 数据库和数据库表 …………… 223
    13.1.2 完整性约束 …………… 225
13.2 SQL …………… 225
    13.2.1 创建数据库 …………… 226
    13.2.2 表操作 …………… 226
    13.2.3 表数据操作 …………… 227
    13.2.4 数据查询 …………… 228
13.3 JDBC …………… 231
    13.3.1 JDBC 概述 …………… 231
    13.3.2 JDBC 类型 …………… 232
    13.3.3 使用 JDBC 开发数据库应用程序 …… 233
    13.3.4 数据库的进一步操作 …………… 239
本章小结 …………… 242

第 14 章 网络编程 …………… 243
14.1 网络编程概述 …………… 243
14.2 基于 URL 的网络编程 …………… 243
    14.2.1 URL 类 …………… 244
    14.2.2 URLConnection 类 …………… 245
14.3 基于套接字的网络编程 …………… 246
    14.3.1 TCP 套接字实现过程 …………… 247
    14.3.2 Socket 类 …………… 247
    14.3.3 ServerSocket 类 …………… 248
    14.3.4 InetAddress 类 …………… 248
    14.3.5 端—端通信程序设计分析 …… 249
    14.3.6 逐步完成具备发送和接收数据的 Java 控制台聊天程序 …… 250
14.4 基于 UDP 的网络编程 …………… 261
    14.4.1 数据报套接字 …………… 262
    14.4.2 UDP 通信一般过程 …………… 262
    14.4.3 简单的客户/服务器程序设计 …… 263
本章小结 …………… 265

参考文献 …………… 266

1 Java 语言概述

Java 语言是一种简单易用、完全面向对象、与平台无关、安全可靠、主要面向 Internet 的开发工具。

1.1 Java 语言的诞生与发展

Java 语言诞生于 20 世纪 90 年代初期。正式问世以来，它的快速发展已经让整个 Web 世界发生了翻天覆地的变化。

Java 语言的前身是 Sun 公司（Sun 公司于 2009 年 4 月被 Oracle 公司收购）开发的一种用于智能化家电的名为 Oak（橡树）的语言，Oak 语言的基础是当时最为流行的 C 和 C++语言。但是，由于一些非技术上的原因，Oak 语言并没有得到迅速的推广。直到 1993 年，WWW（万维网）迅速发展，Sun 公司发现可以利用 Oak 语言的技术来创造含有动态内容的 WWW 网页，于是已经受冷落的 Oak 语言又被重新开发和改造。改造后的 Oak 语言被改名为 Java 语言，Java 是太平洋上的一个盛产咖啡的岛屿的名字。终于，在 1995 年，Java 被定位于网络应用的程序设计语言。

Java 语言问世的时间虽然不长，但却被业界所接受，IBM、Apple、DEC、Adobe、HP、Oracle、Toshiba、Netscape 和 Microsoft 等大公司都已经购买了 Java 语言的许可证。Microsoft 还从其 Web 浏览器 Internet Explorer 3.0 版开始增加了对 Java 语言的支持。同时，众多的软件开发商也开发了许多支持 Java 的产品。在目前以网络为中心的计算机时代，不支持 HTML 和 Java 语言就意味着应用程序的应用范围只能局限于同质的环境。

随着 Java Servlet 的推出，Java 在电子商务方面开始崭露头角。最新的 Java Server Page(JSP) 技术的推出，更是让 Java 语言成为基于 Web 应用程序的首选开发工具。Internet 的普及和迅猛发展，以及 Web 技术的不断渗透，使 Java 语言在现代社会的经济发展和科学研究中占据了越来越重要的地位。

1.2 Java 语言的特点和技术

Java 语言是一种跨平台的、适合于分布式计算环境的面向对象的编程语言。它的特点很多，如简单易学、面向对象、分布式、解释型、可靠性、安全性、平台无关性、可移植性、高性能、多线程、动态性等。下面介绍 Java 语言的几个重要特性。

1. 简单易学

Java 语言虽然衍生自 C++，但与 C++相比，Java 是一个完全面向对象的编程语言。出于安全性和稳定性的考虑，Java 去掉了 C/C++支持的三个不易理解和掌握的数据类型：指针（pointer）、联合体（union）和结构体（struct）。这样做的目的是使用户不能通过 Java 程序直接访问内存地址，从而保证了程序更高的安全性。而 C/C++中联合体和结构体的功能完全可以在 Java 中用类及类的属性等面向对象的方法来实现，这不但更加合理规范，而且降低了学习难度。

2. 面向对象

Java 语言最吸引人之处，就在于它是一种以对象为中心、以消息为驱动的面向对象的编程语言。面向对象的语言都支持三个概念：封装、继承和多态。Java 语言也是如此。

（1）封装

所谓封装，就是指利用抽象数据类型将数据和基于数据的操作封装在一起，数据被保护在抽象数据类型的内部，系统的其他部分只有通过封装在数据外面的被授权的操作，才能够与这个抽象数据类型交互。

（2）继承

继承是指一个对象直接使用另一个对象的属性和方法。Java 语言给用户提供了一系列的类，并且 Java 语言的类很有层次结构，子类可以继承父类的属性和方法。Java 语言只支持单一继承，这样就大大降低了复杂度，但在 Java 语言中，可以通过接口来实现多重继承。

（3）多态

多态是指一个程序中同名的多个不同方法共存的情况，即一个对外接口、多个内在实现方法。面向对象的程序中多态的情况有多种，可以通过子类对父类方法的覆盖实现多态，也可以利用重载在同一个类中定义多个同名的不同方法来实现多态。多态的特点使得它们不需了解对方的具体细节就可以很好地共同工作。这个优点，对程序的设计、开发和维护都有很大的好处。

3. 平台无关性

Java 是与平台无关的语言，这是指 Java 语言编写的应用程序不用修改就可在不同的软硬件平台上运行。

平台无关有两种：源代码级和目标代码级。C 和 C++语言具有一定程度的源代码级平台无关，即用 C 和 C++语言编写的应用程序不用修改，只需重新编译就可以在不同平台上运行。Java 语言是靠 Java 虚拟机（Java Virtual Machine，JVM）在目标代码级实现平台无关性的，可以说，JVM 是 Java 平台无关的基础。

4. 分布式

分布式包括数据分布和操作分布。数据分布是指数据可以分散在网络的不同主机上；操作分布是指把一个计算分散在不同的主机上处理。Java 语言支持 WWW 客户机/服务器计算模式，因此它支持这两种分布性。对于数据分布，Java 语言提供一个称作 URL 的对象，利用这个对象可以打开并访问 URL 地址上的对象，访问方式与访问本地文件系统相同。对于操作分布，Java 的小程序可以从服务器下载到客户端，将部分计算在客户端进行，从而提高系统执行效率。同时，Java 语言提供了一整套网络类库，开发人员可以利用类库进行网络程序设计，方便地实现 Java 语言的分布式特性。

5. 可靠性

Java 语言具有很高的可靠性。首先，Java 语言是强类型的语言，要求显示的方法说明，这就保证了编译器可以发现方法的调用错误，保证了程序更加可靠；其次，Java 语言不支持指针，这就避免了对内存的非法访问；再次，Java 语言的自动单元回收功能防止了内存丢失等动态内存分配导致的问题；然后，Java 解释器运行时实施检查，可以发现数组和字符串访问的越界；最后，Java 语言提供了异常处理机制，可以把一组错误的代码放在一个地方，这样可以简化错误处理任务，便于恢复。

6. 安全性

Java 是一种主要用于网络应用程序开发的语言，因此对安全性要有较高的要求。如果没有安全保证，用户从网络上下载程序执行就会非常危险。

Java 语言具有较高的安全性，它通过自己的安全机制防止了病毒程序的产生和下载程序对本地系统的威胁破坏。当 Java 字节码进入解释器时，首先必须经过字节码校验器的检查；其次，Java 解释器将决定程序中类的内存布局；再次，类装载器负责把来自网络的类装载到单独的内存区域，避免应用程序之间相互干扰破坏；最后，客户端用户还可以限制从网络上装载的类智能访问某些文件系统。综合了上述几种机制，使得 Java 成为了安全的编程语言。

7. 支持多线程

线程是比进程更小的可并发执行的单位。C++语言没有内置的多线程机制，因此必须调用操作系统的多线程功能来进行多线程程序设计。而 Java 语言却提供了多线程支持并在两个方面支持多线程：一方面，Java 环境本身就是多线程的，若干个系统线程运行，负责必要的无用单元回收、系统维护等系统级操作；另一方面，Java 语言内置多线程机制，可以大大简化多线程应用程序，提高程序执行效率。但需要注意的是，Java 语言的多线程在一定程度上受到运行时支持平台的限制。

8. 支持网络编程

Java 语言通过它所提供的类库可以处理 TCP/IP 协议，用户通过 URL 地址在网络上可以很方便地访问其他对象。Java 的小程序是动态、安全、跨平台的网络应用程序。Java 的小程序嵌入在 HTML 文档中，通过主页发布到 Internet。网络用户访问服务器的小程序时，这些小程序从网络上进行传输，然后在支持 Java 的浏览器中运行。

9. 编译与解释并存

用 Java 语言编写的程序称为源文件（扩展名为.java 的文件），源文件是不能被计算机执行的。要想使程序得以运行，必须利用编译器（不同的计算机语言有不同的编译器）对源文件进行编译，将源文件编译（即翻译）成计算机能懂的语言。C 语言是针对特定的 CPU 芯片对源文件进行编译，将源文件编译成二进制码（.exe 文件，也被称为机器码），这样计算机就可以读懂它，它就可以按照人们的意愿去实现相应的功能。但是 C 语言的这种编译方式生成的目标程序与特定的计算机有关，一旦运行环境有所变化就可能需要重新修改源程序并针对新的运行环境重新编译，生成新的目标程序。而 Java 语言不针对特定的 CPU 芯片进行编译，Java 提供的编译器并不是把源文件编译成二进制码，而是将其编译成一种独立于机器平台的中间代码，这种中间代码被称为字节码（扩展名为.class）。字节码可以被 Java 解释器所执行，由解释器将字节码再翻译成二进制码，使程序得以运行。字节码非常类似于机器指令，但字节码与具体机器是无关的，并不能在具体的平台上执行，而要通过 Java 运行系统中的解释器来解释执行。也就是说，Java 程序的运行要经过两个步骤来完成：首先是由编译器将 Java 源程序编译成字节码文件，然后再由 Java 运行系统解释执行字节码文件。这就是所谓的编译与解释并存。

从本质上说，Java 语言属于解释型的高级程序设计语言，但 Java 语言通过字节码的方式，又在一定程度上克服了传统解释型语言的低执行效率，同时又保留了解释型语言可移植的特点。所以 Java 程序的运行效率比较高，而且，由于字节码并不专对一种特定的机器，因此 Java 程序无须重新编译便可在多种不同的计算机上运行。

目前 Java 技术主要包括三个方面的内容。

（1）Java SE（Java Platform Standard Edition）：以前的版本称为 J2SE，是 Java 平台的标准版，用于工作站、PC 机的 Java 标准平台。它体现了 Sun 公司的开放精神，被称为是"互联网上的世界语"。

（2）Java ME（Java Platform Micro Edition）：以前的版本称为 J2ME，是 Java 平台的精简版，致力于消费产品和嵌入设备的最佳解决方案。Java ME 是移动商务最佳的应用典范，不论是进行无线通信，还是在手机、PDA 等小型电子装置上的开发应用，均可采用 Java ME 作为开发工具及应用平台。它提供了 HTTP 等高级 Internet 协议，可以使移动电话能以 Client/Server 方式直接访问 Internet 的全部信息，不同的 Client 访问不同的文件，此外还能访问本地存储区，提供高效率的无线交流。

（3）Java EE（Java Platform Enterprise Edition）：以前的版本称为 J2EE，是 Java 平台的企业版。它是以企业为环境而开发应用程序的解决方案。它提供的企业 e-Business 架构及 Web Services 服务，以其优越的跨平台能力与开放的标准，深受广大企业用户的喜爱。目前它已成为开发商创建电子商务应用的事实标准。

1.3 Java 虚拟机

大部分的计算机语言程序都必须经过编译（Compile）或解释（Interpret）的操作后才能在计算机上运行。例如 C/C++等是属于编译型的语言，而 Basic 与 Lisp 等则是属于解释型的语言。然而，Java 程序却比较特殊，它必须先经过编译的过程，然后再利用解释的方式来运行。通过编译器（Compiler），Java 程序会被转成与平台无关（Platform-Independent）的机器码，Java 称之为"字节码"。字节码文件的扩展名为.class。通过 Java 的解释器便可解释并运行 Java 的字节码。

字节码是 Java 虚拟机 JVM 的指令组，和 CPU 上的微指令码很相像。它的形式为"<操作码><操作数>"，其中操作码就是指令码。Java 语言编译成字节码后文件较小，便于网络传输。

字节码最大的好处是可跨平台运行，即 Java 的字节码编写一次便可以到处运行。用户使用任何一种 Java 编译器将 Java 源程序（.java）编译成字节码文件（.class）后，无论使用哪种操作系统，都可以在含有 JVM 的平台上运行。这种跨平台的特性，也是使 Java 语言急速普及的原因之一。

任何一种可以运行 Java 字节码的软件均可看成是 Java 的"虚拟机",如浏览器与 Java 的开发工具等皆可视为一个 JVM。很自然地,可以把 Java 的字节码看成是 JVM 上所运行的机器码,即 JVM 中的解释器负责将字节码解释成本地的机器码。所以从底层上看,JVM 就是以 Java 字节码为指令组的"软 CPU"。也就是说,JVM 是可运行 Java 字节码的假想计算机。它的作用类似于 Windows 操作系统,只不过在 Windows 上运行的是.exe 文件, 而在 JVM 上运行的是 Java 字节码文件,也就是扩展名为.class 的文件。JVM 其实就是一种字节码解释器。

1.4 Java 程序种类和结构

使用 Java 语言可以编写两种类型的程序:Application(应用程序)和 Applet(小程序)。这两种程序的开发原理是相同的,但是在运行环境和计算结构上却有着显著的不同。

应用程序是从命令行运行的程序,它可以在 Java 平台上独立运行,通常称为 Java 应用程序。Java 应用程序是独立完整的程序,在命令行调用独立的解释器软件即可运行。另外,Java 应用程序的主类必须包含有一个定义为 public static void main(String[] args)的主方法,这个方法是 Java 应用程序的标志,同时也是 Java 应用程序执行的入口点。也就是说在应用程序中包含有 main()方法的类一定是主类,但主类并不一定要求是 public 类。

小程序是嵌入在 HTML 文档中的 Java 程序,需要搭配浏览器来运行,因此称为小程序。由此可见,当运行一个 Java 小程序时,同时还要为它编写一个 HTML 文件,然后在 WWW 浏览器中运行这个 HTML 文件,就可以激活浏览器中的 Java 解释器。另外,也可以调用一些能够模拟浏览器环境并执行 Java 小程序的软件来直接运行 Java 小程序。由于浏览器受安全控制的限制,所以 Java 小程序一般使用模拟浏览器环境的软件来执行。

Java 小程序与 Java 应用程序之间存在着很多不同之处,具体如下:

首先,小程序和应用程序之间的技术差别在于运行环境。Java 应用程序运行在最简单的环境中,它的唯一外部输入就是命令行参数;而小程序则需要来自 Web 浏览器的大量信息,它是内嵌在 HTML 文件里,在 WWW 浏览器这个特定环境下运行的,它需要知道何时启动,何时放入浏览器窗口,在何处、何时去激活、关闭等。

其次,由于小程序和应用程序的执行环境不同,它们的最低要求也不同。在应用方面,WWW 使小程序的发布十分便利,因此小程序更适合在 Internet 上的使用;相反,非网络系统和内存教学的系统更适合使用 Java 应用程序。

再次,Java 小程序可以直接利用浏览器或 appletviewer 提供的图形用户界面,而 Java 应用程序则必须另外书写专用代码来营建自己的图形界面。

最后,小程序的主类(程序执行的入口点)必须是一个继承自系统类 JApplet 或 Applet 的子类,且该类必须是 public 类;而 Java 应用程序的主类必须是包含有主方法 main()的类。

由此可见,Java 小程序与 Java 应用程序之间在编写组成、计算结构和运行方式上都有着较大的差别。为了便于读者理解和应用,我们在表 1.1 中列出了应用程序与小程序之间的主要差别。

表 1.1 应用程序与小程序的主要差别

功能要求	应用程序	小程序
使用图形	可选	固定用图形
发布	主要从文件系统装入	通过 HTML 连接
内存要求	最低 Java 应用程序要求	Java 程序加 Web 浏览器要求
环境输入	命令行参数	嵌入 HTML 文档的参数
JVM 所要求的执行过程	主方法（main()）启动过程	init()初始化过程 start()启动过程 stop()暂停/关闭过程 destroy()终止过程 paint()绘图过程

小程序的编写方式与应用程序类似，因此只要熟悉了 Java 应用程序的编写方式，很快就能学会编写小程序。

一个复杂的程序可以由一个或多个 Java 源文件构成，每个文件中可以有多个类定义。下面的程序是一个一般的 Java 应用程序文件。

```java
package ch01;
import java.io.*;
public class app
{
    public static void main(String[] args)
    {
        char c='';
        System.out.print("请输入一个字符：");
        try{
            c=(char)System.in.read();
        }catch(IOException s){}
        System.out.println("您输入的字符是："+c);
    }
}
```

从这个程序可以看出，一般的 Java 源程序文件由以下三部分组成：

package 语句（0 句或 1 句）

import 语句（0 句或多句）

类定义（1 个或多个类定义）

其中，package 语句表示本程序所属的包，它只能有一个或者没有。如果有，必须放在最前面；如果没有，表示本程序属于默认包。

import 语句表示引入其他类库中的类以便使用。import 语句可以有 0 或多个，它必须放在类定义的前面。

类定义是 Java 源程序的主要部分，每个文件中可以定义若干个类。

Java 程序中使用关键字 class 定义类，每个类的定义由类头定义和类体定义两部分组成。类体部分用来定义属性和方法这两种类的成员，其中方法类似于其他高级语言中的函数，而属性则类似于变量。类头部分除了声明类名之外，还可以说明类的继承特性，当一个类被定义为另一个已经存在的类（称为父类）的子类时，它就可以从其父类中继承一些已定义好的类成员，而不必自己重复编码。

在类体中通常有两种组成成分：一种是域，包括变量、常量、对象数组等独立的实体；另一种是方法，类似于函数的代码单元块，这两种组成成分通称为类的成员。在上面的例子中，类 app 中只有一个类成员，即第 5 行定义的方法 main()。用来标志方法头的是方法名后面的一对小括号，小括号中是该方法使用的形式参数，方法名前面的 public 是用来说明这个方法属性的修饰符。方法体部分由若干以分号";"结尾的语句组成，并由一对大括号{}括起来，在方法体内部不能再定义其他的方法。

同其他高级语言一样，语句是构成 Java 程序的基本单位之一。每一条 Java 语句都由分号";"结束，其构成应该符合 Java 语言的语法规则。类和方法中的所有语句应该用一对大括号{}括起来。除 package 及 import 语句之外，其他执行具体操作的语句都只能存在于类的大括号之中。

比语句更小的语言单位是表达式、变量、常量和关键字等，Java 的语句就是由它们构成的。其中，声明变量与常量的关键字是 Java 语言语法规定的保留字，用户程序定义的常量和变量的取名不能与保留字相同。

Java 源程序的书写格式比较自由，如语句之间可以换行，也可以不换行，但养成一种良好的书写习惯比较重要。

注意：Java 是严格区分字母大小写的语言。书写时，字母大小写不能混淆。

一个程序中可以有多个类，但只能有一个类是主类。在 Java 应用程序中，这个主类是指包含 main()方法的类。在 Java 小程序中，这个主类是一个继承自系统类 JApplet 或 Applet 的子类。应用程序的主类不一定要求是 public 类，但小程序的主类一定要求是 public 类。主类是 Java 程序执行的入口点。同一个 Java 程序中定义的若干类之间没有严格的逻辑关系要求，但它们通常是在一起协同工作的，每一个类都可以适用其他类中定义的静态属性或方法。

1.5　Java 开发环境

Java 开发工具（Java SE Development Kits，JDK）是许多 Java 程序员使用的开发环境。尽管许多编程人员已经在使用第三方的开发工具，但 JDK 仍被当作 Java 程序开发的重要工具。

JDK 由 Java API、Java 运行环境和一组建立、测试工具的实用程序等组成。其核心是 Java API，它是 Java 提供给编程人员使用的标准类库，开发人员需要用这些类来实现 Java 语言的功能。Java API 包括一些重要的语言结构以及基本图形、网络和文件 I/O 等。

作为 JDK 的实用程序，工具库中的主要程序都放在 JDK 安装文件夹下。其中 bin 子文件夹中包含了所有相关的可执行文件，下面是 bin 文件夹下的常用命令。

javac.exe：Java 编译器，将 Java 源代码文件转换成字节码文件。

java.exe：Java 解释器，执行 Java 程序的字节码文件。

appletviewer.exe：小程序浏览器，执行嵌入在 HTML 文件中的 Java 小程序的 Java 浏览器。

javadoc.exe：根据 Java 源代码及说明语句生成 Java 程序的 HTML 格式的帮助文档。

jdb.exe：Java 调试器，可以逐行执行程序、设置断点和检查变量。

jar.exe：创建扩展名为.jar（Java Archive，Java 归档）的压缩文件，与 zip 压缩文件格式相同。

1.5.1　JDK 的下载与安装

Oracle 公司提供了多种操作系统下的 JDK，随着时间的推移和技术进步，JDK 版本也在不断升级。各种操作系统下的 JDK 的各种版本在使用上基本相似，用户可以根据自己的使用环境，从 Oracle 公司的网站上下载相应的 JDK 版本。一般情况下是越新越好。本书以 JDK 8.0 为例。

1. 下载 JDK

进入 Java SE 的下载网页下载 JDK，用户可以根据自己所用的操作系统（Windows 或 Linux）、位数（32 位或 64 位）选择不同的链接下载。

2. 安装 JDK

下载得到 JDK 文件之后，即可进行安装，安装 JDK 的步骤如下：

（1）双击 JDK 安装文件 jdk_8u73_windows_i586_8.0.730.2.exe，弹出如图 1.1 所示的安装向导界面。

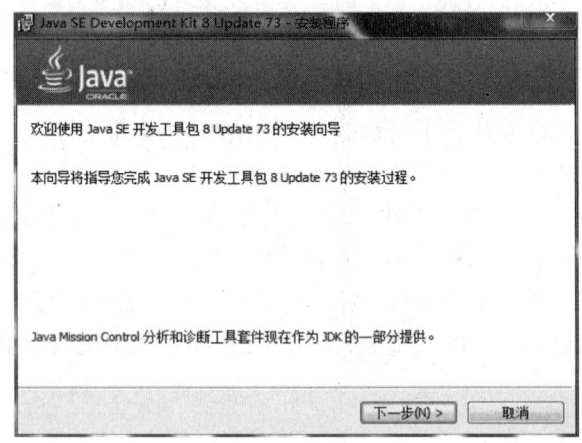

图 1.1　安装 JDK 向导界面

（2）单击"下一步"按钮，进入图 1.2 所示的"定制安装"界面。

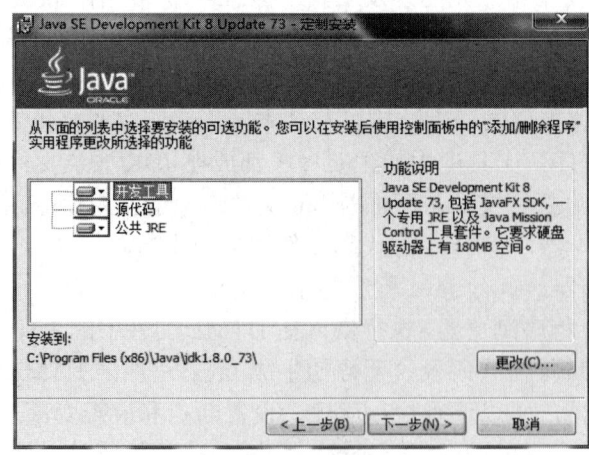

图 1.2　JDK"定制安装"界面

（3）在图 1.2 所示的界面中，用户可以选择欲安装的项目，建议使用默认设置。然后由用户确定安装位置，用户可以单击"更改"按钮选择欲安装的路径或使用默认值，建议直接使用默认的安装路径，也就是 C:\Program Files\Java\jdk1.8.0_73\，然后单击"下一步"按钮继续。

（4）开始进行文件复制与安装。

（5）然后出现"目标文件夹"界面，要求设定 Java 运行环境（Java Runtime Environment，JRE）安装文件夹，也可以单击"更改"按钮进行修改，但建议直接使用默认的安装路径。之后单击"下一步"按钮，出现如图 1.3 所示的"Java 安装-进度"界面。

图 1.3 "Java 安装-进度"界面

（6）继续进行文件复制与安装，安装完成后弹出如图 1.4 所示的界面。

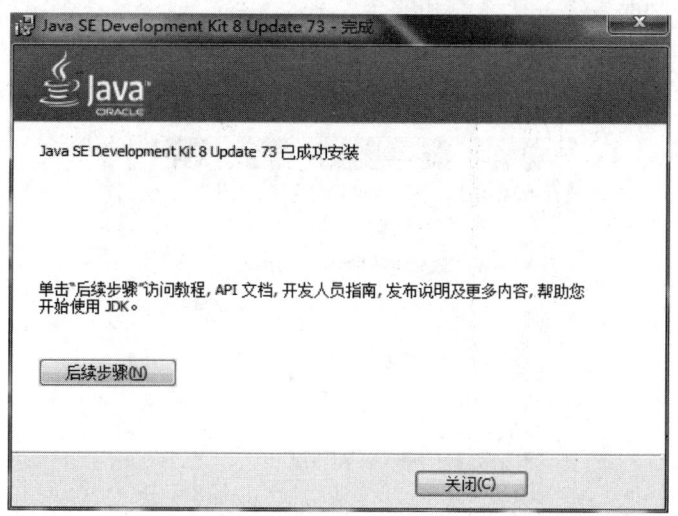

图 1.4 JDK 安装完成

单击"关闭"按钮完成安装，JDK 被安装到 C:\Program Files\Java\jdk1.8.0_73 文件夹下，此文件夹称为 JDK 安装文件夹或安装路径。在该文件夹下有几个子文件夹：

bin：该文件夹存放 javac、java、appletviewer 等命令程序。
db：给文件夹包含 Apache Derby 数据库等开放资源，支持 JDBC4.0 的规范。
include：该文件夹存放与 C 程序相关的头文件。
jre：该文件夹存放 Java 运行环境相关的文件。
lib：该文件夹存放 Java 类库。

另外，在安装文件夹下还有名为 src.zip 的压缩文件，该文件中含有 Java API 所有类的源代码，有兴趣的读者可以解压缩此文件，阅读并学习其中的源程序。

1.5.2 设置 JDK 的操作环境

在使用 Java 来编译与运行程序之前，必须先设置系统环境变量。所谓系统环境变量，就是在操作系统中定义的变量，可供操作系统上的所有应用程序使用。为此，需要设置两个环境变量：一个是系统路径 Path，另一个是类路径 ClassPath。

Path 环境变量的作用是设置供操作系统去寻找可执行文件（如.exe、.com、.bat 等）的路径，对 Java 而言即 Java 的安装路径。也就是说，如果操作系统在当前文件夹下没有找到想要执行的程序或命令时，操作系统就会按照 Path 环境变量指定的路径依次去查找，以最先找到的为准。Path 环境变量可以存放多个路径，路径与路径之间用分号";"隔开。

ClassPath 环境变量的作用与 Path 的作用相似，ClassPath 是 JVM 执行 Java 程序时搜索类的路径的顺序，以最先找到的为准。JVM 查找类的过程，同 Windows 查找可执行文件的过程稍有不同，它不会在当前文件夹下查找，只找 ClassPath 指定的文件夹。也就是说，JVM 除了在 ClassPath 的环境变量指定的文件夹中查找要运行的类之外，是不会在当前文件夹下查找相应类的，即 ClassPath 环境变量的作用是告诉 Java 解释器在哪里找到.class 文件及相关的库程序。

下面介绍在 Windows 7 操作系统中设置系统环境变量 Path 和 ClassPath 的方法。

（1）选择"控制面板"→"系统和安全"→"系统"命令，在弹出窗口的左侧窗格中选择"高级系统设置"命令，弹出"系统属性"对话框，在该对话框中选择"高级"选项卡，如图 1.5 所示。在图 1.5 中单击"环境变量"按钮后，弹出如图 1.6 所示的"环境变量"对话框。

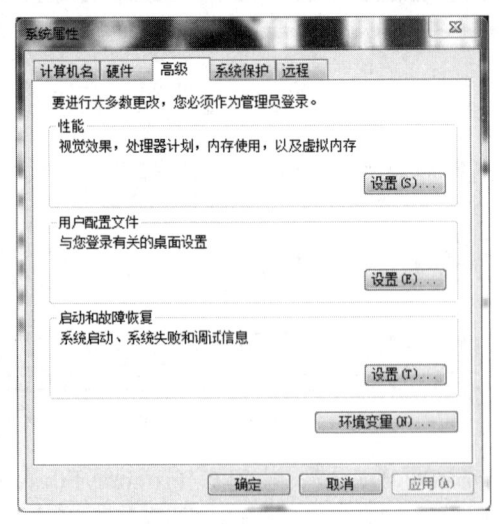

图 1.5 "系统属性"对话框中的"高级"选项卡

图 1.6 "环境变量"对话框

（2）在"环境变量"对话框的"系统变量"选项区域中，先选择 Path 变量，再单击"编辑"按钮，此时弹出"编辑系统变量"对话框。在"变量值"后面的文本框中原有字符串的最前面输入"C:\Program Files \Java\jdk1.8.0_73\bin;"（其后的分号";"是路径分隔符），如图 1.7 所示。设置完成后单击"确定"按钮。图 1.7 中的设置就是将 JDK 的 bin 路径和系统路径之和设置为当前系统路径。

图 1.7 设置 Path 环境变量

如果在"环境变量"对话框里找不到 Path 变量，则单击"系统变量"选项区域中的"新建"按钮，在出现的"新建系统变量"对话框中填上如图 1.7 所示的内容。

最后在"环境变量"对话框中单击"确定"按钮，再关闭"系统属性"对话框即完成路径的设置。

同理，在"环境变量"对话框中，编辑或新建 ClassPath 系统变量，如图 1.8 所示，设置其变量值为".;C:\Program Files (x86)\Java\jdk1.8.0_73\lib\tools.jar"。

图 1.8 新建 ClassPath 系统变量

其中路径最前面的"."代表当前路径，表示 JVM 在任何情况下都会去当前文件夹下查找要使用的类，即"."代表 JVM 运行时的当前文件夹。Java 语言的.jar 文件采用的是.zip 压缩格式的文件，其中包含着 Java 应用程序运行时所需的类库，使用时 Java 虚拟机能自动对其进行解压，所以可以把.jar 文件当作一个文件夹使用。

提示：类路径 ClassPath 是编译与执行 Java 程序时所用到的类库路径。若不知道要加入哪个.jar 文件，则可以将 JDK 安装文件夹下的 lib 子文件夹和 jre7\lib 子文件夹下的所有.jar 文件都加入到类路径中，并用分号";"将它们分隔。

1.6　JDK 的使用

安装完 JDK 并设置好相应的环境变量后，就可以利用 JDK 来编译与运行 Java 程序了。

1.6.1　编译与运行 Java 应用程序

首先介绍如何以最简单的方式来编写、编译与运行 Java 应用程序。在开始编写程序代码之前，先在硬盘 D（本教材使用 D 盘）中创建一个新的文件夹，并设文件夹名称为 java。本书所有例子均存储于 D:\java 文件夹下。

【例 1.1】 编写一个 Java 应用程序（文件名为 app1_1.java），其功能是在 DOS 窗口上显示"Hello Java!"字符串。程序源文件代码如下：

```
//filename: app1_1.java                 Java 小程序
public class app1_1                     //定义类 app1_1
{
    public static void main(String[] args)   //定义主方法
    {
        System.out.println("Hello Java!");
    }
}
```

Java 应用程序源文件的命名规则：

首先源文件的扩展名必须是.java；如果源文件中有多个类，则最多只能有一个 public 类，如果有，那么源文件的名字必须与这个 public 类的名字相同（文件名的大小写可以与 public 类名的大小写不同）；如果源文件没有 public 类，那么源文件的名字由用户任意命名。

说明：

当源文件中有 public 类时，在命名时虽然要求文件名与 public 类的名字相同，且可以不区分大小写，但良好的命名习惯应该是源文件名与 public 类名大小写完全相同。

源文件名是由操作系统管理的，所以在使用 javac 命令编译源文件时，文件名是不区分大小写的。

注意：包含有 main()方法的类是 Java 应用程序的主类。主类无论是否是 public 类，执行程序时必须输入主类名，即"java 主类名"，因为主类的 main()方法是程序执行的起始点。

现在将源文件的内容输入记事本中，并把它存入 D:\java 文件夹内，根据 Java 对源文件命名规则的要求，必须将文件名命名为 app1_1.java。

注意：在将 Java 源文件存盘之前，最好是先在计算机的窗口中，选择"工具"→"文件夹选项"命令，在弹出的"文件夹选项"对话框中选择"查看"选项卡，取消勾选"隐藏已知文件类型的扩展名"前的复选框，如图 1.9 所示。否则，由于系统隐藏了 txt 扩展名，所以会误将文件名 app1_1.java 存储为 app1_1.java.txt，造成编译时出错。

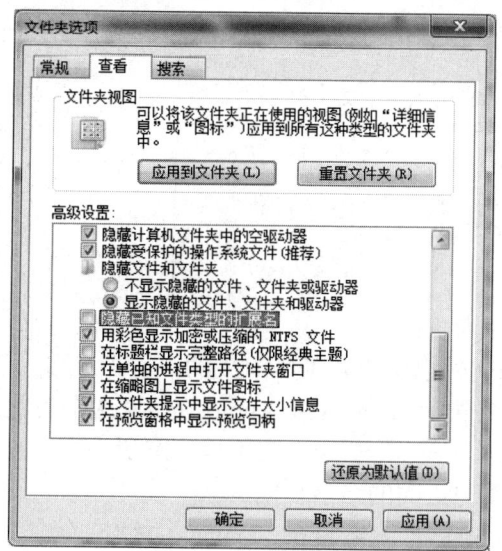

图 1.9 设置文件夹选项

保存好文件之后,接下来打开 DOS 窗口,并按下面的三个步骤编译与运行 app1_1.java。

(1) DOS 窗口打开后,先将路径切换到保存 app1_1.java 的 D:\java 文件夹中,亦即在 DOS 窗口输入下面的指令。

```
d:
cd  java
```

(2) 切换好路径后,执行下面的命令来编译 app1_1.java。

```
javac  app1_1.java
```

在上面的命令中,javac 是用来编译其后给出的 Java 程序,它是 Java 与 c 的合成字,而 c 是 compile(编译)的首字符。

编译好了之后,在 D:\java 文件夹内发现一个与文件名 app1_1 相同、但扩展名为.class 的文件。这个文件也就是 byte-codes(字节码)文件。

(3) 编译好后,执行下面的命令来运行字节码文件(即 app1_1.class)。

```
java  app1_1
```

则在命令提示符窗口输出:

```
Hello  Java!
```

注意:在运行字节码文件时,只需输入"java 主类名"即可,此处的主类名是指字节码的文件名,但不能把".class"也输进去,输进去会造成错误。也就是说,不能输入"java app1_1.class"来运行程序。

1.6.2 编译与运行 Java 小程序

由于 Java 小程序内嵌于 HTML 文件(其扩展名为.htm 或.html)中,所以需要搭配浏览器来运行。因此要运行 Java 小程序,必须要有小程序的字节码文件与支持 Java 的浏览器,此时的浏览器即是扮演 JVM 的角色,用来解释 Java 的字节码。

下面介绍如何以最简单的方式来编写、编译与运行 Java 小程序。

【例 1.2】编写一个小程序,在浏览器窗口上显示"Hello Java!"字符串。程序代码如下:

```
//filename:app1_2.java                    Java 小程序
```

```
import java.awt.*;
import javax.swing.JApplet;
public class app1_2 extends JApplet        //定义类 app1_2
{
   public void paint(Graphics g)           //定义主方法
   {
      g.drawString("Hello Java!",50,50);
   }
}
```

Java 小程序源文件的命名规则：

一个 Java 小程序的源文件也是由若干类组成的，且扩展名为.java。Java 小程序不再需要 main()方法，但必须有一个父类为 JApplet 或 Applet 的类。这个类就是 Java 小程序的主类。Java 小程序的主类必须是 public，这一点与 Java 应用程序有所不同。按照源文件的命名规则，Java 小程序源文件的名字一定要与主类的名字相同。

仿照例 1.1 的步骤，用记事本编辑 app1_2.java，并将它存在 D:/java 文件夹中。文件名为 app1_2.java。

编译 Java 小程序的步骤和编译 Java 应用程序的步骤完全相同，但运行方式有所不同。下面先来编译 app1_2.java。

（1）DOS 窗口打开后，先将路径切换到 D:\java，即在 DOS 窗口内输入下述命令。

```
d:
cd   java
```

（2）切换好路径，执行下面的命令来编译 app1_2.java。

```
javac   app1_2.java
```

编译好后，可以在 D:\java 文件夹内找到文件 app1_2.class。

前面介绍过，浏览器是扮演 JVM 的角色，小程序需要经过浏览器激活 JVM 才能执行程序，所以必须另外编辑一个 HTML 文件，在文件中指明小程序的文件名及路径，以方便浏览器找到指定位置并下载小程序。HTML 文件内容的一般格式如下：

```
<applet
code=字节码文件名（.class 文件）
width=宽度的像素数
height=高度的像素数
[codebase=小程序的网址 URL]
[alt=替换文本]
[name=小程序实例名]
[align=对齐方式]
[vspace=水平间距的像素数]
[hspace=垂直间距的像素数]
>
[<param name=参数名 1   value=参数值 1>]
…
[<param name=参数名 n   value=参数值 n>]
</applet>
```

在</applet>标记的格式中，用方括号括起来的参数是可选项，但其他的部分是一定要填写的必选项。表 1.2 列出的是<applet>标记中每个参数所代表的意义。

表 1.2 <applet>标记的参数说明

参数	主要功能
codebase	指定此小程序所在之网址（路径），若未设置此项，则以当前的文件夹为小程序的路径
code	设置要打开的小程序的文件名称，注意必须包含扩展名.class
alt	如果浏览器无法显示小程序，则以"替换文本"字符串来显示
name	为小程序实例设置名称，从而可以使同一网页上的所有小程序能够互相访问并通信。使用小程序的 getApplet()方法可以通过名称获得相同网页中的另外一个小程序实例对象
width	设置小程序显示的宽度，单位为像素
height	设置小程序显示的高度，单位为像素
align	设置小程序的对齐方式，包括 Left、Right、Top、Bootom 与 Middle 等
vspace	设置小程序上下所保留的宽度
hspace	设置小程序左右所保留的宽度
param name	要传给小程序的参数名称
value	要传给小程序的参数值

但需要说明的是，在 HTML 文件里并不区分参数的大小写，所以在表 1.2 所列的参数中，width 和 WIDTH 被看成完全相同的参数。

依照 HTML 文件的一般格式，app1_2.class 的 HTML 文件的内容如下：

```
<app1_2.html>
<html>
    <applet code="app1_2.class"
    width="200"
    height="120"
    alt="很抱歉，您的浏览器不支持 Java applet. ">
</applet>
</html>
```

上面的 HTML 文件中，只赋值 code="app1_2.class"，并没有指明路径，因此必须把 app1_2.html 文件和 app1_2.class 存放在同一文件夹中。先打开记事本，将 HTML 的语法编辑好，并将它存在 D:\java 下，文件名为 app1_2.html。

运行 Java 小程序的常用方法有两种。

第 1 种方法：直接执行相应的.html 文件。

编写好 app1_2.html 文件之后，要在浏览器里观看小程序就简单多了。打开 D:\java 文件夹，找到 app1_2.html 文件之后，双击执行它即可看到小程序运行结果。但需要说明的是，在用浏览器打开小程序所对应的.html 文件时，由于浏览器受安全控制的限制，可能无法看到运行结果，所以不建议使用这种运行方式。

第 2 种方法：利用小程序查看器 appletviewer 运行 Java 小程序。

小程序查看器 appletviewer 可模拟浏览器环境在不打开浏览器的情况下运行 Java 小程序。

要以 appletviewer 来观看小程序，必须先将.java 的源文件编译成字节码文件.class，然后再准备好相应的 HTML 文件。接下来确定路径已切换到存放.class 与.html 的文件夹下，在本例中是 D:\java，然后在 DOS 窗口内输入 appletviewer app1_2.html 即可。

本章小结

- Java 程序设计语言诞生于 20 世纪 90 年代初期，由于其功能强大，问世后不久就被业界广泛接受。
- Java 语言的特点很多，如简单性、面向对象、分布式、解释型、可靠性、安全性、平台无关性、可移植性、高性能、多线程、动态性等。
- 字节码最大的好处是可跨平台运行，即 Java 的字节码可以编写一次后，到处运行。
- Java 语言可以编写两种类型的程序：Application（应用程序）和 Applet（小程序）。应用程序是从命令行运行的程序，它可以在 Java 平台上独立运行；小程序是嵌入在 HTML（超文本标记语言）文档中的 Java 程序，需要搭配浏览器来运行。
- 一个程序中可以有多个类，但只能有一个主类。
- JDK 的帮助文档与 Java 开发工具 JDK 同样是编写 Java 程序必备的工具。它们均可在 Oracle 公司的网站免费获得。
- 在使用 Java 来编译与运行程序之前，必须先设置系统环境变量：一个是系统路径 Path，另一个是类路径 ClassPath。
- Java 应用程序源文件的命名规则：源文件的扩展名必须是.java；如果源文件中有多个类，则最多只有一个 public 类，而且源文件的名字必须与这个 public 的名字同名；包含有 main()方法的类是应用程序的主类。

2 Java 语言基础

本章主要介绍 Java 语言的基础知识，其中包括数据类型、变量、常量、表达式等。掌握这些基础知识，是正确编写 Java 程序的前提条件。

2.1 关键字与标识符

1. 关键字

关键字（Keyword）是 Java 语言中被赋予特定含义的一些单词，它们在程序中有着不同的用途，因此 Java 语言不允许用户对关键字赋予其他的含义。Java 语言定义的关键字如表 2.1 所示。

表 2.1 Java 语言定义的关键字

关键字	关键字	关键字	关键字	关键字	关键字
abstract	assert	boolean	break	byte	case
catch	char	class	continue	default	do
double	else	enum	extends	false	final
finally	float	for	if	implements	import
instanceof	int	interface	long	native	new
null	package	private	protected	public	return
short	static	super	switch	synchronized	this
throw	throws	transient	true	try	void
volatile	while				

2. 标识符

标识符（Identifier）是用来表示变量名、类名、方法名、数组名和文件名的有效字符序列。也就是说，任何一个变量、常量、方法、对象和类都需要有名字，这些名字就是标识符。标识符可以由编程者自由指定，但是需要遵循一定的语法规定。标识符要满足如下的规定：

（1）标识符可以由字母、数字和下划线（_）、美元符号（$）等组合而成。

（2）标识符必须以字母、下划线或美元符号开头，不能以数字开头。

在实际应用标识符时，应该使标识符能在一定程度上反应它所表示的变量、常量、对象或类的意义，这样程序的可读性会更好。例如：i1、i2、count、value_add 等都是合法的标识符，因为关键字不能当作标识符使用，所以 null、2count、high#等都是非法的标识符。

同时应注意 Java 语言是区分大小写的语言。例如：class 和 Class、System 和 system 分别代表不同的标识符，在定义和使用时要特别注意这一点。

用 Java 语言编程时，经常遵循以下的编码习惯（不是强制性的）：类名首字母大写；变量、方法及对象的首字母小写。对于所有标识符，其中包含的所有单词都应紧靠在一起，而且大写中间单词的首字母。例如，ThisIsClassName、ThisIsMethodOrFieldName。若定义常量时，则大写所有字母，这样便可标示出它们属于编译期的常数。

2.2　数据类型

程序在执行的过程中，需要对数据进行运算，也需要存储数据。这些数据可能是由使用者输入的，可能是从文件中取得的，也可能是从网络上得到的。在程序运行的过程中，这些数据通过变量存储在内存中，以便程序随时取用。

数据存储在内存中的一块空间中，为了取得数据，必须知道这块内存空间的位置，为了方便使用，程序设计语言用变量名代表该数据存储空间的位置。将数据指定给变量，就是将数据存储到对应的内存空间，调用变量就是将对应的内存空间中的数据取出来使用。

一个变量代表一个内存空间，数据就存储在这个空间中，使用变量名来取得数据非常方便，然而由于数据在存储时所需要的容量各不相同，不同的数据就必须要分配不同大小的内存空间来存储，因此不同的数据用不同的数据类型来区分。

在程序设计中，数据是程序的必要组成部分，也是程序处理的对象。不同的数据有不同的数据类型，不同的数据类型有不同的数据结构和存储方式，并且参与的运算也不相同。通常计算机语言将数据按其性质进行分类，每一类称为一种数据类型（Data Type）。数据类型定义了数据的性质、取值范围、存储方式以及对数据所能进行的运算和操作。程序中的每一个数据都属于一种类型，定义了数据的类型也就相应决定了数据的性质以及对数据进行的操作，同时数据也受到类型的保护，确保对数据不进行非法操作。

Java 语言中的数据类型分为两大类：一类是基本数据类型（Primitive Types）；另一类是引用数据类型（Reference Types），简称引用类型。基本数据类型是由程序设计语言系统所定义、不可再划分的数据类型。基本数据类型的数据所占内存的大小是固定的，与软硬件环境无关。基本数据类型在内存中存放的是数据值本身。引用数据类型在内存中存放的是指向该数的对象引用，引用数据类型也被称为复合数据类型，在有的程序设计语言中称为指针。

基本数据类型有整型、浮点型、逻辑型和字符型；引用数据类型包括类、数组和接口等。Java 语言定义了 4 类共 8 种基本类型。基本类型中有 4 种整型、2 种浮点型、1 种逻辑型和 1 种字符型，它们的分类及关键字如下：

- 整型：byte、short、int、long

- 浮点型：float 和 double
- 逻辑型：boolean
- 字符型：char

1. 整型

整型有正整数、零、负整数，其含义与数学中的含义相同。Java 语言的整数有 3 种进制的表示形式。

十进制：用多个 0～9 之间的数字表示，如 123 和-100，其首位不能为 0。

八进制：以 0 打头，后跟多个 0～7 之间的数字，如 0123。

十六进制：以 0x 或 0X 打头，后跟多个 0～9 之间的数字或 a～f 之间的小写字母或 A～F 之间的大写字母，a～f 或 A～F 分别表示十进制值 10～15，如 0X123E。

Java 语言定义了 4 种表示整数的类型：字节型（byte）、短整型（short）、整型（int）、长整型（long）。每种整型的数据都是带符号位的。Java 语言的每种数据类型都对应一个默认的数值，使得这种数据类型变量的取值总是确定的，体现了其安全性。Java 语言的整数类型说明如表 2.2 所示。

表 2.2　Java 语言的整数类型说明

类型	数据位	范围
byte（字节型）	8	-128～127，即-2^7～2^7-1
short（短整型）	16	-32768～32767，即-2^{15}～$2^{15}-1$
int（整型）	32	-2147483648～2147483647，即-2^{31}～$2^{31}-1$
long（长整型）	64	-9223372036854775808～9223372036854775807，即-2^{63}～$2^{63}-1$

一个整数隐含为整型。当要将一个整数强制表示为长整型时，需在后面加字母 l 或 L。当声明 long 型变量的值超过 int 型的取值范围时，如果数的后面不加 l 或 L，系统就会认为是 int 型而出错。

2. 浮点型

Java 语言用浮点型表示数学中的实数，也就是说既有整数部分又有小数部分的数。浮点数有两种表示方式。

标准记数法：由整数部分、小数点和指数部分构成，如 3.0、3.1415 等。

科学记数法：由十进制整数、小数点、小数和指数部分构成，指数部分由字母 E 或 e 跟上带正负号的整数表示，如 123.45 可表示为 1.2345E+2。

浮点数用于需要小数位精确度高的计算。例如，计算平方根或三角函数等都会产生浮点型的值。Java 语言的浮点型有单精度浮点（float）和双精度浮点（double）两种。Java 语言的浮点数类型说明如表 2.3 所示。

表 2.3　Java 语言的浮点数类型说明

类型	数据位	范围
float（单精度浮点）	32	负数范围：-3.4028235E+38～-1.4E-45 正数范围：1.4E-45～3.4028235E+38

续表

类型	数据位	范围
double（双精度浮点）	64	负数范围：-1.7976931348623157E+308～-4.9E-324 正数范围：4.9E-324～1.7976931348623157E+308

  一个浮点数隐含为 doubule 型。若在一个浮点数后加字母 f 或 F，则将其强制转换为 float 型。当声明 float 型变量时如果数的后面不加 f 或 F，系统就会认为是 double 而出错。double 型占八个字节，有效数字最长为 15 位，之所以称它为 double 型，是因为它的精度是 float 型精度的两倍，所以又称为双精度型。

3．逻辑型

  逻辑型（boolean）用来表示逻辑值，也称为布尔型。它只有 true 和 false 两个取值。其中，true 代表"真"，false 代表"假"，true 和 false 不能转换成数字表示形式。

  所有关系运算（如 a>b）的返回值都是逻辑型的值。逻辑型也用于控制语句中的条件表达式，如 if、while、for 等语句。

4．字符型

  字符型（char）用来存储单个字符。Java 语言中的字符采用的是 Unicode 字符集编码方案，在内存中占两个字节，是 16 位无符号的整数，一共有 65536 个，字符的取值范围为 0～65535，表示其在 Unicode 字符集中的排序位置。Unicode 字符是用"\u0000"到"\uFFFF"之间的十六进制数值来表示的，前缀"\u"表示是一个 Unicode 值，后面的 4 个十六进制值表示是哪个 Unicode 字符。Unicode 字符表的前 128 个字符刚好是 ASCII 表。每个国家的字母表中的字母都是 Unicode 表中的一个字符。由于 Java 语言的字符类型采用了 Unicode 这种国际标准编码方案，便于中文字符和西文字符的处理，因此与其他语言相比，Java 语言处理多语种的能力大大加强。

  说明：

  （1）字符型数据的声明只能表示单个字符，且必须使用单引号将字符括起来。

  （2）Java 语言中所有可见的 ASCII 字符都可以用单引号括起来称为字符，如'a'、'B'、'*'等。要想得到一个字符在 Unicode 字符集中的取值，必须强制转换成 int 类型，如(int) 'a'。

  （3）由于字符型用来表示 Unicode 编码中的字符，所以字符型数据可以转化为整数，其取值范围为 0～65535。但要取得该取值范围的数所代表的在 Unicode 表中相应位置上的字符，必须强制转换成 char 型，如

  int c=20320;
  char s=(char) c;

  现将 Java 语言的 4 类 8 种基本数据类型总结归纳成表 2.4。

表 2.4 Java 语言的基本数据类型

数据类型	关键字	占用字节数	默认数值	取值范围
逻辑型	boolean	1	false	true，false
字节型	byte	1	0	-128～127
短整型	short	2	0	-32768～32767

续表

数据类型	关键字	占用字节数	默认数值	取值范围
整型	int	4	0	-2147483648～2147483647
长整型	long	8	0L	-9223372036854775808～9223372036854775807
单精度浮点型	float	4	0.0F	负数范围：-3.4028235E+38～-1.4E-45 正数范围：1.4E-45～3.4028235E+38
双精度浮点型	double	8	0.0D	负数范围：-1.7976931348623157E+308～-4.9E-324 正数范围：4.9E-324～1.7976931348623157E+308
字符型	char	2	'\u0000'	'\u0000'～'\uffff'

为了使用上的方便，Java 语言提供了数值型数据的最大值与最小值的标识符及常量值，如表 2.5 所示。

表 2.5　数值型常量的特殊值代码

数据类型	所在的类	最小值代码	最大值代码
byte	java.lang.Byte	Byte.MIN_VALUE	Byte.MAX_VALUE
short	java.lang.Short	Short.MIN_VALUE	Short.MAX_VALUE
int	java.lang.Integer	Integer.MIN_VALUE	Integer.MAX_VALUE
long	java.lang.Long	Long.MIN_VALUE	Long.MAX_VALUE
float	java.lang.Float	Float.MIN_VALUE	Float.MAX_VALUE
double	java.lang.Double	Double.MIN_VALUE	Double.MAX_VALUE

说明：

表 2.4 中表示浮点数 float 和 double 的最小值和最大值的常量分别为正数范围的最小值和最大值。若取得负数范围的最小值或最大值可用加负号的方法获得，如取得 double 型的最小负数可用如下语句：

double min=-Double.MAX_VALUE

2.3　常量和变量

2.3.1　常量

常量存储的是在程序中不能被修改的固定值。也就是说，常量是在程序运行的整个过程中保持其值不改变的量。Java 语言中的常量也是有类型的，包括整型、浮点型、逻辑型、字符型和字符串型。

1. 整型常量

整型常量可以用来给整型变量赋值，整型常量可以采用十进制、八进制或十六进制表示。十进制的整型常量用非 0 开头的数字表示，如 80、-30；八进制的整形常量用以 0 开头的数字表示，如 016 代表十进制的数字 14；十六进制的整型常量用 0x 或 0X 开头的数值表示，如 0x3E

代表十进制的数字 62。

整型常量按照所占用的内存长度,又可分为一般整型常量和长整型常量,其中一般整型常量占用 32 位,长整型常量占用 64 位,长整型常量的尾部有一个字母 l 或 L,如 -32L、0L、3721L。

2. 浮点型常量

浮点型常量表示的是可以含有小数部分的数值常量。根据占用内存长度的不同,可以分为一般浮点(单精度)常量和双精度浮点常量两种。其中,单精度常量后跟一个字母 f 或 F,双精度常量后跟一个字母 d 或 D。双精度常量后的 d 或 D 可以省略。

浮点型常量可以有普通的书写方法,如 3.14F、-2.17d;也可以用指数形式,如 2.8e-2 表示 2.8×10^{-2},58E3D 代表 58×10^{3}(双精度)。

3. 逻辑型常量

逻辑型常量也称为布尔常量,包括 true 和 false,分别代表真和假。

4. 字符型常量

字符型常量是用一对单引号括起来的单个字符,如'a'、'9'。字符可以直接是字母表中的字符,也可以是转义字符,还可以是要表示的字符所对应的八进制数或 Unicode 码。

转义字符是一些有特殊含义、很难用一般方式来表达的字符,如回车、换行等。为了表达清楚这些特殊字符,Java 语言中引入了一些特别的定义,所有的转义字符都用反斜线(\)开头,后面跟一个字符来表示某个特定的转义字符,如表 2.6 所示。

表 2.6 常用的转义字符

转义字符	所代表的意义
\f	换页(form feed),换到下一页
\b	退格(backspace),后退一格
\n	换行(new line),将光标移到下一行的开始
\r	回车(carriage return),将光标移到当前行的行首,但不移到下一行
\t	横向跳格(tab),将光标移到下一个制表符位置
\\	反斜线字符(backslash),输出一个反斜杠
\'	单引号字符(single quote),输出一个单引号
\"	双引号字符(double quote),输出一个双引号
\uxxxx	1~4 位十六进制数(xxxx)所表示的 Unicode 字符
\ddd	1~3 八进制数(ddd)所表示的 Unicode 字符,范围在八进制的 000~377 之间

5. 字符串常量

字符串常量是用双引号括起来的一串若干个字符(可以是 0 个)。字符串中可以包括转义字符,标志字符串开始和结束的双引号必须在源代码的同一行上,如:

"您好,刘女士! \n"

6. 常量的声明

常量声明的形式与变量的声明形式基本一样,只需用关键字 final 标识,通常 final 写在最前面。例如:

final int MAX=10;

```
final float PI=3.14f;
```

Java 语言建议常量标识符全部用大写字母表示。上式 MAX 声明为值是 10 的整型常量，PI 声明为浮点型常量。

程序中使用常量有两点好处：一是增加可读性，从常量名可知常量的含义；二是增强可维护性，程序中多处使用常量时，当要对它们进行修改时，只需在声明语句中修改一处即可。

2.3.2 变量

在程序中使用的值大多是需要经过变化的数据，用常数值表示显然是不够的。因此，每一种计算机语言都使用变量（Variable）来存储数据。变量的值在程序中是可以改变的，使用变量的原则是"先声明后使用"，即变量在使用前必须先声明。

1. 变量声明

计算机程序是通过内存变量来操纵内存中的数据，所以程序在使用任何变量之前首先应该在该变量和内存单元之间建立联系，这个过程称为变量的声明或称变量的定义。因此也可以说变量存储的是在程序中可以修改的值。变量具有四个基本要素：名字、类型、值和作用域。Java 语言的每个变量都有一个名字，称为变量的标识符，所以对变量的命名一定要遵守标识符的规定。每个变量都具有一种类型，变量的类型决定了变量的数据性质和范围、变量存储在内存中所占空间的大小（字节数）以及对变量可以进行的合法操作等。声明变量包括指明变量的数据类型和变量的名称，必要时还可以指定变量的初始数值。变量声明语句后要加分号";"。

（1）变量声明格式

一个变量由标识符、类型和可选的初始化值共同定义。变量声明的格式如下：

```
类型 变量名[=初值][,变量名[=初值]]......
```

其中，"变量名"是一个合法的标识符，变量名的长度没有限制，"类型"是变量所属的类型数据，[]中的是可选项。例如，"int i;"表示声明了标识符 i 是 int 类型的变量。声明后，系统将给变量分配内存空间，每一个被声明的变量都有一个内存地址值。当有多个变量同属一个类型时，各变量可在同一行定义，且它们之间用逗号分隔。例如：

```
int i, j, k;
```

是同时声明了 3 个 int 类型的变量 i，j，k。

（2）变量初始化

在声明变量的同时也可以对变量进行初始化，即赋初值。例如：

```
int i=0;
```

表示声明的 i 是 int 类型的变量，且 i 的初值为 0。此时 i 成为已初始化的变量。一个变量被初始化后，它将保存此值直到被改变时为止。

Java 语言程序中可以随时定义变量，不必集中在执行语句之前。

同样也可声明其他类型变量。例如：

```
float x=3.14f;
double v=3.1415926;
boolean truth=true;
char c='A';
```

2. 变量的赋值

当声明一个变量并没有赋初值或需要重新对变量赋值时，就需要使用赋值语句。Java 语言的赋值语句同其他计算机语言的赋值语句相同，其格式为：
变量名=值；
下面举例来说明。

```
byte b=55;                    //声明 byte 型变量并赋值
short s=128;                  //声明 short 型变量并赋值
boolean t=true;               //声明 boolean 型变量并赋值
int x,y=8;                    //声明 int 型变量
long z=1234567890123L;        //声明 long 型变量 z 并赋值
flaot f=2.718f;               //声明 float 型变量并赋值
double d=3.1415;              //声明 double 型变量并赋值
char c;                       //声明 char 型变量
c='\u0031';
x=12;
```

2.4 数据类型转换

Java 语言的数据类型在定义时就已经决定，因此不能随意转换成其他的数据类型，但 Java 语言允许用户有限度地做类型转换处理，这就是所谓的数据类型转换，简称类型转换。类型转换就是在 Java 程序中，常数或变量从一种数据类型转换到另外一种数据类型，但这种转换是有条件的，并不是一种数据类型能任意转换为另一种数据类型。

1. 数值型不同类型数据的转换

由于数值型也分为不同的类型，所以数值型数据也有类型转换问题。数值型数据的类型转换分为隐含类型转换（或称缺省类型转换）和强制类型转换两种。凡是把占用比特数较少的数据（简称较短的数据）转换为占用比特数较多的数据（简称较长的数据），都使用隐含类型转换，即类型转换由编译系统自动完成，不需要程序做特别的说明。但如果把较长的数据转换成较短的数据时，就要使用强制类型转换，否则会产生编译错误。

（1）自动类型转换

在程序中已经定义好的数值型的变量，若是想以另一种数值类型表示时，Java 语言会在下述不同条件同时成立时，自动进行数据类型的转换：①转换前的数据类型与转换后的数据类型兼容；②转换后的数据类型的表示范围比转换前的大。

条件②说明不同类型的数据进行运算时，需先转换为同一类型，然后进行运算。转换从"短"到"长"的优先级关系为：

byte→short→char→int→long→float→double
低   高

举例来说，若是想将 short 类型的变量 a 转换为 int 类型，由于 short 与 int 皆为整数类型，符合上述条件①，而 int 的表示范围比 short 来的大，亦符合条件②，因此 Java 语言会自动将原为 short 类型的变量 a 转换为 int 类型。

值得注意的是，类型的转换只限该语句本身，并不会影响原先变量的类型定义，而且通过自动类型的转换，可以保证数据的精确度，并不会因为类型转换而损失数据的内容。这种类型的转换方式也称为扩大转换（Augmented Conversion）。

在一个表达式中，若有类型为 short 或 byte 的数据参加运算，为了避免溢出，Java 会将表

达式中的 short 或 byte 类型的数据自动转换成 int 类型，这样就可以保证其运算结果的正确性，这也是 Java 语言所提供的"扩大转换"功能。

由于 boolean 类型只能存放 true 或 false，与整数及字符不兼容，因此不可能做类型的转换。接下来看一看，当两个数中有一个为浮点数时，其运算的结果会如何。

【例 2.1】 数据类型的自动转换。

```java
//filename:app2_1.java
public class app2_1
{
    public static void main(String[] args)
    {
        int a=155;
        float b=21.0f;
        System.out.println("a="+a+",b="+b);
        System.out.println("a/b="+(a/b));
    }
}
```

输出结果为：

```
a=155,b=21.0
a/b=7.3809524
```

程序中第 8、9 两行的 System.out.println()语句的功能是输出括号中表达式的值，然后换行。由运行的结果可以看到，当两个数中有一个浮点数时，其运算的结果会直接转换为浮点数。当表达式中变量的类型不同时，Java 会自动将较小的表示范围转换成较大的表示范围后再进行运算。也就是说，在一个整数和双精度浮点数做运算时，Java 会把整数转换成双精度浮点数后再进行运算，运算结果也会变成双精度浮点数。

（2）强制类型转换

如果要将较长的数据转换成较短的数据，就要进行强制类型转换。强制类型转换的格式如下：

(欲转换的数据类型) 变量名

因为这种强制类型的转换是直接编写在程序代码中的，所以也称为显性转换（Explicit Cast）。经过强制类型转换，将得到一个括号里声明的数据类型的数据，该数据是从指定变量名中所包含的数据类型转换而来，但是指定的变量及其数据本身将不会因此而转变。下面的程序说明了在 Java 语言中是如何进行数据类型强制转换的。

【例 2.2】 整型与浮点数据类型的转换。

```java
//filename:app2_2.java
public class app2_2
{
    public static void main(String[] args)
    {
        int a=155;
        int b=9;
        float g,h;
        System.out.println("a="+a+",b="+b);
        g=a/b;
        System.out.println("a/b="+g+"\n");
        System.out.println("a="+a+",b="+b);
```

```
                h=(float)a/b;
                System.out.println("a/b="+h);
        }
}
```

执行结果为:

a=155,b=9
a/b=17.0

a=155,b=9
a/b=17.222221

当两个整数相除时,小数点之后的数字会被截断,使得运算的结果保持为整数。但由于这并不是预期的计算结果,因此想要使运算的结果为浮点数,就必须将两个整数中的一个或两个强制转换为浮点数类型,例如下面的 3 种写法均可行。

```
(float) a/b              //将整数 a 强制转换成浮点数,再与整数 b 相除
a/(float)b               //将整数 b 强制转换成浮点数,再以整数 a 除之
(flaot)a/(flaot)b        //将整数 a 与 b 同时强制转换成浮点数
```

只要在变量名前面加上欲转换的类型,程序运行时就会自动将此行语句中的变量做类型转换的处理,并不影响原先定义的类型。

此外,若是将一个大于变量可表示范围的值赋值给这个变量,这种转换称为缩小转换 (Narrowing Conversion)。由于缩小转换在转换的过程中可能会损失数据的精确度,Java 并不会自动做这种类型的转换,此时就必须要由程序员做强制性的转换。

注意:在程序设计过程中,不推荐从较长数据向较短数据的转换,因为在这样转换的过程中,由于数据存储位数减少,将导致计算数据精确度降低。

2. 字符串型数据与整型数据相互转换

(1) 字符串转换成数值型数据

数字字符串型数据转换成 byte、short、int、float、double、long 等数据类型,或将字符串 true、false 转换成相应的逻辑类型,可以分别使用表 2.7 所提供的 Byte、Short、Integer、Flaot、Double、Long 和 Boolean 类的 parseXXX()方法完成。

表 2.7 字符串转换成数值型数据的方法

转换的方法	功能说明
Byte.parseByte()	将数字字符串转换为字节型数据
Short.parseShort()	将数字字符串转换为短整型数据
Integer.parseInt()	将数字字符串转换为整型数据
Long.parseLong()	将数字字符串转换为长整型数据
Float.parseFloat()	将数字字符串转换为浮点型数据
Double.parseDouble()	将数字字符串转换为双精度型数据
Boolean.parseBoolean()	将字符串转换为逻辑型数据

例如:
```
String myNumber="1234.567";          //定义字符串型变量 myNumber
float myFloat=Float.parseFloat(myNumber);
```

第 2 条语句是将字符串型变量 myNumber 的值转换成浮点型数据后赋给变量 myFloat。

（2）数值型数据转换成字符串

在 Java 语言中，字符串可用加号"+"来实现连接操作，若其中某个操作数不是字符串，该操作在连接之前会自动将其转换成字符串，所以可用加号来实现自动的转换，如：

```
int myInt=1234;                    //定义整型变量 myInt
String myString=""+myInt;          //将整形数据转换成了字符串
```

其他数值型数据类型也可以利用同样的方法转换成字符串。

2.5 运算符与表达式

在程序设计中经常要进行各种运算，从而达到改变变量值的目的。实现运算就要使用运算符。运算符是用来表示某种运算的符号，它指明了对操作数所进行的运算。按操作数的数目来分，有一元运算符（如++），二元运算符（如+、>）和三元运算符（如?:），它们分别对应于一个、两个和三个操作数。按照运算符功能来分，基本的运算符有下面几类。

- 算术运算符包括+、-、*、/、++、--
- 关系运算符包括>、<、>=、<=、==、!=
- 逻辑运算符包括!、&&、||、&、|
- 位运算符包括>>、<<、>>>、&、|、^、~
- 赋值运算符包括=、扩展赋值运算符（如+=、/=等）
- 条件运算符包括?:
- 其他运算符包括分量运算符.、下标运算符[ ]、实例运算符 instanceof、内存分配运算符 new、强制类型转换运算符（类型）、方法调用运算符()等

2.5.1 算术运算符

算术运算符是用来进行算术运算的符号。这类运算符是最基本、最常见的。算术运算符作用于整型或浮点型数据，完成相应的算术运算。Java 语言的算术运算符分为一元算术运算符和二元算术运算符。一元算术运算符只有一个操作数参加运算，而二元算术运算符则有两个操作数参加运算。

1. 二元算术运算符

二元算术运算符如表 2.8 所示。

表 2.8　二元算术运算符

运算符	功能	示例
+	加运算	a+b
-	减运算	a-b
*	乘运算	a*b
/	除运算	a/b
%	取模（求余）运算	a%b

对于除号运算符"/",它的整数除法和实数除法是有区别的:两个整数之间做除法时,只保留整数部分而舍弃小数部分。对于两个整数之间的除法和取模运算,则式子(a/b)*b+(a%b)==a 是恒成立的。

对取模运算符"%"来说,其操作数可以为浮点数,即 a%b 与 a-((int)(a/b)*b)的语义相同,这表示 a%b 的结果是除完后剩下的浮点数部分。只有单精度操作数的浮点表达式按照单精度运算求值,产生单精度结果。如果浮点表达式中含有一个或一个以上的双精度操作数,则按双精度运算,结果是双精度浮点数,如 37.2%10=7.2。

值得注意的是 Java 语言对加运算符进行了扩展,使它能够进行字符串的连接,如"abc"+"de",得到字符串"abcde"。

2. 一元算术运算符

一元算术运算符如表 2.9 所示。

表 2.9　一元算术运算符

运算符	功能	示例
+	正值	+a
-	负值	-a
++	加 1	++a 或--a
--	减 1	--a 或 a--

加 1、减 1 运算符既可放在操作数之前(如++i 或--i),也可放在操作数之后(如 i++或 i--),但两者的运算方式不同。如果放在操作数之前,操作数先进行加 1 或减 1 运算,然后将结果用于表达式的操作;如果放在操作数之后,则操作数先参加其他的运算,然后再进行加 1 或减 1 运算。例如:

```
int i=10,j,k,m,n;
j=+i;              //取原值,则=10
k=-i;              //取相反符号值,则 k=-10
m=i++;             //先 m=i,再 i=i+1,则 m=10, i=11
m=++i;             //先 i=i+1,再 m=i,则 i=12, m=12
n=i-- ;            //先 n=i,再 i=i-1,则 n=12, i=11
n=--i;             //先 i=i-1,再 n=i,则 i=10, n=10
```

说明:一元算术运算符与操作数之间不允许有空格,加 1 或减 1 运算符不能用于表达式,只能用于简单变量。例如,++(x+1)有语法错误。

2.5.2　关系运算符

关系运算符用于比较两个值之间的大小,结果返回逻辑值 true 或 false。关系运算符都是二元运算符,如表 2.10 所示。

表 2.10　关系运算符

运算符	功能	示例
>	大于	a>b
>=	大于或等于	a>=b

续表

运算符	功能	示例
<	小于	a<b
<=	小于或等于	a<=b
==	等于	a==b
!=	不等于	a!=b

注意：不能在浮点数之间作"=="的比较。因为浮点数在表达上有难以避免的微小误差，精确的相等比较无法达到，所以这类比较没有意义。

2.5.3 逻辑运算符

逻辑运算与关系运算的关系非常密切，关系运算符是运算结果为逻辑型的运算，而逻辑运算是操作数与运算结果都是逻辑型的运算。逻辑运算符如表 2.11 所示。

表 2.11 逻辑运算符

运算符	功能	示例	运算规则
&	逻辑与	a&b	两个操作数均为 true 时，结果才为 true
|	逻辑或	a|b	两个操作数均为 false 时，结果才为 false
!	逻辑非（取反）	! a	将操作数取反
^	异或	a^b	两个操作数同为真或同为假时，结果才为 false
&&	简洁与	a&&b	两个操作数均为 true 时，结果才为 true
||	简洁或	a||b	两个操作数均为 false 时，结果才为 false

!为一元运算符，实现逻辑非。&、| 为二元运算符，实现逻辑与、逻辑或运算。简洁运算（&&、||）与非简洁运算（&、|）的区别在于：非简洁运算在必须计算完左右两边表达式之后，才取结果值；而简洁运算可能只计算左边的表达式而不计算右边的表达式，即对于&&只要左边表达式为 false，就不计算右边的表达式，则整个表达式为 false；对于||，只要左边表达式为 true，就不计算右边表达式，则整个表达式为 true。

对于异或运算可以通过一句话来记住："两个值不同，值为真；两个字相同，值为假。"

【**例2.3**】关系运算符和逻辑运算符的使用。

```java
// filename：app2_3.java
public class app3_8
{
  public static void main(String[] args)
  {
    int a=25,b=7;
    boolean x=a<b;
    System.out.println("a<b="+x);
    int e=3;
    boolean y= a/e>5;
    System.out.println("x^y="+(x^y));
    if(b<0 & e!=0)   System.out.println("b/0="+b/0);
```

```
    else System.out.println("a%e="+a%e);
        int f=0;
        if(f!=0 && a/f>5)  System.out.println("a/f="+a/f);
        else System.out.println("f="+f);
    }
}
```

运行结果为:

```
a<b=false
x^y=true
a%e=1
f=0
```

2.5.4 位运算符

位运算符是对操作数以二进制比特位为单位进行的操作和运算,Java 语言中提供了如表 2.12 所示的位运算符。

表 2.12 位运算符

运算符	功能	示例	运算规则
~	按位取反	~a	将 a 按位取反
&	按位与	a&b	将 a 和 b 按比特位相与
|	按位或	a|b	将 a 和 b 按比特位相或
^	按位异或	a^b	将 a 和 b 按比特位相异或
>>	右移	a>>b	将 a 各比特位向右移 b 位
<<	左移	a<<b	将 a 各比特位向左移 b 位
>>>	0 填充右移	a>>>b	将 a 各比特位向右移 b 位,左边的空位一律填 0

Java 语言的位运算符可分为按位运算和移位运算两类。这两类位运算符中,除一元运算符"~"以外,其余均为二元运算符。位运算符的操作数只能为整型或字符型数据。有的符号(如&、|、^)与逻辑运算符的写法相同,但逻辑运算符的操作数为布尔型的量,用户在使用这种运算符时要注意它们的区别。

2.5.5 赋值运算符

1. 赋值运算符

简单的赋值运算符是把一个表达式的值直接赋给一个变量或对象,使用的赋值运算符是"=",其格式如下:

变量或对象=表达式;

在赋值运算符两侧的类型不一致的情况下,则需按规则进行自动或强制类型转换。即变量从占用内存较少的短数据类型转换成占用内存较多的长数据类型时,Java 会自动进行隐含类型转换;而将变量从较长的数据类型转换成较短的数据类型时,则必须做强制类型转换,即采用"(类型)表达式"的方式。

赋值运算符右端的表达式可以还是赋值表达式,形成连续赋值的情况,例如:

a=b=c=8;

首先执行 c=8，该赋值表达式的值是 8；然后再执行 b=8，该赋值表达式的值是 8；最后执行 a=8。

2. 扩展赋值运算符

在赋值符"="前加上其他运算符，则构成扩展赋值运算符。例如 a+=3 等价于 a=a+3。也就是说，扩展赋值运算符是先进行某种运算之后，再对运算的结果进行赋值。表 2.13 列出了 Java 语言中的扩展赋值运算符及等效的表达式。

表 2.13 扩展赋值运算符

运算符	示例	等效表达式
+=	a+=b	a=a+b
-=	a-=b	a=a-b
*=	a*=b	a=a*b
/=	a/=b	a=a/b
%=	a%=b	a=a%b
&=	a&=b	a=a&b
|=	a|=b	a=a|b
^=	a^=b	a=a^b
>>=	a>>=b	a=a>>b
<<=	a<<=b	a=a<<b
>>>=	a>>>=b	a=a>>>b

2.5.6 条件运算符

Java 语言提供了高效简便的三元条件运算符（?:）。该运算符的格式如下：

表达式 1?表达式 2;表达式 3;

其中，"表达式 1"是一个结果为逻辑值的逻辑表达式。该运算符的功能是：先计算"表达式 1"的值，当"表达式 1"的值为 true 时，则将"表达式 2"的值作为整个表达式的值；当"表达式 1"的值为 false 时，则将"表达式 3"的值作为整个表达式的值。例如：如果要通过测试某个表达式的值来选择两个表达式中的一个进行计算时，用条件运算符来实现是一种简练的方法。这时它实现了 if-else 语句的功能。

2.5.7 字符串运算符

字符串运算符"+"是以 string 为对象进行的操作。运算符"+"完成字符串连接操作，如果必要，则系统自动把操作数转换为 string 型。例如：

```
float a=100.0f;                //定义变量 a 为浮点型
print("The value of a is"+a+"\n");   //系统自动将 a 转换成字符串
```

如果操作数是一个对象，则可利用相应类中 toString()方法，将该对象转换成字符串，然后再进行字符串连接运算。"+="运算符也可以用于字符串。

2.5.8 表达式及运算符的优先级、结合性

表达式是由变量、常量、对象、方法调用和操作符组成的式子，它执行这些元素指定的计算并返回某个值。例如，a+b、c+d 等都是表达式，表达式用于计算并对变量赋值，以及作为程序控制的条件。作为特例，单独的常量、变量或方法等均可看作是一个表达式。

在对一个表达式进行运算时，要按运算符的优先顺序从高到低进行。运算符的优先级决定了表达式中不同运算执行的先后顺序，大体上来说，从高到低是：一元运算符、算术运算符、关系运算和逻辑运算、赋值运算。运算符除有优先级外，还有结合性，运算符的结合性决定了并列的多个同级运算符的先后执行顺序。同级的运算符大都是按从左到右的方向进行的（称为"左结合性"）。大部分运算的结合性是从左向右，而赋值运算、一元运算等则有右结合性。表2.14 给出了 Java 语言中运算符的优先级和结合性。

表 2.14 运算符的优先级及结合性

优先级	运算符	运算符的结合性
1	. [] ()	左→右
2	++ -- ! ~ +（正号）-（负号） instanceof	右→左
3	new (类型)	右→左
4	* / %	左→右
5	+ -	左→右
6	<< >> >>>	左→右
7	< > <= >=	左→右
8	== !=	左→右
9	&	左→右
10	^	左→右
11	|	左→右
12	&&	左→右
13	||	左→右
14	?:	左→右
15	= += -= *= /= %= <<= >>= >>>= &= ^= |=	右→左

在表达式中，可以用括号()显式地标明运算次序，括号中的表达式首先被计算。适当地使用括号可以使表达式的结构清晰。例如：

a>=b && c<d || e==f

可以用括号显式地写成

((a<=b) && (c<d)) || (e==f)

这样就清晰地表明了运算次序，使程序的可读性加强。

注意：括号的使用必须匹配。

本章小结

- Java 语言的数据类型可分为两大类：一类是基本数据类型，另一类是引用数据类型。
- 基本数据类型有整型、浮点型、逻辑型和字符型；引用数据类型包括类、数组和接口等。
- 常量是在程序的整个过程中保持其值不改变的量；变量是其值在程序运行中可以改变的量。
- 布尔型（boolean）也称为逻辑型，用来表示逻辑值，只有 true 和 false 两个取值。
- Java 语言的变量名称可以由英文字母、数字或下划线等组成。但要注意，名称中不能有空格，且第一个字符不能是数字，还有不能是 Java 语言的关键字。此外，Java 语言的变量名是区分字母大小写的。
- 使用变量的原则是"先声明后使用"，即变量在使用前必须先声明。
- 变量的赋值由以下三种方法：在声明的时候赋值、声明后再赋值、在程序中的任何位置声明并赋值。
- Java 语言提供了数值类型量的最大值、最小值的代码。最大值的代码是 MAX_VALUE，最小值是 MIN_VALUE。如果要使用某个数值类型量的最大值或最小值，只要在这些代码的前面，加上它们所属的类全名即可。
- 数据类型的转换可分为两种："自动类型转换"和"强制类型转换"。
- Java 语言的运算符是由优先级和结合性的。运算符的优先级决定了表达式中不同运算执行的先后顺序，而结合性决定了并列的多个同级运算符的先后执行顺序。

3 类与对象

在前面的章节中，对 Java 语言的简单数据类型、数组、运算符和表达式做了详细的介绍。本章介绍面向对象的程序设计（Object Oriented Programming，OOP）方法。面向对象的编程思想是力图使在计算机语言中对事物的描述与现实世界中该事物的本来面目尽可能一致，所以在面向对象的程序设计中，类（Class）和对象（Object）是面向对象程序设计方法中最核心的概念。

3.1 类的基本概念

类的概念是为了让程序设计语言能更清楚地描述日常生活中的事物。类是对某一事物的描述，是抽象的、概念上的定义。

一般来说，类是由数据成员与函数成员封装而成的，其中数据成员表示类的属性，函数成员（即程序代码）表示类的行为。由此可见，类描述了对象的属性和对象的行为。下面用 Java 语言的类来描述圆柱体。每一个圆柱体（Cylinder），无论尺寸大小，都有底半径和高这两个属性，而这两个属性就是圆柱体的数据。因此就本例而言，半径（Radius）与高（Height）可以说是圆柱体类 Cylinder 的数据成员（Data Member）。当然，圆柱体类还可能有其他的数据，如重量、颜色等。Java 语言把类内的数据成员称为 field（域）。对圆柱体类而言，除了底半径和高这两个数据之外，还可以把计算底面积与体积这两个函数纳入圆柱体类里，变成类的函数成员（Function Member）。Java 语言称这种封装于类内的函数为方法（Method）。在传统的程序设计语言中，计算底面积与体积等相关的功能通常可交由独立的函数（Function）来处理，但在面向对象的程序设计中，这些函数是封装在类之内的。

在 Java 语言中，将函数称为方法（Method）。方法可以简化程序的结构，也可以节省编写相同代码的时间，达到程序模块化的目的。所谓"类"就是把事物的数据与相关功能封装（Encapsulat）在一起，形成一种特殊的数据机构，用以表达真实事物的一种抽象。

由图 3.1 可知，圆柱体类的成员变量有 pi、radius、height，而成员方法则有计算底面积的 area( ) 与计算体积的 volume( )。

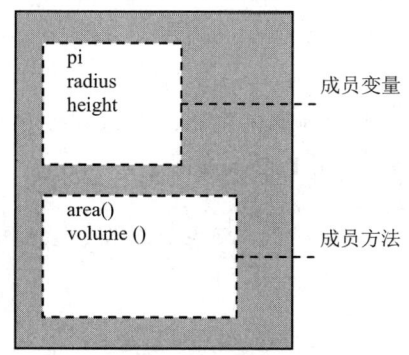

图 3.1 圆柱体类示意图

3.2 定义类

由于类是将数据和方法封装在一起的一种数据结构，其中数据表示类的属性，方法表示类的行为，所以定义类实际上就是定义类的属性与方法。用户定义一个类实际上就是定义一个新的数据类型。在使用类之前，必须先定义它，然后才可利用所定义的类来声明相应的变量并创建对象，这与声明一个基本类型的变量（如 int x）实质上是一个概念，只是基本数据类型是系统定义好的，无须用户来定义。

1. 类的一般结构

定义类又称为声明类，其一般的语法结构如下：

```
[类修饰符] class 类名称
{
    [修饰符] 数据类型 成员变量名称;
    …
    [修饰符] 返回值的数据类型 方法名（参数1，参数2，…）
    {
        语句序列;
        return [表达式];
    }
    …
}
```

其中，方括号[ ]中的修饰符是可选项，它是一组限定类、成员变量和成员方法是否可以被程序里的其他部分访问和调用的控制符。其中，类修饰符分为公共访问控制符（public）、抽象类说明符（abstract）、最终类说明符（final）和缺省访问控制符四种。类修饰符的含义如下表 3.1 所示。

表 3.1 类修饰符的含义

修饰符	含义
public	将一个类声明为公共类，它可以被任何对象访问
abstract	将一个类声明为抽象类，没有实现方法，需要子类提供方法的实现，所以不能创建该类的实例
final	将一个类声明为最终类即非继承类，表示它不能被其他类所继承
（缺省）	无修饰符时，则表示只有在相同包中的对象才能使用这样的类

一个类可以有多个修饰符,且无先后顺序之分,但 abstract 和 final 相互对立,所以不能同时应用在一个类的定义中。

2. 成员变量

一个类的成员变量描述了该类的内部信息,一个成员变量可以是简单变量,也可以是对象、数组等其他结构型数据。成员变量的格式如下:

[修饰符] 变量类型 变量名 [=初值];

成员变量的修饰符有公共访问控制符、静态修饰符、最终修饰符、过渡修饰符和易失修饰符等,具体成员变量修饰符的含义如表 3.2 所示。

表 3.2 成员变量修饰符的含义

修饰符	含义
public	公共访问控制符。指定该变量为公共的,它可以被任何对象的方法访问
private	私有访问控制符。指定该变量只允许自己类的方法访问,其他任何类中的方法均不能访问此变量
protect	保护访问控制符。指定该变量只可能被它自己的类及其子类或同一包中的其他类访问,在子类中可以覆盖此变量
(缺省)	无访问控制符时,则表示在同一个包中的其他类可以访问此成员变量,而其他包中的类不能访问该成员变量
final	最终修饰符。指定此变量的值不能改变
static	静态修饰符。指定该变量被所有对象共享,即所有的实例都可使用该变量
transient	过渡修饰符。指定该变量是一个系统保留,暂无特别作用的临时性变量
volatile	易失修饰符。指定该变量可以同时被几个线程控制和修改

除了访问控制修饰符有多个之外,其他的修饰符都只有一个。一个成员变量可以被两个以上的修饰符同时修饰,但有些修饰符是不能同时定义在一起使用的。

说明:在定义类的成员时,可以同时赋初始值,表明成员变量的初始状态,但对成员变量的操作只能放在方法中。

3. 成员方法

类的方法是用来定义对类的成员变量进行操作的,是实现类内部功能的机制,同时也是类与外界进行交互的重要窗口。声明方法的语法格式如下:

[修饰符] 返回值的数据类型 方法名(参数列表)
{
    语句序列;
    return [表达式];
}

说明:如果不需要传递参数到方法中,只需将方法名后的小括号写出即可,不必填写任何内容。另外,若方法没有返回值,则返回值的数据类型应为 void,且 return 语句可以省略。

在方法的定义中修饰符是可选项。方法的修饰符较多,包括访问控制符、静态修饰符、抽象修饰符、最终修饰符、同步修饰符和本地修饰符等,其含义如表 3.3 所示。

成员方法与成员变量同样有多个控制修饰符,当用两个以上的修饰符来修饰一个方法时,需要注意有的修饰符之间是互斥的,不能同时使用。

表 3.3 成员方法修饰符的含义

修饰符	含义
public	公共访问控制符。指定该方法为公共的,它可以被任何对象的方法访问
private	私有访问控制符。指定该方法只允许自己类的方法访问,其他任何类（包括子类）中的方法均不能访问此方法
protected	保护访问控制符。指定该方法只可能被它的类及其子类或同一包中的其他类访问
（缺省）	无访问控制符时,则表示在同一个包中其他类可以访问此成员方法,而其他包中的类不能访问该成员方法
final	最终修饰符。指定该方法不能被重载
static	静态修饰符。指定不需要实例化一个对象就可以调用的方法
abstract	抽象修饰符。指定该方法只声明方法头,而没有方法体,抽象方法需在子类中被实现
synchronized	同步修饰符。在多线程程序中,该修饰符用于在运行前对它所属的方法加锁,以防止其他线程访问,运行结束后解锁
native	本地修饰符。指定此方法的方法体是用其他语言在程序外编写的

下面定义圆柱体类：

```
class Cylinder              //定义圆柱体类 Cylinder
{
    double radius;          //声明成员变量 radius
    int height;             //声明成员变量 height
    double pi=3.14;         //声明数据成员 pi 并赋初值
    void area( )            //定义成员方法 area(),用来计算底面积
    {
        System.out.println("圆柱底面积="+ pi*radius* radius);
    }
    void volume( )          //定义成员方法 volume (),用来计算体积
    {
        System.out.println("圆柱体体积="+((pi*radius* radius)*height);
    }
}
```

4. 成员变量与局部变量的区别

由类和方法的定义可知,在类和方法中均可定义属于自己的变量。类中定义的变量是成员变量,而方法中定义的变量是局部变量。类的成员变量与方法中的局部变量是有一定的区别的。

（1）从语法形式上看,成员变量属于类,而局部变量是方法中定义的变量或方法的参数；成员变量可以被 public、private 和 static 等修饰,而局部变量则不能被访问控制修饰符及 static 所修饰；二者都可以被 final 修饰。

（2）从变量在内存中的存储方式看,成员变量是对象的一部分,对象是存储在堆内存的,局部变量存于栈内存中。

（3）从变量在内存中的生存时间上看,成员变量是对象的一部分,它随着对象的创建而存在；局部变量随着方法的调用而产生,随着方法调用的结束而自动消失。

（4）成员变量若没有被赋初值,则会自动初始化默认为 0（用 final 修饰的但没有被 static 修饰的成员变量必须显式赋值）；局部变量不会被自动赋值,必须显式赋值后才能使用。

3.3 对象的创建与使用

对象是整个面向对象程序设计的理论基础。由于面向对象程序中使用类来创建对象，所以可以将对象理解为一种新型的变量，它保存着一些比较有用的数据，但可以要求它对自身进行操作。对象之间靠互相传递消息而相互作用，消息传递的结果是启动方法，完成一些行为或修改接收消息的对象的属性。对象一旦完成了它的工作，就将被销毁，所占的资源将被系统回收以供其他对象使用。一个对象的生命周期是：创建→使用→销毁。

3.3.1 创建对象

由于对象是类的实例，所以对象是属于某个已知的类，因此要创建属于某类的对象，可通过如下两个步骤来完成：

（1）声明指向"由类所创建的对象"的变量。

（2）利用 new 运算符创建新的对象，并指派给前面所创建的变量。

例如，要创建圆柱体类 Cylinder 的对象，可用下面的语句来创建：

```
Cylinder volu;              //声明指向对象的变量 volu
volu=new Cylinder();        //利用 new 创建新的对象，并让变量 volu 指向它
```

通过这两个步骤，就可以利用指向对象的变量 volu 访问"由类 Cylinder 创建的对象"的内容，即成员变量或方法。另外在创建对象时也可以将上面的两个语句合并成一行，即在声明对象的同时使用 new 运算创建对象，如：

```
Cylinder volu=new Cylinder();   //声明并创建新的对象，并让 volu 指向该对象
```

对于新创建的对象 volu，因为是从 Cylinder 类产生的，所以具有可用来保存数值 radius、height 和 pi 的变量，也包括了 area()与 volume()这两个用于计算圆柱体底面积和体积的方法。

与创建数组同样的道理，在创建对象的第一步或是等号的左边是以类名 Cylinder 作为变量类型在栈内存中定义的一个变量 volu，用来指向通过 new 运算符在堆内存中创建的一个类 Cylinder 类的实例对象。也就是说变量 volu 是对存放在堆内存中对象的引用变量。创建对象并让变量 volu 指向它。

因变量 volu 是指向由 Cylinder 类所创建的对象，所以可将它视为"对象的名称"，因而简称对象。事实上，volu 只是对象的名称，它是指向对象实体的变量，而非对象本身。

因为在一个方法内部的变量必须进行初始化，否则编译无法通过，所以当一个对象被创建时，会对其中各种类型的成员变量按表 3.4 自动进行初始化。

表 3.4　成员变量的初始值

成员变量类型	初始值	成员变量类型	初始值
byte	0	double	0.0D
short	0	char	'\u0000'
int	0	boolean	false
long	0L	所有引用类型	null
float	0.0F		

3.3.2 对象的使用

创建新的对象之后，就可以对对象的成员进行访问。通过对象来引用对象成员的格式如下：

对象名.对象成员

在对象名和对象成员之间用"."相连，通过这种引用可以访问对象的成员。如果对象成员是成员变量，通过这种引用方式可以获取或修改类中成员变量的值。例如，若将对象 volu 的半径赋值为 2.8，把高赋值为 5，其代码为：

volu.radius=2.8;
volu.height=5;

如果引用的是成员方法，只要在成员方法名的圆括号内提供所需参数即可。如果方法不需要参数，则用空括号，如：

volu.area()

【例 3.1】定义一个圆柱体类 Cylinder，并创建相应的对象，然后计算圆柱体的底面积与体积。

```java
//filename: app3_1.java
class Cylinder
{
    double radius;
    int height;
    double pi=3.14;
    void area()
    {
        System.out.println("底面积="+pi* radius* radius);
    }
    double volume()
    {
        return (pi* radius* radius)*height;
    }
}
public class app3_1
{
    public static void main(String[] args)
    {
        Cylinder volu;
        volu=new Cylinder();
        volu.radius=2.8;
        volu.height=5;
        System.out.println("底圆半径="+volu.radius);
        System.out.println("圆柱的高="+volu.height);
        System.out.print("圆柱");
        volu.area();
        System.out.println("圆柱体体积="+volu.volume());
    }
}
```

程序运行结果为：

底圆半径=2.8
圆柱的高=5

圆柱底面积=24.6176
圆柱体体积=123.088

根据 Java 源文件的命名规则，将该程序文件命名为 app3_1.java。将源文件编译成字节码文件后，会生成 Cylinder.class 和 app3_1.class 两个文件（这是因为 app3_1.java 源文件中有两个类 Cylinder 和 app3_1 的原因），且 Java 会把它们置于相同的目录下。由此可知，如果 Java 程序中有多个类，经编译之后便会产生相等数目的.class 文件。

在 Cylinder 类里定义了三个成员变量：整型 height、双精度型 radius 和 pi，并将成员变量 pi 赋值为 3.14。同时在该类内还定义了两个方法：area()和 volume()，其中 area()方法无返回值，所以该方法名前用 void 来修饰；volume()的返回值类型是双精度型，所以用 double 来修饰。在 area()和 volume()两个方法中用到变量 pi 时，则会用数值 3.14 来进行运算。app3_1 类中的主方法 main()是程序运行的起始点。

说明：当程序运行到调用方法语句时，程序会暂时跳到该方法中运行，等到该方法运行结束后，才又返回到主方法 main()中继续往下运行。

在例题 3.1 的 Cylinder 类中，虽然在类的定义中，将数据成员 pi 赋值为 3.14，但其值还是可以被修改的。另外，如果用 new 运算符创建两个对象 volu1 和 volu2，由于这两个对象的成员是分配在不同的内存块中，因此若修改了其中一个对象的 pi 值，另一个对象的 pi 值将不受影响。

【例 3.2】同时创建多个圆柱体类 Cylinder 的对象，并修改其中一个对象的成员变量 pi 的值。

```java
//filename: app3_2.java
class Cylinder
{
    double radius;
    int height;
    double pi=3.14;
    void area()
    {
        System.out.println("底面积="+pi* radius* radius);
    }
    double volume()
    {
        return (pi* radius* radius)*height;
    }
}
public class app3_2
{
    public static void main(String[] args)
    {
        Cylinder volu1,volu2;
        volu1=new Cylinder();
        volu2=new Cylinder();
        volu1.radius= volu2.radius=2.5;
        volu2.pi=3;
        System.out.println("圆柱 1 底半径="+volu1.radius);
        System.out.println("圆柱 2 底半径="+volu2.radius);
```

```
        System.out.println("圆柱 1 的 pi 值="+volu1.pi);
        System.out.println("圆柱 2 的 pi 值="+volu2.pi);
        System.out.print("圆柱 1");
        volu1.area();
        System.out.print("圆柱 2");
        volu2.area();
    }
}
```

程序运行结果为：

圆柱 1 底半径=2.5
圆柱 2 底半径=2.5
圆柱 1 的 pi 值=3.14
圆柱 2 的 pi 值=3.0
圆柱 1 底面积=19.625
圆柱 2 底面积=18.75

在 3.2 例题中定义了两个对象 volu1 和 volu2，并将对象 volu1 和 volu2 的 radius 均设置为 2.5，然后将 volu2 的 pi 值重新赋值为 3，由于 pi 是 double 型的变量，因此系统自动将 pi 置为 3.0。因为每一个新创建的对象的成员变量均有其固定的存放空间，所以修改 volu2 的 pi 值并不影响 volu1 原来的 pi 值。

通过上述两个例子可以看出，在主方法 main() 内，如果需要访问类的成员，如 radius 或 pi 时，是通过格式"对象名.成员名"来完成的，如 volu.radius。但如果是在类声明的内部使用这些成员时，则可直接使用成员名称，而不需要调用它的对象名称，这是因为在定义类时，还根本不知道哪个对象要调用它，如下面的代码：

```
class Cylinder        //定义 Cylinder 类
{
    double radius;
    int height;
    double pi=3.14;
    void area()
    {
        System.out.println("底面积="+pi* radius* radius);
                //在类内可直接使用成员的名称
    }
}
```

总而言之，在类声明之外用到成员名称时，则必须指明是哪个对象变量，也就是用"指向对象的变量.成员名"的语法来访问对象中的成员；相反，若是在类内部使用类自己的成员时，则不必指出成员名称前的对象名称。

3.3.3 匿名对象

当一个对象被创建之后，在调用该对象的方法时，也可以不定义对象的引用变量，而直接调用这个对象的方法，这样的对象叫作匿名对象。例如，若将下面两行代码：

```
Cylinder volu=new Cylinder();
    volu.setCylinder(2.5,5,3.14);
```

改写成：

```
new Cylinder().setCylinder(2.5,5,3.14);
```

则 new Cylinder()就是匿名对象。这个语句没有声明任何对象，而是直接用 new 运算符创建了 Cylinder 类的对象并直接调用了它的 setCylinder()方法。这个语句的执行结果与改写前的执行结果相同。当这个方法执行完成后，这个对象也就失去了作用。

使用匿名对象通常有如下两种情况：

（1）如果对一个对象只需进行一次方法调用，那么就可以使用匿名对象。

（2）将匿名对象作为实参传递给一个方法调用，如一个程序中有一个 getSomeOne()方法要接收一个 MyClass 类对象作为参数，方法的定义如下：

```
public static void getSomeOne(MyClass c)
{
    …
}
```

可以用下面的语句调用这个方法。

```
getSomeOne(new Myclass());
```

3.4 私有成员与公有成员

在类 Cylinder 中，pi、radius 和 height 是可以在类 Cylinder 的外部任意修改的。这虽然方便了程序员灵活使用，但也存在弊端。例如，在对圆柱体对象 volu 表示高的成员 height 赋值时，若误输入为负数，如 volu.height=-5，则在计算圆柱体的体积时就会得出体积值是负数的结果，这显然是错误的。这是由于在类的外部访问成员变量时，没有一个机制来限制对成员的访问方式，从而导致了安全上的漏洞。

3.4.1 私有成员

如果没有一个机制来限制对类中成员的访问，则很可能会造成错误的输入。为了防止这种情况的发生，Java 语言提供了私有成员访问控制修饰符 private。也就是说，如果在类的成员声明的前面加上修饰符 private，就无法从该类的外部访问到该类内部的成员，而只能被该类自身访问和修改，不能被任何其他类，包括该类的子类来获取或引用，因此达到了对数据最高级别的保护的目的。

【例 3.3】在圆柱体类 Cylinder 中，创建类的私有成员，使之在该类的外部无法访问该成员。

```
//filename：app3_3.java
class Cylinder
{
    private double radius;
    private int height;
    private double pi=3.14;
    double area()
    {
        return pi* radius* radius;
    }
    double volume()
    {
        return area()*height;
    }
```

```
}
public class app3_3
{
  public static void main(String[] args)
  {
    Cylinder volu=new Cylinder();
    volu.radius=2.8;         //错误
    volu.height=-5;          //错误
    System.out.println("底圆半径="+volu.radius());    //错误
    System.out.println("圆柱的高="+volu.height());    //错误
    System.out.print("圆柱");
    System.out.println("底面积="+volu.area());
    System.out.println("圆柱体体积="+volu.volume());
  }
}
```

该程序在进行编译时将给出出错信息，说明无法在类 Cylinder 的外部的任何位置访问该类的内部私有成员。

3.4.2 公共成员

既然在类的外部无法访问到类内部的私有成员，那么 Java 就必须提供另外的机制，使得私有成员得以通过这个机制来提供外界访问。解决此问题的办法就是创建公共成员，为此 Java 提供了公共访问控制符 public。如果在类的成员声明的前面加上修饰符 public，则表示该成员可以被所有其他的类所访问。由于 public 修饰符会造成安全性和数据封装性的下降，所以一般应减少公共成员的使用。

【例 3.4】 用创建圆柱体类 Cylinder 的公共成员方法来访问类内的私有成员变量。

```
//filename：app3_4.java
class Cylinder
{
  private double radius;
  private int height;
  private double pi=3.14;
  public void setCylinder(double r, int h)
  {
    if (r>0 && h>0)
    {
      radius=r;
      height=h;
    }
    else
      System.out.println("您的数据有错误！！");
  }
  double area()
  {
    return pi* radius* radius;
  }
  double volume()
  {
```

```
        return area()*height;
    }
}
public class app3_4
{
    public static void main(String[] args)
    {
        Cylinder volu=new Cylinder();
        volu.setCylinder(2.5, -5);
        System.out.println("圆柱底面积="+volu.area());
        System.out.println("圆柱体体积="+volu.volume());
    }
}
```

程序运行结果为:

您的数据有错误！！
圆柱底面积=0.0
圆柱体体积=0.0

该例中在 Cylinder 类内将 setCylinder()方法声明为公共成员，并接收两个参数 r 和 h。如果判断传进来的两个变量均大于 0，则将私有数据成员 radius 设置为 r，将 height 设置为 h，否则输出"您的数据有错误！！"的提示信息。

通过本例可以看出，唯有通过公共成员方法 setCylinder()，私有成员 radius 和 height 才能得以修改。因此在公共成员方法内加上判断代码，可以杜绝错误数据的输入。

3.4.3 缺省访问控制符

若在类成员的前面不加任何访问控制符，则该成员具有缺省的访问控制特性，这种缺省访问控制权，表示这个成员只能被同一个包（类库）中的类所访问和调用，如果一个子类与其父类处于不同的包中，子类也不能访问父类中的缺省访问控制成员，也就是说其他包中的任何类都不能访问缺省访问控制成员。

同理，对于类来说，如果一个类没有访问控制符，说明他具有缺省访问控制特性，这种缺省的访问控制权规定只能被同一个包中的类访问和引用，而不可以被其他包的类所使用。

本章小结

- 类是对某一类事物的描述，是抽象的、概念上的定义。
- 同一个 Java 程序内，若定义了多个类，则最多只能有一个类声明为 public，这种情况下文件名称必须与声明称 public 的类名称相同。
- Java 语言把数据成员称为"成员变量"。
- "封装"是指把变量和方法包装在一个类内，以限定成员的访问，从而达到保护数据的一种技术。
- 由类所创建的对象称为"实例"。
- 创建属于某类的对象，可以通过下面两个步骤来完成：①声明指向"由类所创建的对象"的变量；②利用 new 运算符创建新的对象，并用步骤①所创建的变量来指向它。

- 要访问对象里的某个成员变量时，可以通过"对象名.成员变量名"的形式来实现；若要调用封装在类内的方法时，则可以使用"对象名.方法名()"的语法形式来完成。
- 所谓匿名对象，就是当一个对象被创建之后，在调用该对象的方法时，不定义对象的引用变量，而直接调用这个对象的方法，这样的对象就叫匿名对象。
- 用修饰符 private 来修饰的类成员称为类的私有成员（Private Member）。私有成员无法从该类的外部访问到，只能被该类自身访问和修改，而不能被任何其他类（包括该来的子类）来获取或引用；如果在类的成员声明的前面加上修饰符 public，则该成员为公共成员，表示该成员可以被所有其他的类所访问。

4 键盘输入与流程控制

本章主要介绍从键盘输入数据和流程控制语句,编写 Java 程序必须掌握这些方法。只有掌握了如何从键盘获得数据和对流程的控制,编写 Java 程序才能得心应手。

在程序设计中,经常需要从键盘上读取数据,从而可以增加与用户之间的交互,这时就需要用户从键盘输入数据。而流程是指程序运行时,各语句的执行顺序。流程控制语句就是用来控制程序中的语句执行顺序的语句,是程序中的基本却又非常关键的部分。任何一种高级语言都定义了自己的流程控制语句来控制程序中的流程。流程控制语句可以把单个的语句组合成有意义的、能完成一定功能的小逻辑模块。最主要的流程控制方式是结构化程序设计中规定的三种基本流程结构:顺序结构、分支结构(选择结构)和循环结构。

4.1 从键盘输入数据

Java 语言提供了两种利用键盘输入数据的方式。

1. 利用字符输入流

利用键盘输入数据,其基本格式如下:

```
import java.io.*;
public class class_name    //类名称
{
    public static void main(String[] args) throws IOException
    {
        …
        String str;              //声明 str 为 String 类型的变量
        BufferedReader buf;      //声明 buf 为 BufferedReader 类的变量,该类在 java.io 类库中
        buf=new BufferedReader(new InputStreamReader(System.in));   //创建 buf 对象
        …
        str=buf.readLine();      //用 readLine()方法读入字符串存入 str 中
    }
}
```

这个输入数据的基本结构是固定的格式,其中的有关输入语句的功能将在后面章节中介绍。利用上述格式从键盘输入的数据,不管是文字还是数字,Java 皆看作字符串,因此若是要从键

盘输入数值，则必须再经过转换。该格式中的相应语句可写成如下的格式，其作用完全相同。

```
import java.io.*;
public class class_name    //类名称
{
public static void main(String[] args) throws IOException
{
  …
  String str;                    //声明 str 为 String 类型的变量
  InputStreamReader inp;
  inp=new InputStreamReader(System.in);
  BufferedReader buf;            //声明 buf 为 BufferedReader 类的变量，该类在 java.io 类库中
  buf=new BufferedReader(inp);   //创建 buf 对象
  …
  str=buf.readLine();            //用 readLine()方法读入字符串存入 str 中
  }
}
```

这种格式中的 str=buf.readLine();语句是利用 buf 调用 readLine()方法将从键盘上读取的数据均作为字符串来处理，当然也可以利用 read()方法从键盘上读取单个的字符型数据。例如设 c 是定义成 char 型的变量，则语句 c=(char)buf.read();将从键盘上读取一个字符，赋给字符型变量 c。

（1）输入字符串

从键盘输入的所有文字、数字，Java 均视为字符串，因此程序在处理上很简单，只要将输入的内容赋值给一个变量即可。

【例 4.1】从键盘输入数据。

```
//filename：app4_1.java
import java.io.*;
public class app4_1
{
  public static void main(String[] args) throws IOException
  {
    BufferedReader buf;
    String str;
    buf=new BufferedReader(new InputStreamReader(System.in));
    System.out.print("请输入字符串：");
    str=buf.readLine();
    System.out.println("您输入的字符串是："+str);
  }
}
```

程序运行结果为：

请输入字符串：hello java
您输入的字符串是：hello java

说明：若将该程序的第 8 行改为 char str;，第 11 行改为 str=(char)buf.read();，则该程序只能从键盘上读取一个字符，然后输出。

（2）输入数值

由于从键盘输入的数据均视为字符串，所以从键盘输入的数值型数据，必须先利用表 2.7 中所提供的方法进行转换后，字符串的内容才会变成数值。

【例4.2】从键盘输入数字,然后将其转换成数值型数据。

```java
//filename: app4_2.java
import java.io.*;
public class app4_2
{
    public static void main(String[] args) throws IOException
    {
        float num;
        String str;
        BufferedReader buf;
        buf=new BufferedReader(new InputStreamReader(System.in));
        System.out.print("请输入一个实数: ");
        str=buf.readLine();
        num= Float.parseFloat(str);
        System.out.println("您输入的数为: "+num);
    }
}
```

程序运行结果为:

请输入一个实数:30.28
您输入的数为:30.28

程序中的第13行语句是利用parseFloat()方法将从键盘输入的数据转换为浮点型数据。

(3) 输入多个数据

多个数据的输入与单个数据的输入基本相同,下面是从键盘输入两个整数,然后将其相乘后的结果输出到显示器上。

【例4.3】从键盘输入多个数据。

```java
//filename: app4_3.java
import java.io.*;
public class app4_3
{
    public static void main(String[] args) throws IOException
    {
        int num1,num2;
        String str1,str2;
        InputStreamReader in;
        in= new InputStreamReader(System.in);
        BufferedReader buf;
        buf=new BufferedReader(in);
        System.out.print("请输入第一个数: ");
        str1=buf.readLine();
        num1=Integer.parseInt(str1);
        System.out.print("请输入第二个数: ");
        str2=buf.readLine();
        num2=Integer.parseInt(str2);
        System.out.println(num1+"*"+num2+"="+(num1*num2));
    }
}
```

程序运行结果为:

请输入第一个数:2

请输入第二个数：5
2*5=10

2. 利用文本扫描类（Scanner）

为了简化输入操作，从 Java SE5 版本开始在 java.util 类库中新增了一个专门用于输入操作的类 Scanner，可以利用该类创建一个对象，然后利用该对象调用相应的方法，从键盘上读取数据。语句格式如下：

```java
import java.util.*;
public class class_name    //类名称
{
    public static void main(String[] args)
    {
        Scanner reader=new Scanner(System.in); //用 System.in 创建一个 Scanner 对象
        double num;
        …
        num= reader.nextDouble();   //调用 reader 对象的相应方法，读取键盘数据
        …
    }
}
```

在该结构中用创建的 reader 对象调用 nextDouble()方法来读取用户从键盘上输入的 double 型数据，也可以用 reader 对象调用下列方法读取用户在键盘上输入的相应类型的数据：nextByte()、nextDouble()、nextFlaot()、nextInt()、nextLong()、nextShort()、next()、nextLine()。这些 nextXXX()方法被调用后，则等待用户从键盘上输入数据并按 Enter 键（或空格键、Tab 键）确认。在从键盘上输入数据时，通常的做法是让 reader 对象先调用 hasNextXXX()方法判断用户在键盘上输入的是否是相应类型的数据，然后再调用 nextXXX()方法读取数据。例如，用户在键盘上输入 123.45 后按 Enter 键，hasNextFloat()的值为 true，而 hasNextInt()的值为 false。next()或 nextLine()方法被调用后，则等待用户在键盘上输入一行文本，即字符串，这两个方法返回一个 String 类型的数据。

【例 4.4】利用 Scanner 类从键盘输入多个数据。

```java
//filename: app4_4.java
import java.util.*;
public class app4_4
{
    public static void main(String[] args)
    {
        int num1;
        double num2;
        Scanner reader=new Scanner(System.in);
        System.out.print("请输入第一个数: ");
        num1= reader.nextInt();
        System.out.print("请输入第二个数：");
        num2= reader.nextDouble();
        System.out.println(num1+"*"+num2+"="+((float)num1*num2));
    }
}
```

程序运行结果为：
请输入第一个数：5

请输入第二个数：4
5*4.0=20.0

【例 4.5】利用 Scanner 类，使用 next()和 nextLine()方法接收从键盘输入的字符串型数据。

```java
//filename: app4_5.java
import java.util.*;
public class app4_5
{
    public static void main(String[] args)
    {
        String s1,s2;
        Scanner reader=new Scanner(System.in);
        System.out.print("请输入第一个数据：");
        s1= reader.nextLine();
        System.out.print("请输入第二个数据：");
        s2= reader.next();
        System.out.println("输入的是"+s1+"和"+s2);
    }
}
```

其运行结果为：
请输入第一个数据：xyz
请输入第二个数据：ijk
输入的是 xyz 和 ijk

说明：next()方法一定要读取到有效字符后才可以结束输入，对输入有效字符之前遇到的空格键、Tab 键或 Enter 键等，next()方法会自动去掉，只有在输入有效字符之后，next()方法才将其后输入的空格键、Tab 键或 Enter 键视为分割符；而 nextLine()方法的结束符只是 Enter 键，即 nextLine()方法返回的是 Enter 键之前的所有字符。

4.2 分支结构

最简单的流程控制结构为顺序结构。顺序结构就是程序从上到下一行一行执行的结构，中间没有判断和跳转，直到程序结束。在顺序结构中，程序中的语句将按照它们书写的先后顺序依次执行。因此，高级语言不需要为顺序结构定义专门的流程控制语句，只要编写时把语句按照希望其执行的顺序来书写即可。分支结构又称为选择结构，是一种在两种以上的多条执行路径中选择一条执行的控制结构，这里所说的执行路径是指一组语句。通常分支结构要先做一个判断，然后根据判断的结果来决定选择哪一条执行路径。

4.2.1 if 条件语句

if 语句是 Java 程序中最常见的分支结构，每一种编程语言都有一种或多种形式的该类语句，它是一种"二选一"的控制结构，即给出两种可能的执行路径供选择。分支前的判断称为条件表达式，简称为条件，它是一个结果为逻辑型量的关系表达式或逻辑表达式。根据这个表达式的值是"真"和"假"来决定选择哪个分支来执行。

if 语句有多种形式的应用，下面分别介绍。

1. 双路条件选择

双路条件选择的结构如下：

```
if(条件表达式)
{
    语句序列 1;
}
else
{
    语句序列 2
}
```

if 和 else 都是 Java 语言的关键字，执行 if 语句时，程序先计算条件表达式的值，如果值为真，则执行"语句序列 1"；如果值为假，则执行"语句序列 2"。

注意：这里的分支语句序列如果只有一个语句，则不需要用大括号括起来；否则，分支中所有的语句都需要用大括号括起，以便与分支之外的语句相区分。

2. 单路条件选择

单路条件选择的结构如下：

```
if(条件表达式)
{
    语句序列;
}
```

即只有 if 分支，没有 else 分支，如果条件表达式成立，则执行 if 分支语句，否则直接执行 if 语句之后的其他语句。

【例 4.6】找出 3 个整数中的最大值和最小值。

```
//filename:app4_6
public class app4_6
{
    public static void main(String[] args)
    {
        int a=1,b=2,c=3,max,min;
        if(a>b)
            max=a;
        else
            max=b;
        if(c>max) max=c;
        System.out.println("Max="+max);
        min=a<b ? a : b;
        min=c<min ? c : min;
        System.out.println("Min="+min);
    }
}
```

程序运行结果：

Max=3
Min=1

该程序是双路条件选择语句，先求 a 与 b 中较大的数并存入变量 max 中，再用 max 与 c 比较。

3. 多重条件选择结构

多重条件选择结构的结构如下：

```
if(条件表达式 1)
{
    语句序列 1;
}
else if(条件表达式 2)
{
    语句序列 2;
}
…
else if(条件表达式 n)
{
    语句序列 n;
}
else{
    语句序列 n+1;
}
```

该语句的功能是对 else if 进行了更多的条件判断，不同的条件对应不同的语句序列。同时 if 语句还可以进行语句的嵌套。需要注意的是，在使用 if 嵌套语句时，最好使用{}来确定相互的层次关系。

注意，在 Java 语言中，if()和 else if()括号中条件表达式的结果必须是逻辑型量（即 true 或 false），这一点与 C 和 C++不同。

【例 4.7】 给出一个分数，按不同的分数段将其评定为 A、B、C、D 和 E 五个档次之一。

```java
//filename: app4_7.java
public class app4_7
{
    public static void main(String[] args)
    {
        int testScore=86;
        char grade;
        if(testScore>=90) {
            grade='A';
        } else if (testScore>=80) {
            grade='B';
        } else if (testScore>=70) {
            grade='C';
        } else if (testScore>=60) {
            grade='D';
        } else    {
            grade='E';
        }
        System.out.println("评定成绩为: "+ grade);
    }
}
```

程序运行结果为：
评定成绩为：B

4.2.2 switch 选择语句

在多重条件选择的情况下，可以使用 if…else…结构来实现其功能，但是，使用多分支开关语句会使程序更为精练、清晰。switch 语句就是多分支的开关语句，常用于多重条件选择。它将一个表达式的值同许多其他值比较，并按比较结果选择执行哪些语句。switch 选择语句的格式如下：

```
switch(表达式)
{
    case  常量表达式 1:
        语句序列 1;
        break;
    case  常量表达式 2:
        语句序列 2;
        break;
    …
    case  常量表达式 n:
        语句序列 n;
        break;
    default:
        语句序列 n+1;
}
```

switch 分支选择语句在执行时，首先计算圆括号中"表达式"的值，这个值必须是整型或字符型，同时应与各个 case 后面的常量表达式值的类型相一致。计算出表达式的值后，将它先与第一个 case 后面的"常量表达式 1"的值相比较，若相同，则程序的流程转入第一个 case 分支的语句序列；否则，再将表达式的值与第二个 case 后面的"常量表达式 2"相比较，依次类推；如果表达式的值与任何一个 case 后的常量表达式值都不相同，则转去执行最后的 default 分支的语句序列，在 default 分支不存在的情况下，则跳出整个 switch 语句。在每个分支 case 语句后要用 break 退出 switch 结构。

说明：switch 语句的每一个 case 判断，在一般情况下都有 break 语句，以指明这个分支，执行完后就跳出该 switch 语句。在某些特定的场合下可能不需要 break 语句，例如，要若干判断值共享一个分支时，就可以实现由不同的判断语句流入相同的分支。

【例 4.8】 利用 switch 语句来判断用户从键盘上输入的运算符，再输出计算后的结果。

```java
//filename：app4_8.java
public class app4_8
{
    public static void main (String[] args) throws Exception
    {
        int a=100, b=6;
        char oper;
        System.out.print("请输入运算符：");
        oper=(char)System.in.read();
        switch (oper)
        {
            case '+':
                System.out.println(a+"+"+b+"="+(a+b));
                break;
            case '-':
                System.out.println(a+"-"+b+"="+(a-b));
                break;
```

```
            case '*':
                System.out.println(a+"*"+b+"="+(a*b));
                break;
            case '/':
                System.out.println(a+"/"+b+"="+((float)a/b));
                break;
            default:
                System.out.println("输入的符号不正确！");
        }
    }
}
```

程序运行结果：

请输入运算符：+
100+6=106

该程序是将两个整数分别存入变量 a 和 b 中，从键盘输入一个字符，并将其存放在字符型变量中，然后执行 switch 语句，将输入的字符与每个 case 后的字符型常量进行比较。如果是+、-、*、/四个符号之一，则执行相应的 case 分支下的语句，输出相应的计算结果，然后退出 switch 语句；若输入的不是上述四个符号之一，则执行 default 分支下面的语句。

【例 4.9】从键盘上输入一个月份，然后判断该月份的天数。

```
//filename：app4_9.java
import java.util.*;
public class app4_9
{
    public static void main (String[] args)
    {
        int month,days;
        Scanner reader =new Scanner(System.in);
        System.out.print("请输入月份：");
        month=reader.nextInt();
        switch (month)
        {
            case 2: days=28;
                    break;
            case 4:
            case 6:
            case 9:
            case 11: days=30;
                     break;
            default: days=31;
        }
        System.out.println(month+"月份为"+days+"天");
    }
}
```

其运行结果为：

请输入月份：5
5 月份为 31 天

该程序从键盘读入一个整数存入变量 month 中，之后进入 switch 语句首先计算月份变量 month，然后根据其值来计算天数。

4.3 循环结构

循环结构是在一定条件下，反复执行某段程序的控制结构，被反复执行的语句序列称为循环体。在 Java 语言中循环结构是由循环语句来实现的。Java 语句中的循环语句共有三种：while 语句、do-while 语句和 for 语句。

4.3.1 while 语句

while 语句是循环语句，也是条件判断语句。while 语句的一般语法结构如下：

```
while(条件表达式)
{
    循环体
}
```

循环体可以是单个语句，也可以是复合语句。while 语句的执行过程是先判断条件表达式的值，若为真，则执行循环体，循环体执行完之后，再转到条件表达式重新计算表达式的值并判断条件表达式值的真假；直到当计算出的条件表达式的值为假时，才跳出循环体执行 while 语句后面的语句，循环终止。

【例 4.10】计算 Fibonacci 序列的前 16 项。Fibonacci 序列的通项公式为

$$\begin{cases} f_1=0 \\ f_2=0 \\ f_n=f_{n-1}+f_{n-2} \quad (n>=3) \end{cases}$$

```java
//filename: app4_10.java
public class app4_10
{
    public static void main (String[] args)
    {
        final int MAX=15;
        int i=0,j=1,k=1;
        while(k<=MAX)
        {
            System.out.print (" "+i+" "+j);
            i=i+j;
            j=i+j;
            k=k+2;
        }
        System.out.println();
    }
}
```

程序运行结果为：

0 1 1 2 3 5 8 13 21 34 55 89 144 233 377 610

【例 4.11】从键盘上输入一个数，判断该数是否是 Fibonacci 序列中的数。

```java
//filename: app4_11.java
import java.io.*;
public class app4_11
{
```

```java
public static void main(String[] args) throws IOException
{
    int a=0,b=1,n,num;
    String str;
    BufferedReader buf;
    buf=new BufferedReader(new InputStreamReader(System.in));
    System.out.print("请输入一个正整数：");
    str=buf.readLine();
    num= Integer.parseInt (str);
    while (b<num)
    {
      n=a+b;
       a=b;
       b=n;
    }
    if (num==b)   System.out.println(num+"是 Fibonacci 数");
    else System.out.println(num+"不是 Fibonacci 数");
  }
}
```

程序运行结果为：

请输入一个正整数：123
123 不是 Fibonacci 数

4.3.2 do while 语句

do-while 语句的一般语法结构如下：

```
do
{
    循环体
}
 while(条件表达式);
```

do-while 语句的使用与 while 语句很类似，不同的是它不像 while 语句是先计算条件表达式的值，而是无条件的先执行一遍循环体，再来判断条件表达式的值。若表达式的值为真，则再执行循环体，否则跳出 do-while 循环，执行下面的语句。由此可见，do-while 语句的特点是它的循环体至少被执行一次。

【例 4.12】从键盘上输入一个正整数 n，然后计算 1+2+…+n 的结果并输出。

```java
//filename：app4_12.java
import java.util.*;
public class app4_12
{
   public static void main(String[] args)
   {
      int n,i=1,sum=0;
      String str;
      Scanner buf=new Scanner(System.in);
      do{
          System.out.print("请输入正整数：");
          n=buf.nextInt();
         }while(n<0);
```

```
    while(i<=n)
        sum+=i++;
    System.out.println("1+2+..."+n+"="+sum);
  }
}
```

程序运行结果为：

请输入正整数：-5
请输入正整数：6
1+2+...6=21

【例4.13】用辗转相除法求两个整数的最大公约数。

设有不全为 0 的整数 a 和 b，它们的最大公约数记为 gcd(a,b)，即同时能整除 a 和 b 的公因数中的最大者。按照欧几里德的辗转相除算法，gcd(a,b)具有如下的性质：

（1）gcd(a,b)=gcd(b,a)
（2）gcd(a,b)=gcd(-a,b)
（3）gcd(a,0)=|a|
（4）gcd(a,b)=gcd(b,a%b)   （0<=a%b<b）

本程序中反复运用性质（4），最终可使得第 2 个参数 a%b 等于 0，则第 1 个参数就是所求的最大公约数。

```java
//filename：app4_13.java
import java.io.*;
public class app4_13
{
public static void main(String[] args) throws IOException
  {
    int a,b,k;
    String str1,str2;
    BufferedReader buf;
    buf=new BufferedReader(new InputStreamReader(System.in));
    System.out.print("请输入第一个数  a=");
    str1=buf.readLine();
    a=Integer.parseInt(str1);
    System.out.print("请输入第二个数  b=");
    str2=buf.readLine();
    b=Integer.parseInt(str2);
    System.out.print("gcd("+a+","+b+")=");
    do {
      k=a % b;
      a=b;
      b=k;
    }while(k!=0);
    System.out.println(a);
  }
}
```

程序运行结果为：

请输入第一个数 a=10
请输入第二个数 b=20
gcd(10,20)=10

4.3.3　for 循环语句

for 语句是 Java 语言三个循环语句中功能较强、使用较广泛的一个。

for 循环语句的基本使用格式如下：

```
for(表达式 1；条件表达式；表达式 2)
{
    循环体
}
```

其中"表达式 1"是用作初始化的表达式，完成初始化循环变量和其他变量的工作；"条件表达式"的返回值为逻辑型量，用来判断循环是否继续；"表达式 2"是循环后的操作表达式，用来修改循环变量，改变循环条件。三个表达式之间用分号隔开。

for 语句的执行过程是：首先计算"表达式 1"，完成必要的初始化工作；再判断条件表达式的值，若为假，则退出循环；若为真，则执行循环体，执行完循环体后再返回"表达式 2"，计算并修改循环条件，这样一轮循环就结束了。第二轮循环从计算并判断条件表达式开始，若条件表达式的值仍为真，则继续循环；否则，跳出整个 for 语句执行下面的语句。

说明：for 语句的三个表达式都可以为空，但是，若条件表达式为也为空，则表示当前循环是一个无限循环，需要在循环体中书写另外的跳转语句来终止循环。

【例 4.14】求 1～10 的累加和。

```
//filename：app4_14.java
public class app4_14
{
    public static void main(String[] args)
    {
        int i,n=10,s=0;
        for(i=1;i<=n;i++)
            s=s+i;
        System.out.println("Sum=1+...+"+n+"="+s);
        s=0;
        for(i=n;i>1;i--)
        {
            s+=i;
            System.out.print(i+"+");
        }
        System.out.println(i+"="+(s+i));
    }
}
```

程序运行结果为：

Sum=1+...+10=55
10+9+8+7+6+5+4+3+2+1=55

4.3.4　多重循环

如果循环语句的循环体内又有循环体语句，则称多重循环，也称循环嵌套。常用的有二重循环和三重循环。在实现手段上即可以是相同循环语句嵌套，也可以是两个不同的循环语句构成的嵌套结构。

【例 4.15】 求 100 以内的素数并输出。

```java
//filename: app4_15.java
public class app4_15
{
    public static void main(String[] args)
    {
        final int MAX=100;
        int j,k,n;
        System.out.println("2～"+MAX+"之间的所有素数为： ");
        System.out.print("2\t");
        n=1;
        k=3;
        do
        {
            j=3;
            while(j<Math.sqrt(k) && (k % j!=0))
                j++;
            if (j>Math.sqrt(k))
            {
                System.out.print(k+"\t");
                n++;
                if (n%10==0)   System.out.println( );
            }
            k=k+2;
        }while(k<MAX);
        System.out.println("\n 共有"+n+"个素数");
    }
}
```

程序运行结果为：

2～100 之间的所有素数为：

2	3	5	7	11	13	17	19	23	29
31	37	41	43	47	53	59	61	67	71
73	79	83	89	97					

共有 25 个素数

4.4 循环中的跳转语句

循环中的跳转语句可以实现循环执行过程中的流程转移。在 switch 语句中，我们所使用过的 break 语句就是一种跳转语句。为了提高程序的可读性和可靠性，Java 语言不支持无条件跳转到 goto 语句，但是 Java 语言提供了三种无条件转移语句：return、break 和 continue。

4.4.1 break 语句

break 语句的作用是使程序的流程从 switch 语句的分支中跳出，或从循环体内部跳出，并将控制权交给分支语句和循环语句后面的语句。break 语句的格式如下：

```
break;
```

break 语句从它所在的分支语句或最内层的循环体中跳转出来，执行分支或循环体后面的语句。在实际使用中，break 语句多用在两种情况下：一是 switch 语句中终止某个 case，二是使一个循环立即结束。

4.4.2 continue 语句

continue 语句必须用在循环结构中，它的格式是：

```
continue;
```

continue 语句的作用是终止当前这一轮的循环，跳过本轮循环剩余的语句，直接进入下一轮循环。在 while 或 do-while 循环中，continue 语句会使流程直接跳转至条件表达式；在 for 语句中，continue 语句会跳转至表达式 2，计算并修改循环变量后再判断循环条件。

4.4.3 return 语句

return 语句用来使程序从方法中返回，并为方法返回一个值。return 语句的格式如下：

```
return;
```

如果 return 语句未出现在方法中，则执行方法的最后一条语句后自动返回到主程序。

本章小结

- 由键盘输入数据时，Java 语言的输入格式是固定的。在 4.1 节中介绍的两种数据输入方式中，数据输入方式 1 不管输入的是文字还是数字，Java 皆视为字符串，因此若是要由键盘输入数值型数据则必须再经过转换；数据输入方式 2 则是使用 Scanner 类的对象调用相应的 nextXXX()方法直接读取由键盘输入的相应类型的数据。
- Java 语言的流程控制方式是结构化程序设计中规定的三种基本流程结构：顺序结构、分支结构（选择结构）、循环结构。
- 分支结构包括 if、if else 和 switch 三种语句，在程序中使用分支结构，就像处在十字路口一样，根据不同的选择，程序的运行会有不同的方向与结果。
- 需要重复执行某项功能时，循环结构是最好的选择，这时用户可以根据程序的要求或个人的使用习惯，选择使用 Java 语言所提供的 for、while 或 do-while 循环来完成。
- 在循环里也可以声明变量，但所声明的变量只是局部变量，只要退出循环，这个变量就不存在了。
- break 语句可以让程序强行跳离 switch 语句或循环语句，然后转去执行 switch 语句或循环语句的下一条语句，如果 break 语句出现在嵌套的循环中的内循环，则 break 语句只会跳离内层循环。
- continue 语句可以让程序强行跳到循环的开始处去执行下一轮循环，当程序运行到 coutinue 语言时，会停止运行本轮循环体中剩余的语句而转到循环的开始处继续运行。
- return 语句用来使程序从方法中返回。

5 数组

在程序设计中，数组和字符串是常用的数据结构。无论是面向过程的程序设计中，还是在面向对象的程序设计中，数组和字符串都起着重要的作用。

5.1 数组的概念

所谓数组就是相同数据类型的元素按一定顺序排列的集合。在 Java 语言中数组元素可以由简单数据类型的量组成，也可以由对象组成。数组中的所有元素都具有相同的数据类型，可以用一个统一的数组名和一个下标来唯一地确定数组中的元素。从构成形式上可以将数组分为一维数组和多维数组。

为了充分理解数组的概念，首先介绍一下 Java 语言中有关内存分配的知识。Java 语言把内存分为两种：栈内存和堆内存。

在方法中定义的一些基本类型的变量和对象的引用变量都在方法的栈内存中分配。当在一段代码块中定义一个变量时，Java 就在栈内存中为这个变量分配内存空间。当超出变量的作用域后，Java 会自动释放掉为该变量所分配的内存空间。

堆内存用来存放由 new 运算符创建的对象和数组，在堆中分配的内存，由 Java 虚拟机的自动垃圾回收器来管理。在堆中创建了一个数组或对象后，同时还在栈中定义一个特殊的变量，让栈中的这个变量的取值等于数组或对象在堆内存中的首地址，栈中的这个变量就成了数组或对象的引用变量，引用变量实际上保存的是数组或对象在堆内存中的地址（也称为对象的句柄），以后就可以在程序中使用栈的引用变量来访问堆中的数组或对象。引用变量就相当于是为数组或对象起的一个名字。引用变量是普通的变量，定义时在栈中分配，引用变量在程序运行到其作用域之后被释放。而数组或对象本身在堆内存中分配，即使程序运行到使用 new 运算符创建数组或对象的语句所在的代码块之外，数组或对象本身所占据的内存也不会释放，数组或对象在没有引用变量指向它时，会变成垃圾，不能再被使用，但仍然占据内存空间不放，在随后一个不确定的时间被垃圾回收器收走（释放掉），这也是 Java 比较占内存的原因。

Java 有一个特殊的引用型常量 null。如果将一个引用变量赋值为 null，则表示该引用变量不指向（引用）任何对象。

数组主要有如下几个特点：
- 数组是相同数据类型的元素的集合。
- 数组中各元素是有先后顺序的，它们在内存中按照这个先后顺序连续存放在一起。
- 数组元素用整个数组的名字和它自己在数组中的顺序位置来表示。例如，a[0]表示名字为 a 的数组中的第一个元素，a[1]代表数组 a 的第二个元素，依次类推。

5.2 一维数组

一维数组是最简单的数组，其逻辑结构是线型表。要使用一维数组，需要经过定义、初始化和应用等过程。

5.2.1 一维数组的定义

要使用 Java 语言的数组，一般需要经过三个步骤：一是声明数组，二是创建空间，三是创建数组元素并赋值。前两个步骤的语法如下：

```
数据类型[] 数组名;              //声明一维数组
数组名=new 数据类型[个数];      //分配内存给数组
```

在数组的声明格式中，"数据类型"是声明数组元素的数据类型，可以是 Java 语言中任意的数据类型，包括简单类型和结构类型。"数组名"是用来统一这些相同数据类型的名称，其命名规则和变量的命名规则相同。其中"[]"指明该变量是一个数组类型变量，Java 语言是将"[]"放在数组名的前面，但也可以像 C/C++的定义方式将"[]"放在数组名的后面来定义数组，如"数据类型 数组名[];"。与 C/C++不同，Java 语言在数组的定义中并不为数组元素分配内存，因此"[]"中不用给出数组中元素的个数（即数组的长度），但必须为它分配内存空间后才可使用。

数组声明之后，接下来便是要分配数组所需的内存。这时必须用运算符 new，其中"个数"是告诉编译器，所声明的数组要存放多少个元素，所以 new 运算符是通知编译器根据括号里的个数，在内存中分配一块空间供该数组使用。利用 new 运算符为数组元素分配内存空间的方式称为动态内存分配方式。

下面举例来说明数组的定义，如：

```
int[] x;            //声明名称为 x 的 int 型数组
x=new int[10];      //x 数组中包含有 10 个元素，并为这 10 个元素分配内存空间
```

在声明数组时，也可以将两个语句合并成一行，格式如下：

```
数据类型[] 数组名=new 数据类型[个数];
```

利用这种格式，在声明数组的同时也分配一块内存给数组使用。例如上面的例子可以写成如下形式：

```
int[] x=new int[10];
```

等号左边的 int[] x 相当于定义了一个特殊的变量 x，x 的数据类型是一个对 int 型数组对象的引用，x 就是一个数组的引用变量，其引用的数组元素个数不定。等号右边的"new int[10]"就是在堆内存中创建一个具有 10 个 int 型变量的数组对象。就是将右边的数组对象赋值给左边的数组引用变量。若利用两行的格式来声明数组，其意义也是相同的，如：

```
int[] x;
```

```
x=new int[10];
```

执行第 2 条语句"x=new int[10];"后，在堆内存里创建了一个数组对象，为这个数组对象分配了 10 个整数单元，并将数组对象赋值给了数组引用变量 x。引用变量就相当于 C 语言中的指针变量，而数组对象就是指针变量指向的那个内存块。所以说在 Java 内部还是有指针的，只是把指针的概念用对用户隐藏起来了，而用户所使用的是引用变量。

用户也可以改变 x 的值，让它指向另外一个数组对象，或者不指向任何数组对象，要想让 x 不指向任何数组对象，只需要将常量 null 赋给 x 即可。

执行完"x=null;"语句后，原来通过"new int[10]"产生的数组对象不再被任何引用变量所引用，变成了垃圾，直到垃圾回收器来将它释放掉。

说明：数组用 new 运算符分配内存空间的同时，数组的每个元素都会自动赋予一个默认值：整数为 0，实数为 0.0，字符为"\0"，boolean 型为 false，引用型为 null。数组实际是一个引用型的变量，而其每个元素是引用型变量的成员变量。

Java 语言提供的 java.util.Arrays 类用于支持对数组的操作，其常用方法如表 5.1 所示。

表 5.1 数组类 Arrays 的常用方法

方法	说明
public static int binarySearch(X[] a,X key)	X 是任意数据类型。返回 key 在升序数组 a 中首次出现的下标，若 a 中不包含 key，则返回负值
public static void sort(X[] a)	X 是任意数据类型。对数组 a 升序排序后仍存放在 a 中
public static void sort(X[] a,int fromIndex, int toIndex)	对任意数据类型的数组 a 中 fromIndex 与 toIndex 之间的元素进行升序排序，其结果仍存放在 a 数组中
public static X[] copyOf(X[] original,int newLength)	截取任意类型数组 a 中 fromIndex 与 newLength 的数组元素，复制给调用数组
public static Boolean equals(X[] a,X[] a2)	判断同类型的两个数组 a 和 a2 中对应元素值是否相等。若相等则返回 true，否则返回 false

5.2.2 一维数组元素的访问

当定义了一个数组，并用运算符 new 为它分配了内存空间以后，就可以引用数组中的每个元素了。要想使用数组里的元素，可以利用数组名和下标来实现。数组元素的引用方式为：

```
数组名[下标]
```

其中"下标"可以是整型数或整型表达式，如 a[3+i]（i 为整数）。Java 语言数组的下标是从 0 开始的，如：

```
int [] x=new int[10];
```

其中 x[0]代表数组中的第 1 个元素，x[1]代表第 2 个元素，x[9]代表第 10 个元素，也就是最后一个元素。另外，与 C/C++不同，Java 语言对数组元素要进行越界检查以保证安全性。同时，对于每个数组都有一个属性 length 指明它的长度，如 x.length 指出数组 x 所包含的元素个数。

【例 5.1】声明一个一维数组，其长度为 5，利用循环对数组元素进行赋值，然后再利用另一个循环逆序输出数组元素的内容。程序代码如下：

```
//filename: app5_1.java
public class app5_1
```

```
    {
      public static void main(String[] args)
      {
        int i;
        int[ ] a;
        a=new int[5];
        for(i=0;i<5;i++)
            a[i]=i;
        for(i=a.length-1;i>=0;i--)
                      System.out.print("a["+i+"]="+a[i]+",\t");
                      System.out.println("\n 数组 a 的长度是： "+a.length);
      }
    }
```

程序运行结果为：

a[4]=4, a[3]=3, a[2]=2, a[1]=1, a[0]=0
数组 a 的长度是：5

该程序的第 7 行声明了一个整型数组 a，第 8 行为其分配包含 5 个元素的空间；第 9 和 10 行是利用 for 循环为数组元素赋值；第 11 行和 12 行是利用 for 循环将数组 a 的各元素反序输出；第 13 行是利用数组的长度属性 length 将其元素个数输出。

5.2.3 一维数组的初始化及应用

对数组元素的赋值，即可以使用单独方式进行，也可以在定义数组的同时就为数组元素分配空间并赋值。这种赋值方法称为对数组的静态内存分配方式，也称为对数组的初始化。其格式如下：

数据类型[] 数组名={初值 0，初值 1，…，初值 n}；

在大括号内的初值，会依次赋值给数组的第 1、2、……、n+1 个元素。此外，在声明数组的时候，并不需要将数组元素的个数给出，编译器会根据所给的初值个数来设置数组的长度，如：

int[] a={1,2,3,4,5};

在上面的语句中，声明了一个整型数组 a，虽然没有特别指明数组的长度，但是由于花括号中的初值有五个，编译器会分别依次指定各元素存放，a[0]为 1，a[1]为 2，……，a[4]为 5。

注意：在 Java 程序中声明数组时，无论用何种方式定义数组，都不能指定其长度。例如以 "int a[5];" 方式定义数组是非法的，该语句在编译时将出错。

【例 5.2】设数组中有 n 个互不相同的数，不用排序求出其中的最大值和次最大值。

```
//filename：app5_2.java
public class app5_2
{
  public static void main(String[] args)
  {
    int i,max,sec;
    int[] a={8,50,20,7,81,55,76,93};
    if (a[0]>a[1])
    {
      max=a[0];
      sec=a[1];
    }
```

```
      else
      {
        max=a[1];
        sec=a[0];
      }
      System.out.print("数组的各元素为: "+a[0]+"  "+a[1]);
      for(i=2;i<a.length;i++)
      {
        System.out.print("   " + a[i]);
        if (a[i]>max)
        {
          sec=max;
          max=a[i];
        }
        else
          if (a[i]>sec)    sec=a[i];
      }
      System.out.print("\n 其中的最大值是: "+max);
      System.out.println("     次最大值是: "+sec);
    }
  }
```

程序运行结果为:

数组的各元素为: 8 50 20 7 81 55 76 93
其中的最大值是: 93   次最大值是: 81

该程序的第 7 行定义并初始化了数组 a, 第 8~17 行利用 if else 语句将数组前面两个元素中的数保存在变量 max 中, 将小的数存放在变量 sec 中; 第 19~29 行利用 for 循环与 if 语句的结合, 从数组的第 3 个元素开始到最后, 对数组中的元素进行输出并检测, 若检测到新的最大数, 则将其保存在变量 max 中, 次最大数保存在变量 sec 中; 最后第 30 和 31 行将数组中的最大数和次最大数输出。

【例 5.3】设有 N 个人围坐一圈并按顺时针方向从 1 到 N 编号, 从第 S 个人开始进行 1 到 M 报数, 报数到第 M 的人, 此人出圈, 再从他的下一个人重新开始从 1 到 M 报数, 如此进行下去, 每次报数到 M 的人就出圈, 直到所有人都出圈为止。给出这 N 个人的出圈顺序。

```
//filename: app5_3.java
public class app5_3
{
  public static void main(String[] args)
  {
    final int N=13,S=3,M=5;
    int i=S-1,j,k=N,g=1;
    int[] a=new int[N];
    for(int h=1;h<=N;h++)
      a[h-1]=h;
    System.out.println("\n 出圈的顺序为: ");
    do
    {
      i=i+(M-1);
      while(i>=k)
        i=i-k;
```

```java
          System.out.print("   "+a[i]);
          for(j=i;j<k-1;j++)
              a[j]=a[j+1];
          k--;
          g++;
      }while(g<=N);
   }
}
```

程序运行结果为：

出圈顺序为：
7 12 4 10 3 11 6 2 1 5 9 13 8

此题是著名的"约瑟夫环"问题。在第 9～10 行将每个人的编号 h 存入数组元素 a[h-1] 中。因为要求从第 3 个开始进行 1 到 5 报数，而第 3 个数就是 a[2]，所以在第 7 行将控制数组下标的变量 i 赋值为 S-1 即 i=2，表示从 i=2 的下标开始报数。第 12～22 行的 do 循环共执行 N 次，其中的第 14 行用于计算出圈人的下标，因为 i=i+(M-1)就是下一个出圈人的下标。由于变量 k 表示此时圈中剩余的人数，所以当 i>=k 时，即是 i 已经超出剩下的人数，所以第 16 行是要重新计算数组的下标。第 17 行是输出出圈人的编号。第 18～19 行的循环是当下标为 i 的人出圈后，把后续人的编号前移。由于有一个人出圈，圈中的人数少 1，所以第 20 行将用于表示圈中剩余人数的变量 k 减 1。第 21 行的变量 g 是用于控制 do 循环次数的变量，所以每次 g 加 1，每次循环找出一个出圈的人，所以循环共执行 N 次。

下面再给出该题的另一算法。

```java
//filename：app5_3.java
public class app5_3
{
   public static void main(String[] args)
   {
       final int N=13,S=3,M=5;
       int[] p=new int[N];
       int[] q=new int[N];
       int i,j,k,n=0;
       k=S-2;
       for(int i=1;i<=N;i++)
          {
              for(j=1;j<=M;j++)
              {
                  if(k==N-1)
                      k=0;
                  else
                      k++;
                  if(p[k]==1)
                      j--;
              }
              p[k]=1;
              q[n++]=k+1;
          }
       System.out.println("出队顺序为：");
       for(i=0;j<N;i++)
```

```
            System.out.print(q[i]+" ");
    }
}
```
该种解法的输出结果与前一解法的输出结果完全相同。

5.3　foreach 语句数组

自 JDK5.0 开始,Java 引进了一种新的 for 循环,它不用下标就可遍历整个数组。这种新的循环称为 foreach 的语句。foreach 语句只需要提供三个数据:元素类型、循环变量的名字(用于存储连续的元素)和用于从中检索元素的数组。foreach 的语句语法格式如下:

```
for(type element:array)
{
    System.out.println(element);
}
```

其功能是每次从数组 array 中取出一个元素,自动赋给变量 element,用户不用判断是否超出了数组的长度。需要注意的是,element 的类型必须与数组 array 中元素的类型相同,如:

```
int[] arr={1,2,3,4,5};
for(int element:arr)
    System.out.println(element);
```

5.4　多维数组

虽然一维数组可以处理一些简单的数据,但是在实际的应用中仍然不足,所以 Java 语言提供了多维数组。但在 Java 语言中并没有真正的多维数组,所谓多维数只是数组的数组。

5.4.1　二维数组

二维数组的声明方式与一维数组类似,内存的分配也一样是用 new 运算符。其声明与分配内存的格式如下所示:

```
数据类型[] [] 数组名;
数组名=new 数据类型[行数][列数];
```

二维数组在分配内存时,要告诉编译器二维数组行与列的个数。因此在上面格式中,"行数"是告诉编译器所声明的数组有多少行,"列数"则是声明每行中有多少列,如:

```
int [][] a;
a=new int[3][4];
```

同样地,也可以用较为简洁的方式来声明数组,其格式如下:

```
数据类型[][] 数组名=new 数据类型[行数][列数];
```

以该种方式声明的数组,则在声明的同时就分配一块内存空间供该数组使用,如:

```
int[][] a=new int[3][4];
```

虽然在应用上很像 C 语言中的多维数组,但还是有区别,在 C 语言中定义一个二维数组,必须是一个 m×n 二维矩阵块,如图 5.1 所示。

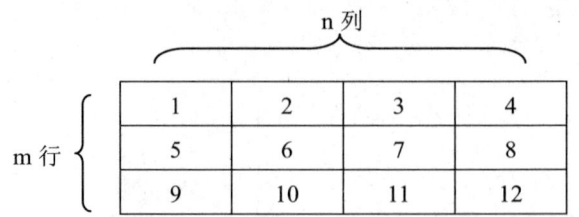

图 5.1　C 语言中二维数组必须是矩形

Java 语言的多维数组不一定是规则的矩阵形式，如图 5.2 所示。

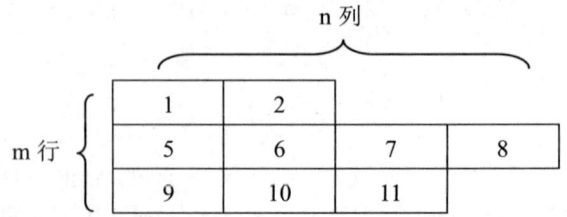

图 5.2　Java 语言中二维数组不一定是矩形

例如定义一个如下的数组：

int[][] x;

它表示定义了一个数组引用变量 x，第一个元素为 x[0]，第 n 个元素变量为 x[n-1]。x 中从 x[0] 到 x[n-1] 的每个元素变量正好又是一个整型数据类型的数组引用变量。需注意的是，这里只是要求每个元素都是一个数组引用变量，并没有要求它们所引用数组的长度是多少，也就是每个引用数组的长度可以不一样，如：

int[][] x;
x=new int[3][];

这两句代码表示数组 x 有三个元素，每个元素都是 int[] 类型的一维数组。相当于定义了三个数组引用变量，分别是 int[] x[0]、int[] x[1] 和 int[] x[2]，完全可以把 x[0]、x[1] 和 x[2] 当成普通变量名来理解。

由于 x[0]、x[1] 和 x[2] 都是数组引用变量，必须对它们赋值，使其指向真正的数组对象，才可以用这些数组中的元素，如：

x[0]=new int[3];
x[1]=new int[2];

由此可以看出，x[0] 和 x[1] 的长度可以是不一样的，数组对象中也可以只有一个元素。程序运行到这里之后的内存分配情况如图 5.3 所示。

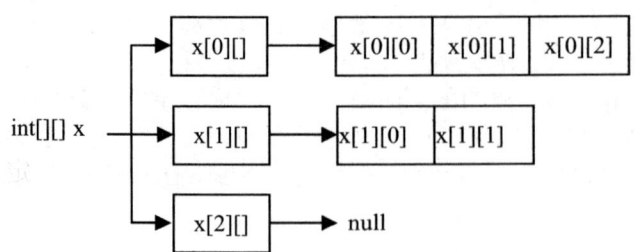

图 5.3　Java 中的二维数组可以看成是多个一维数组

x[0]中的第二个元素用 x[0][1]来表示，如果要将整数 100 赋给 x[0]中的第二个元素，写法如下：

x[0][1]=100;

如果数组对象正好是一个 m*n 形式的规则矩阵，可不必向上面的代码那样先创建高维的数组对象再逐一创建低维的数组对象，完全可以用一条语句在创建高维数组对象的同时创建所有的低维数组对象，如：

int[][] x=new int[2][3];

该语句表示创建了一个 2*3 形式的二维数组，其内存布局如图 5.4 所示。

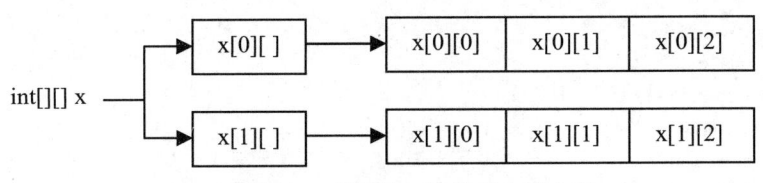

图 5.4 规则的二维数组内存分配

在二维数组中，若要取得二维数组的行数，只要在数组名后加上".length"属性即可；若要取得数组中某行元素的个数，则须在数组名后加上该行的下标，再加上".length"，如：

x.length;   //计算数组 x 的行数
x[0].length;   //计算数组 x 的第 1 行元素的个数
x[2].length;   //计算数组 x 的第 3 行元素的个数

注意：与一维数组相同，用 new 运算符来为数组申请内存空间时，很容易在数组各维数的指定中出现错误，二维数组要求必须指定高层维数，下面举例说明。

正确的申请方式：只指定数组的高层维数，如：

int[ ][ ] myArray=new int[10][ ];

正确的申请方式：指定数组的高层维数和低层维数，如：

int[ ][ ] myArray=new int[10][3];

错误的申请方式：只指定数组的低层维数，如：

int[ ][ ] myArray=new int[ ][5];

错误的申请方式：没有指定数组的任何维数，如：

int[ ][ ] myArray=new int[ ][ ];

如果想直接在声明二维数组时就给数组赋初值，可以利用花括号实现，只要在数组的声明格式后面加上初值的赋值即可。其格式如下：

数据类型[ ][ ] 数组名={{第 1 行初值},
                  {第 2 行初值},
                  {……},
                  {第 n+1 行初值}};

同样需要注意的是，用户并不需要定义数组的长度，因此在数据类型后面的方括号中并不必填写任何的内容。此外，在花括号内还有几组花括号，每组花括号内的初值会依次赋值给数组的第 1，2，……，n+1 行元素，如：

int[ ][ ] a={{11,22,33,44},
           {55,66,77,88}};

该语句中声明一个整形数组 a，该数组有 2 行 4 列共 8 个元素，花括号中的两组初值会分别依次指定给各行里的元素存放，a[0][0]为 11，a[0][1]为 22，……，a[1][3]为 88。

注意：与一维数组一样，在声明多维数组并初始化时不能指定其长度，否则出错。例如 int[2][3] b={{1,2,3}，{4,5,6}}；该语句在编译时将出错。

【例 5.4】计算并输出杨辉三角形。

```java
//filename：app5_4.java
public class app5_4
{
    public static void main(String[] args)
    {
        int i,j;
        int level=7;
        int[][] iaYong =new int[level][];
        System.out.println("杨辉三角形");
        for (i=0;i<iaYong.length;i++)
            iaYong[i]=new int [i+1];
        iaYong[0][0]=1;
        for (i=1;i<iaYong.length;i++)
        {
            iaYong[i][0]=1;
            for (j=1;j< iaYong[i].length-1;j++)
                iaYong[i][j]= iaYong[i-1][j-1]+ iaYong[i-1][j];
            iaYong[i][ iaYong[i].length-1]=1;
        }
        for(int[] row:iaYong)
        {
            for(int col:row)
                System.out.print(col+ "   ");
            System.out.println();
        }
    }
}
```

程序运行结果为：
```
杨辉三角形
1
1   1
1   2   1
1   3   3   1
1   4   6   4   1
1   5   10  10  5   1
1   6   15  20  15  6   1
```

该程序的第 8 行声明了一个 7 行的二维数组 iaYong，每行的列数由第 10 和 11 行的 for 循环来定义；第 13～19 行的 for 循环用于计算杨辉三角形并存入数组 iaYong 的相应元素中，其中的第 15 和 18 行分别是将第 i 行的第一个元素和最后一个元素置 1；第 16 行定义的内层 for 循环用于计算第 i 行的其他元素，其计算方法是第 17 行的循环体；第 20～25 行利用 foreach 循环将杨辉三角形输出。

5.4.2 三维以上的多维数组

通过对二维数组的介绍不难发现，要想提高数组的维数，只要在声明数组的同时将下标与中括号再加一组即可,所以三维数组的声明方式为 int[][] a;而四维数组的声明方式为 int[][][][] a;依次类推。

使用多维数组时,输入、输出的方式和一、二维数组相同,但是每多一维,嵌套循环的层数就必须多一层,所以维数越高的数组其复杂度也就越高。

【例 5.5】声明三维数组并赋初值,然后输出该数组的各元素并计算各元素之和。

```java
//filename: app5_5.java
public class app5_5
{
    public static void main(String[] args)
    {
        int i,j,k,sum=0;
        int[][][] a={{{1,2},{3,4}},{{5,6},{7,8}}};
        for (i=0;i<a.length;i++)
            for (j=0;j<a[i].length;j++)
                for (k=0;k<a[i][j].length;k++)
                {
                    System.out.println("a["+i+"]["+j+"]["+k+"]="+ a[i][j][k]);
                    sum+=a[i][j][k];
                }
        System.out.println("sum="+sum);
    }
}
```

程序运行结果为:

```
a[0][0][0]=1
a[0][0][1]=2
a[0][1][0]=3
a[0][1][1]=4
a[1][0][0]=5
a[1][0][1]=6
a[1][1][0]=7
a[1][1][1]=8
sum=36
```

5.5 字符串

字符串是一系列字符的序列。在 Java 语言中字符串是用一对双引号""括起来的字符序列,在前面的例子中已多次用到,如"你好""Hello"等。字符串也是编程中经常要使用的数据结构。从某种程度上说,字符串类似于字符数组。在 Java 语言中,无论是字符串常量还是字符串变量都是用类来实现的。程序中用到的字符串可以分为两大类:一类是创建之后不会再做修改和变动的字符串变量;另一类是创建之后允许再做修改的字符串变量。对于前一种字符串变量,由于程序中经常需要对它做比较、搜索等操作,所以通常把它放在一个具有一定名称的对象之中,由程序完成对该对象的上述操作。在 Java 程序中存放这种字符串的变量是 String 类对象;对于后一种字符串变量,由于程序中经常需要对它做添加、插入、修改等操作,所以这种字符串变量一般都存放在 StringBuilder 类的对象中。

5.5.1　字符串变量的创建

首先强调一下字符串常量与字符常量的不同，字符常量是用单引号"'"括起来的单个字符，而字符串常量是用双引号""""括起来的字符序列。

声明字符串变量的格式与其他变量一样，分为对象的声明与对象创建两步。要实现这两步，可以用两个独立的语句，也可以在一个语句中完成。

格式一：

```
String 变量名；
变量名=new String("字符串");
```

例如：

```
String s;                    //声明字符串型引用变量 s，此时 s 的值为 null
s=new String("Hello");       //在堆内存中分配空间，并将 s 指向该字符串首地址
```

第一个语句只声明了字符串引用变量 s，此时 s 的值为 null，第二个语句则在堆内存中分配了内存空间，并将 s 指向了字符串的首地址。

上述的两个语句也可以合并成一个语句，其格式如下：

格式二：

```
String 变量名=new String("字符串");
```

例如：

```
String s=new String("Hello");
```

还有一种非常特殊而常用的创建 String 对象的方法，就是直接利用双引号括起来的字符串为新建的 String 对象赋值，即在声明字符串变量时直接初始化。

格式三：

```
String 变量名="字符串";
```

例如：

```
String s="Hello";
```

由于字符串是引用性变量，所以其存储方式与数组的存储方式基本相同。

程序中可以用赋值运算符为字符串变量赋值，除此之外，Java 语言定义"+"运算符可用于两个字符串的连接操作，如：

```
str="Hello"+"Java";          //str 的值为"HelloJava"
```

如果字符串与其他类型的变量进行"+"运算，系统自动将其他类型的数据转换为字符串型，例如：

```
int i=10;
String s="i="+i;             //s 的值为"i=10"
```

利用 String 类创建的字符串变量，一旦被初始化或赋值，它的值和所分配的内存内容就不可再改变。如果一定要改变它的值，就要产生一个新的字符串，例如：

```
String str1="Java";
str1=str1+"Good";
```

这看起来像是一个简单的字符串重新赋值，实际上在程序的解释过程中却不是这样的。程序首先产生 str1 的一个字符串对象，并在内存中申请了一段空间，由于发现又需要重新赋值，在原来的空间已经不可能再追加新的内容，系统不得不将这个对象放弃，再重新生成第二个新的对象 str1，并重新申请一个新的内存空间。虽然 str1 指向的内存地址（句柄）是同一个，但对象已不再是同一个了。

5.5.2 String 类的常用方法

Java 语言为 String 类定义了许多方法。可以通过下述格式调用 Java 语言定义的方法：

字符串变量名.方法名();

表 5.2 列出了 String 类的常用方法。

表 5.2 String 类的常用方法

方法	说明
public int length()	返回字符串的长度
public Boolean equals(Object anObject)	将给定字符串与当前字符串相比较，若两个字符串相等，则返回 true，否则返回 false
public String substring(int beginIndex)	返回字符串中从 beginIndex 开始的子串
public String substring(int beginIndex,int endIndex)	返回从 beginIndex 开始到 endIndex 的子串
public char charAt(int index)	返回 index 指定位置的字符
public int indexOf(String str)	返回 str 在字符串中第一次出现的位置
public int compareTo(String anotherString)	若调用该方法的字符串大于参数字符串，返回大于 0 的值；若相等，则返回数 0；若小于参数字符串，返回小于 0 的值
public String replace(char oldChar,char newChar)	以 newChar 字符替换字符串中所有 oldChar 字符
public String trim()	去掉字符串的首尾空格
public String toLowerCase()	将字符串中所有字符都转换为小写字符
public String toUpperCase()	将字符串中所有字符都转换为大写字母

【例 5.6】判断回文字符串。

```java
//filename: app5_6.java
public class app5_6
{
    public static void main(String[] args)
    {
        String str="rotor";
        int i=0,n;
        boolean yn=true;
        if (args.length>0)
            str=args[0];
        System.out.println("str="+str);
        n=str.length();
        char sChar,eChar;
        while (yn && (i<n/2))
        {
            sChar=str.charAt(i);
            eChar=str.charAt(n-i-1);
            System.out.println("sChar="+sChar+"    eChar="+eChar);
            if (sChar==eChar)
                i++;
            else
```

```
        yn=false;
    }
    System.out.println("算法 1: "+yn);
    String temp="",sub1="";
    for (i=0;i<n;i++)
    {
        sub1=str.substring(i,i+1);
        temp=sub1+temp;
    }
    System.out.println("temp="+temp);
    System.out.println("算法 2: "+str.equals(temp));
  }
}
```

该程序运行时可以带命令行参数。若在命令行方式下输入"java App5_5 hell",则程序的运行结果为:

```
sChar=h    eChar=0
算法 1: false
temp=olleh
算法 2: false
```

该程序的第 9 行用于判断是否带命令行参数,在执行程序中,若带有参数,则第一个参数 args[0]赋值给字符串变量 str,否则 str 仍取程序中设定的值"rotor";第 14~24 行是算法 1 分别从前向后和从后向前依次获得源串 str 的一个字符 sChar 和 eChar,如果两者不相等,则 str 肯定不是回文字符串,所以 yn=false,立即退出循环;否则,继续比较,直到 str 的所有字符全部比较完,若 yn 值仍为 true,才能肯定 str 是回文字符串;第 25~33 行是算法 2,将源串 str 反转存入字符串变量 temp 中,再比较两个字符串,如果相等,则是回文字符串。

本章小结

- 数组是由若干个相同类型的变量按一定顺序排列所组成的数据结构,它们以一个共同的名字来表示。数组的元素可以是基本类型或引用类型。数组根据存放元素的复杂程度,分为一维及多维数组。
- 要使用 Java 语言的数组,必须经过两个步骤:第一,声明数组;第二,分配内存给数组。
- 在 Java 语言中要取得数组的长度,也就是数组元素的个数,可以利用数组的.length 属性来完成。
- 如果想直接在声明时就给数组赋初值,则只要在数组的声明格式后面加上元素的初值即可。
- Java 语言允许二维数组中每行的元素个数不相同。
- 在二维数组中,若要想获得整个数组的行数,或者是某行元素的个数时,也可以利用.length 属性来取得。
- 字符串可以分为两大类:一类是创建之后不会再做修改和变动的字符串变量;另一类是创建之后允许再做修改的字符串变量。
- 字符串常量与字符常量的不同:字符常量是用单引号"'"括起来的单个字符,而字符串常量是用双引号""""括起来的字符序列。

6 类的方法

在前面的章节中介绍到,类的方法是用来定义对类的成员变量进行操作的。本章介绍方法的调用、方法的重载和构造方法等。

6.1 调用方法

6.1.1 在类定义内调用方法

在前面的例子中所见到的方法均是在类定义的外部被调用,如 area()方法是定义在 Cylinder 类内,但在主类中的 volu1.area();语句表示在 Cylinder 类的外部通过对象 volu1 来调用方法。实际上,在类定义的内部,方法与方法之间也可以相互调用。

【例 6.1】以圆柱体类 Cylinder 为例来介绍在类内部调用自己的方法。

```java
//filename: app6_1.java
class Cylinder
{
    double radius;
    int height;
    double pi=3.14;
    void area()
    {
        return pi*radius*radius;
    }
    double volume()
    {
        return area()*height;
    }
}
public class app6_1
{
    public static void main(String[] args)
    {
```

```
        Cylinder volu;
        volu=new Cylinder();
        volu.radius=2.8;
        volu.height=5;
        System.out.println("底圆半径="+volu.radius);
        System.out.println("圆柱的高="+volu.height);
        System.out.print("圆柱");
        System.out.println(底面积="+volu.area());
        System.out.println("圆柱体体积="+volu.volume());
    }
}
```

程序运行结果为：

底圆半径=2.8
圆柱的高=5
圆柱底面积=24.6176
圆柱体体积=123.088

从该例可以看出，在同一个类的定义中，某一方法可以直接调用本类的其他方法，而不需要加上对象名。例如在 Cylinder 类的 volume()方法中即调用了在同一类中定义的 area()方法。

如果要强调是"对象本身的成员"，则可以在成员名前加 this 关键字，即"this.成员名"。此时 this 即代表调用此成员的对象。下面举例说明在例 6.1 中的 Cylinder 类的 volume()方法内使用 this 关键字，代码如下：

```
double volume()
{
    return this.area()*this.height;
}
```

在类的定义内调用本类的其他成员，可在该成员前加 this，this 代表调用该成员的对象。

如果在主方法 main()中有语句 volu.volume()，则在类定义里的 this 关键字即代表对象 volu。

6.1.2 以变量为参数调用方法

调用方法并传递参数，参数其实就是方法的自变量，所以参数要放在方法的括号内来进行传递。括号内的参数可以是数值型、字符串型，甚至是对象。

【例 6.2】以圆柱体类 Cylinder 为例来介绍用变量调用方法。

```
//filename: app6_2.java
class Cylinder
{
    double radius;
    int height;
    double pi;
    void setCylinder(double r, int h, double p)
    {
        pi=p;
        radius=r;
        height=h;
    }
    double area()
```

```
        {
            return pi* radius* radius;
        }
        double volume()
        {
            return area()*height;
        }
    }
    public class app6_2
    {
        public static void main(String[] args)
        {
            Cylinder volu=new Cylinder();
            volu.setCylinder(2.5, 5,3.14);
            System.out.println("底圆半径="+volu.radius);
            System.out.println("圆柱的高="+volu.height);
            System.out.println("圆周率 pi="+volu.pi);
            System.out.print("圆柱");
            System.out.println("底面积="+volu.area());
            System.out.println("圆柱体体积="+volu.volume());
        }
    }
```

程序运行结果为：

底圆半径=2.5
圆柱的高=5
圆周率 pi=3.14
圆柱底面积=19.625
圆柱体体积=98.125

该例中的 Cylinder 类内定义了带参数的方法 setCylinder()，该方法可接收三个参数 r、h、p，其中 r 和 p 为 double 型。这三个参数是用来给对象的成员变量进行赋值。当执行到第 27 行主方法中的 volu.setCylinder(2.5,5,3.14)语句时，类里的 setCylinder()方法便会接收传递过来的三个参数，然后在该方法体内将这三个参数赋值给相应的成员变量 radius、height 和 pi。

注意：setCylinder()方法中的参数变量 r、h 和 p 均是局部变量，也就是说，它们的作用范围仅限于 setCylinder()方法的内部，一旦离开此方法，它们就会失去作用。

说明：若在通过方法调用将外部传入的参数赋值给类的成员变量，而方法的形式参数与类的成员变量同名时，则需用 this 关键字来标识成员变量。例如下例中的方法 setCylinder()。

```
    class Cylinder
    {
        double radius;
        ...
        void setCylinder(double radius)
        {
            radius=radius;         //用参数 radius 给成员变量 radius 赋值
        }
        ...
    }
```

该段代码中的赋值语句"radius=radius;"分不清哪个是成员变量，哪个是方法的变量。由于形式参数是方法内部的局部变量,所以当成员变量与方法中的局部变量同名时,则在方法内对同名变量的访问是指那个局部变量。当特指成员变量时,要用 this 关键字。上面的代码可以改成如下的形式:

```
class Cylinder
{
    double radius;
    ...
    void setCylinder(double radius)
    {
        this.radius=radius;         //用关键字 this 特指成员变量
    }
    ...
}
```

6.1.3 以数组作为参数或返回值的方法调用

方法不只可以用来传递一般的变量,也可以用来传递数组。

1. 传递数组

要传递数组到方法中,只要指明传入的参数是一个数组即可。

【例 6.3】求若干个数的最小值,以一维数组为参数的方法调用。

```
//filename: app6_3.java
public class app6_3
{
    public static void main(String[] args)
    {
        int[] a={8,3,7,88,9,23};
        LeastNumb minNumber=new LeastNumb();
        minNumber.least(a);
    }
}
class LeastNumb
{
    public void least(int[] array)
    {
        int temp=array[0];
        for(int i=1;i<array.length;i++)
            if(temp>array[i])
                temp=array[i];
        System.out.println("最小的数为: "+temp);
    }
}
```

程序运行结果为:

最小的数为:3

该例是一个一维数组传递到 least()方法中,least()方法接收到此数组后,便把该数组的最小值输出。从该例可以看出,如果要将数组传递到方法中,只需在方法名后的括号内写上数组的名称。也就是说,实参只给数组名即可。

二维数组的传递与一维数组的传递相似，只要在方法里声明传入的参数是一个二维数组即可。

2. 返回值为数组类型的方法

一个方法如果没有返回值，则在该方法的前面用 void 来修饰；如果返回值的类型为简单数据类型，只需在声明方法的前面加上相应的数据类型即可；同理，若需方法返回一个数组，则必须在该方法的前面加上数组类型的修饰符。如果返回一个一维整型数组，则必须在该方法前面加上 int[]，若返回二维整型数组，则必须加上 int[][]，依此类推。下面举例说明。

【例 6.4】将一个 n*n 的矩阵转置后输出。

```java
//filename: app6_4.java
public class app6_4
{
    public static void main(String[] args)
    {
        int[][] a={{1,2,3},{4,5,6},{7,8,9}};
        int[][] b=new int [3][3];
        Trans pose=new Trans();
        b=pose.transpose(a);
        for (int i=0;i<b.length;i++)
        {
            for (int j=0;j<b[i].length;j++)
                System.out.print(b[i][j]+ "    " );
            System.out.print("\n");
        }
    }
}
class Trans
{
    int temp;
    int[][] transpose(int[][] array)
    {
        for (int i=0;i<array.length;i++)
            for(int j=i+1;j<array[i].length;j++)
            {
                temp=array[i][j];
                array[i][j]=array[j][i];
                array[j][i]=temp;
            }
        return array;
    }
}
```

程序运行结果为：

```
1    4    7
2    5    8
3    6    9
```

Trans 类中的 transpose()方法用以接收二维整型数组，且返回值类型也是二维整型数组。该方法用 array 数组接收传进来的数组参数，转置后又存入该数组。即用一个数组实现转置，最后用 return array 语句返回转置后的数组。

结论：Java 语言在给被调用方法的参数赋值时，只采用传值的方式。因此，基本类型数据传递的是该数据的值本身；而引用数据类型传递的也是这个变量的值本身，即对象的引用变量，而非对象本身。通过方法调用可以改变对象的内容，但对象的引用变量是不能改变的。简言之，就是当参数是基本数据类型时，则是传值方式调用；而当参数是引用型的变量时，则是传址方式调用。

6.2 方法的重载

方法的重载是实现"多态"的一种方法。在面向对象的程序设计语言中，有一些方法的含义相同，但带有不同的参数，这些方法使用相同的名字，这就叫方法的重载（Overloading）。也就是说，重载是指在同一个类内具有相同名称的多个方法。这多个同名方法如果参数个数不同，或者参数个数相同，但类型不同，则这些同名的方法就具有不同的功能。

注意：方法的重载中参数的类型是关键，仅仅是参数的变量名不同是不行的，也就是说参数的列表必须不同，即参数个数不同，或者参数类型不同，或者参数的顺序不同。

【例 6.5】在圆柱体类 Cylinder 中，利用方法重载来设置成员变量。

```java
//filename: app6_5.java
class Cylinder
{
    private double radius;
    private int height;
    private double pi=3.14;
    private String color;
    public double setCylinder(double r, int h)
    {
        radius=r;
        height=h;
        return r+h;
    }
    public void setCylinder(String str)
    {
        color=str;
    }
    public void show()
    {
        System.out.println("圆柱的颜色为："+color);
    }
    double area()
    {
        return pi* radius* radius;
    }
    double volume()
    {
        return area()*height;
    }
}
public class app6_5
```

```
{
    public static void main(String[] args)
    {
        double r_h;
        Cylinder volu=new Cylinder();
        r_h=volu.setCylinder(2.5, 5);
        volu.setCylinder("红色");
        System.out.println("圆柱底半径和高之和="+r_h);
        System.out.println("圆柱体体积="+volu.volume());
        volu.show();
    }
}
```

程序运行结果为:
圆柱底半径和高之和=7.5
圆柱体体积=98.125
圆柱的颜色为：红色

该程序在 Cylinder 类中添加一个 String 型的成员变量 color，用来表示圆柱体的颜色，同时定义了两个同名方法 setCylinder()：一个具有两个数值型的参数，用来设置圆柱的底半径和高；一个是具有字符串型的参数，用来设置圆柱体的颜色。并且这两个方法的返回值类型也不相同，一个返回值为 double 类型，一个没有返回值。在程序执行时，系统会根据参数的个数与类型来判断和调用相应的 setCylinder()方法。

由该例可知，通过方法的重载，一个方法名称却可拥有多个不同的功能，使用起来非常的方便。由此可以看出，方法的重载是指同一类内定义多个名称相同的方法，然后根据其参数的不同（可能是参数的个数不同，或参数的类型不同）来设计不同的参数，以适应编程的需要。

说明：Java 语言中不允许参数个数或参数类型完全相同而只有返回值类型不同的重载。

6.3 构造方法

前面介绍的由 Cylinder 类所创建的对象，其成员变量都是在对象建立之后，再由相应的方法来赋值。如果一个对象在创建时就完成了所有的初始化工作，将会很简洁。因此 Java 语言在类中提供了一种特殊的方法——构造方法。

6.3.1 构造方法的作用与定义

构造方法（Constructor）是一种特殊的方法，它是在对象被创建时初始化对象成员的方法。构造方法的名称必须与它所在的类名完全一致。构造方法没有返回值，但在定义构造方法时，构造方法名前不能用修饰符 void 来修饰，这是因为一个类的构造方法的返回值类型就是该类本身。构造方法定义后，创建对象时就会自动调用它，因此构造方法不需要在程序中直接调用，而是在对象产生时自动执行。这一点不同于一般的方法，一般的方法是在用到时才调用。

【例 6.6】利用构造方法来初始化圆柱体类 Cylinder 的成员变量。

```
//filename: app6_6.java
class Cylinder
{
    private double radius;
```

```java
        private int height;
        private double pi=3.14;
        public Cylinder(double r, int h)
        {
            radius=r;
            height=h;
        }
        double area()
        {
            return pi* radius* radius;
        }
        double volume()
        {
            return area()*height;
        }
}
public class app6_6
{
    public static void main(String[] args)
    {
        Cylinder volu=new Cylinder(3.5, 8);
        System.out.println("圆柱底面积="+ volu.area());
        System.out.println("圆柱体体积="+volu.volume());
    }
}
```

程序运行结果为:

圆柱底面积=38.465
圆柱体体积=307.72

该程序在类 Cylinder 中定义了有参数的构造方法 Cylinder(double r,int h), 其主要功能是利用构造方法的 double 型参数 r 和 int 型参数 h 分别为相应类型的类私有成员 radius 和 height 赋值为 r 和 h。在主方法 main() 中则以 Cylinder 类创建对象, 并自动调用 Cylinder(3.5,8) 构造方法。Cylinder(3.5,8) 构造方法执行之后, volu 对象的 radius 成员变量被设置为 3.5, 而 height 成员变量被设置为 8。

注意: 在构造方法中不含返回值的概念是不同于 void 的, 对于 public void Cylinder(double r,int h) 这样的写法就不再被自动调用了。前面已经提到过, 构造方法没有返回值, 这是因为一个类的构造方法的返回值类型就是类本身。

由此可以看出, 构造方法是一种特殊的、与类名相同的方法, 专门用于在创建对象时完成初始化工作。构造方法的特殊性主要体现在以下五个方面:

（1）构造方法的方法名与类名相同。
（2）构造方法没有返回值, 但不能加 void。
（3）构造方法的主要作用是完成对类对象的初始化工作。
（4）构造方法一般不能由编程人员显式地直接调用, 而是用 new 来调用。
（5）在创建一个类的对象的同时, 系统会自动调用该类的构造方法为新对象初始化。

我们知道, 在声明成员变量时可以为它赋初值, 那么为什么还需要构造方法呢? 这是因为构造方法可以带上参数, 而且构造方法还可以完成赋值之外的其他一些复杂操作。

6.3.2 默认的构造方法

细心的读者可能会发现，在前面的例子中，均没有定义构造方法，程序依然可以创建新的对象，并且正确地执行程序。这是因为如果省略构造方法，Java 编译器会自动地为该类生成一个默认的构造方法（Default Constructor），程序在创建对象时会自动调用默认的构造方法。默认的构造方法没有参数，在其方法体中也没有任何代码，即什么也不做。如果之前例子中 Cylinder 类没有定义构造方法，则系统会自动为其生成默认的构造方法如下：

```
Cylinder() {}
```

如果 class 前面有 public 修饰符，则默认的构造方法前面也会是 public 的。

由于系统提供的默认构造方法往往不能满足需求，所以用户可以自己定义类的构造方法来满足需要，一旦用户为该类定义了构造方法，系统就不再提供默认的构造方法，这是 Java 的覆盖（Overriding）所致。

注意：若在一个类里只定义了有参数的构造方法，但却调用无参数的构造方法创建对象，则编译不能通过。

6.3.3 构造方法的重载

一般情况下，类都有一个或多个构造方法。但由于构造方法与类同名，所以当一个类有多个构造方法时，则这个构造方法可以重载。我们已经知道，只要方法与方法之间的参数个数不同，或者参数的类型不同，便可定义多个名称相同的方法，这就是方法的重载。因此不难定义出构造方法的重载。构造方法的重载，可以让用户用不同的参数来构造对象。下面举例说明。

【例 6.7】 在圆柱体类 Cylinder 中使用构造方法的重载。

```java
//filename: app6_7.java
class Cylinder
{
    private double radius;
    private int height;
    private double pi=3.14;
    String color;
    public Cylinder()
    {
        radius=1;
        height=2;
        color="绿色";
    }
    public Cylinder(double r, int h, String str)
    {
        radius=r;
        height=h;
        color=str;
    }
    public void setColor()
    {
        System.out.println("该圆柱的颜色为："+color);
    }
```

```
        double area()
        {
            return pi* radius* radius;
        }
        double volume()
        {
            return area()*height;
        }
}
public class app6_7
{
    public static void main(String[] args)
    {
        Cylinder volu1=new Cylinder();
        System.out.println("圆柱 1 底面积="+ volu1.area());
        System.out.println("圆柱 1 体积="+volu1.volume());
        volu1.setColor();
        Cylinder volu2=new Cylinder(2.5, 8, "红色");
        System.out.println("圆柱 2 底面积="+ volu2.area());
        System.out.println("圆柱 2 体积="+volu2.volume());
        volu2.setColor();
    }
}
```

程序运行结果为：

圆柱 1 底面积=3.14
圆柱 1 体积=6.28
该圆柱的颜色为：绿色
圆柱 2 底面积=19.625
圆柱 2 体积=157.0
该圆柱的颜色为：红色

该程序中定义了两个构造方法 Cylinder()，第一个构造方法没有参数，其作用是把私有成员变量 radius 置为 1，把 height 置为 2，把 color 设置为"绿色"；第二个构造方法 Cylinder(double r,int h,String str)则分别接收 double 型、int 型和 String 型的变量，再将相应的成员变量设置为相应的值。

在主方法 main()中调用无参构造方法时，将成员变量 radius 设置为 1，把 height 设置为 2，把 color 设置为"绿色"；而在调用有参构造方法时，则 volu2 对象的 radius 设置为 2.5，height 设置为 8，color 设置为"红色"。

1. 从一个构造方法调用另外一个构造方法

为了某些特定的运算，Java 语言允许在类内从某一构造方法内调用另一个构造方法。利用这个方法，可以缩短程序代码，减少开发程序时间。从某一构造方法内调用另一构造方法是通过关键字 this 来实现的。

【例 6.8】在圆柱体类 Cylinder 中，用一个构造方法调用另一个构造方法。

```
//filename: app6_8.java
class Cylinder
{
    private double radius;
```

```java
    private int height;
    private double pi=3.14;
    String color;
    public Cylinder()
    {
        this(2.5, 5, "红色");
        System.out.println("无参构造方法被调用了");
    }
    public Cylinder(double r, int h, String str)
    {
        System.out.println("有参构造方法被调用了");
        radius=r;
        height=h;
        color=str;
    }
    public void show()
    {
        System.out.println("圆柱底半径为: "+ radius);
        System.out.println("圆柱体的高为: "+ height);
        System.out.println("圆柱的颜色为: "+color);
    }
    double area()
    {
        return pi* radius* radius;
    }
    double volume()
    {
        return area()*height;
    }
}
public class app6_8
{
    public static void main(String[] args)
    {
        Cylinder volu=new Cylinder();
        System.out.println("圆柱底面积="+ volu.area());
        System.out.println("圆柱体体积="+volu.volume());
        volu.show();
    }
}
```

程序运行结果为：

有参构造方法被调用了
无参构造方法被调用了
圆柱底面积=19.625
圆柱体体积=98.125
圆柱底半径为: 2.5
圆柱体的高为: 5
圆柱的颜色为: 红色

从例题中可以看到，在没有参数的构造方法 Cylinder()中，通过 this(2.5,5,"红色")关键字调用了有参数的构造方法 Cylinder(double r,int h,String str),并把 radius 设置为 2.5,将 height 设置为 5,将 color 设置为 "红色"。

注意:

(1)在某一构造方法里调用另一个构造方法时,必须使用 this 关键字。否则编译时将会出现错误。

(2)this 关键字必须写在构造方法里的第一行位置。

2. 公共构造方法和私有构造方法

构造方法一般都是公有的,不可以声明为私有,这是因为它们在创建对象时,是在类的外部被系统自动调用。如果构造方法被声明为私有(private),则无法在该构造方法所在的类以外的地方被调用,但在该类的内部还是可以调用的。

【例 6.9】创建圆柱体类 Cylinder,并在该类的一个构造方法内调用另一个私有的构造方法。

```java
//filename: app6_9.java
class Cylinder
{
    private double radius;
    private int height;
    private double pi=3.14;
    String color;
    public Cylinder()
    {
        System.out.println("无参构造方法被调用了");
    }
    public Cylinder(double r, int h, String str)
    {
        this();
        radius=r;
        height=h;
        color=str;
    }
    public void show()
    {
        System.out.println("圆柱底半径为:"+ radius);
        System.out.println("圆柱体的高为:"+ height);
        System.out.println("圆柱的颜色为:"+color);
    }
    double area()
    {
        return pi* radius* radius;
    }
    double volume()
    {
        return area()*height;
    }
}
public class a
{
```

```
public static void main(String[] args)
{
    Cylinder volu=new Cylinder(2.5,5,"蓝色");
    System.out.println("圆柱底面积="+ volu.area());
    System.out.println("圆柱体体积="+volu.volume());
    volu.show();
}
}
```

程序运行结果为：

```
无参构造方法被调用了
圆柱底面积=19.625
圆柱体体积=98.125
圆柱底半径为： 2.5
圆柱体的高为： 5
圆柱的颜色为： 蓝色
```

该例中的无参构造方法 Cylinder()被设置为 private，而有参的构造方法 Cylinder(double r,int h,String str)被声明为 public。程序运行时，在主方法 main()中创建了新的对象 volu，并调用有参数的构造方法。由于有参数的构造方法是公共的，所以可在类外调用。程序进入到有参数的构造方法时，由于是在同一类内，所以可以利用 this()调用私有的构造方法 Cylinder()，输出"无参构造方法被调用了"的字符串，接下来是给私有成员变量赋值，然后回到 main()中继续执行后续语句，直到程序运行完毕。

由于声明为 private 的构造方法无法在类外被调用，但因私有的无参构造方法 Cylinder()与公共的带参数的构造方法 Cylinder(double r,int h,String str)是在同一类内，而在同一类内可以访问私有成员，所以在本例中的公共的构造方法中用 this()调用了私有的构造方法。

6.4 静态成员

static 称为静态修饰符，它可以修饰类中的成员。被 static 修饰的成员称为静态成员，也称为类成员，而不用 static 修饰的成员称为实例成员。

6.4.1 实例成员

在类定义中，如果成员变量和成员方法没有用 static 来修饰，则该成员就是实例成员。对实例成员，我们并不陌生，因为在此之前编写的程序中，用到的都是实例成员。在前面例题中的主方法 main()中分别用 new 运算符产生两个新的对象 volu1 和 volu2，这两个对象都各自拥有自己成员的存储空间，而不与其他对象共享。因此若修改了 volu1 的某个成员变量的值，volu2 的成员变量并不受影响，因为这些成员变量各自独立且存在于不同的内存之中。具有此特性的成员变量，Java 称之为实例变量（Instance Variable）。

例如下面的代码段：

```
Cylinder volu1=new Cylinder(2.5,5,"蓝色");
volu1.volume();
Cylinder volu2=new Cylinder(3.2,8,"红色");
volu2.volume();
```

也就是说，必须先创建对象，再利用对象来调用方法。不通过对象而直接去调用 volume()

方法是不可以的。具有此特性的方法，Java 称之为实例方法（Instance Method）。由此可知，实例成员属于个别对象所有，彼此之间不能共享。

6.4.2 静态变量

用 static 修饰的成员变量称为"静态变量"。静态变量也称为类变量。静态变量是隶属于类的变量，而不是属于任何一个类的具体对象。也就是说，对于该类的任何一个具体对象而言，静态变量是一个公共的存储单元，不保存在某个对象实例的内存空间中，而是保存在类的内存空间的公共存储单元中。或者说，对于类的任何一个具体对象而言，静态变量是一个公共的存储单元，任何一个类的对象访问它时，取到的都是同一个相同的数值。同样，任何一个类的对象去修改它时，也都是在对同一个内存单元进行操作。静态变量在定义时用 static 来修饰。静态变量在某种程度上与其他语言的全局变量相似，如果该变量不是私有的，就可以在类的外部进行访问，而且不需要创建类的实例对象，只需要类名就可以引用。换句话说，静态变量不需要实例化就可以使用。当然也可以通过实例对象来访问静态变量，使用格式如下：

类名.静态变量名；
对象名.静态变量名；

类中若含有静态变量，则静态变量必须独立于方法之外，就像其他高级语言在声明全局变量时必须在函数之外声明一样。

【例 6.10】将圆柱体类 Cylinder 里的变量 pi 和 num 声明为静态变量。

```java
//filename: app6_10.java
class Cylinder
{
    private static int num=0;
    private static double pi=3.14;
    private double radius;
    private int height;
    public Cylinder(double r, int h)
    {
        radius=r;
        height=h;
        num++;
    }
    public void count()
    {
        System.out.print("创建了"+num+"个对象： ");
    }
    double area()
    {
        return pi* radius* radius;
    }
    double volume()
    {
        return area()*height;
    }
}
public class app6_10
```

```
{
    public static void main(String[] args)
    {
        Cylinder volu1=new Cylinder(2.5,5);
        volu1.count();
        System.out.println("圆柱 1 的体积="+volu1.volume());
        Cylinder volu2=new Cylinder(1.0,2);
        volu2.count();
        System.out.println("圆柱 2 的体积="+volu2.volume());
    }
}
```

程序运行结果为：
创建了 1 个对象：圆柱 1 的体积=98.125
创建了 2 个对象：圆柱 2 的体积=6.28

在该例中，由于每个对象的 pi 值均相同，没有必要让每个对象都保存有自己的 pi 值，因此将 pi 声明为静态变量，使之保存在所有对象公用的存储空间，所有对象公用 pi 这个变量。另外本例中还声明了另一个静态变量 num 用于记录程序中共产生了多少个对象。对象创建时自动调用构造方法，所以在构造方法中加入了"num++"语句，这样每创建一个对象就调用一次构造方法，从而每当产生一个对象，num 的值就会自动加 1。Cylinder 类中的 count()方法是用来显示 num 值的。因为 num 被声明为 static，所以每一个对象的 num 变量均指向内存中的同一地址，也就是说，num 这个变量由所有的对象共享。

注意：对于静态变量的使用，建议采用"类名.静态变量名"的形式来访问。

由于静态变量是保存在所有对象的公共存储空间，所以使用静态变量的另一个优点是可以节省大量的内存空间，尤其是创建大量对象的时候。

6.4.3 静态方法

与静态变量相似，用 static 修饰符修饰的方法是属于类的静态方法，又称为类方法。静态方法实质是属于整个类的方法；而不加 static 修饰的方法，是属于某个具体对象的方法。将一个方法声明为 static 有以下几重含义：

（1）非 static 的方法是属于某个对象的方法，在这个对象创建时，对象的方法在内存中拥有属于自己专用的代码段。而 static 的方法是属于整个类的，它在内存中的代码段将被所有的对象所共用，而不被任何一个对象所专用。

（2）由于 static 方法是属于整个类的，所以它不能操纵和处理属于某个对象的成员，而只能处理属于整个类的成员，即 static 方法只能访问 static 成员变量或调用 static 成员方法。或者说，在静态方法中不能访问实例变量和实例方法。

（3）在静态方法中不能使用 this 或 super。因为 this 是代表调用该方法的对象，但现在"静态方法"既然不需要对象来调用，this 也自然不应存在于"静态方法"内部。

（4）调用静态方法时，可以使用类名直接调用，也可以用某一个具体的对象名来调用。其格式如下：

类名.静态方法名();
对象名.静态方法名();

【例 6.11】 利用圆柱体类 Cylinder 来具体介绍静态方法的使用。

```java
//filename: app6_11.java
class Cylinder
{
    private static int num=0;
    private static double pi=3.14;
    private double radius;
    private int height;
    public Cylinder(double r, int h)
    {
        radius=r;
        height=h;
        num++;
    }
    public static void count()
    {
        System.out.println("创建了"+num+"个对象");
    }
    double area()
    {
        return pi* radius* radius;
    }
    double volume()
    {
        return area()*height;
    }
}
public class app6_11
{
    public static void main(String[] args)
    {
        Cylinder.count();
        Cylinder volu1=new Cylinder(2.5,3);
        volu1.count();
        System.out.println("圆柱 1 的体积="+volu1.volume());
        Cylinder volu2=new Cylinder(1.0,2);
        Cylinder.count();
        System.out.println("圆柱 2 的体积="+volu2.volume());
    }
}
```

程序运行结果为：

```
创建了 0 个对象
创建了 1 个对象
圆柱 1 的体积=58.875
创建了 2 个对象
圆柱 2 的体积=6.28
```

该例在类 Cylinder 中除了将 count()方法声明为 static，在主方法 main()中以类名 Cylinder 直接调用 count()方法，而不是通过对象名来调用。实际上也可以通过对象名来调用静态方法，如 volu1.count()。但若通过对象名来调用静态方法，则必须先创建对象，然后才能进行调用。

另外在本例中可以看到，静态方法可以在不产生对象的情况下直接以类名来调用。

注意：对于静态方法的使用，建议采用"类名.静态方法名"的形式来访问。

一个类在被 Java 虚拟机解释器装载运行时，由于 Java 程序是从 main()开始运行的，所以这个类中必须要有 main()方法。在了解了静态方法的知识后，读者现在可以理解 main()的定义了。由于 Java 虚拟机需要在类外调用 main()方法，所以该方法的访问权限必须是 public；又因为 Java 虚拟机运行时，系统在开始执行一个程序前，并没有创建 main()方法所在的类的一个实例对象，所以它只能通过类名来调用 main()方法作为程序的入口，即调用 main()方法的是类，而非由类创建的对象，因而该方法必须是 static 的。

6.4.4 静态初始化器

静态初始化器是由关键字 static 修饰的一对花括号"{}"括起来的语句组。它的作用与类的构造方法有些相似，都是用来完成初始化工作的，但静态初始化器与构造方法有几点根本的不同。

（1）构造方法对每个新创建的对象初始化，而静态初始化器是对类自身进行初始化。

（2）构造方法是在用 new 运算符创建新对象时由系统自动执行，而静态初始化器一般不能由程序来调用，它是在所属的类被加载入内存时由系统调用执行的。

（3）用 new 运算符创建多少个新对象，构造方法就被调用多少次，但静态初始化器则在类被加载入内存时只执行一次，与创建多少个对象无关。

（4）不同于构造方法，静态初始化器不是方法，因而没有方法名、返回值和参数。

例如，给例 6.11 中的 Cylinder 类添加上如下的静态初始化器：

```
static
{
    num=100;
    System.out.println("静态初始化器被调用了，num 的初始值为"+num);
}
```

说明：如果有多个静态初始化器，则它们在类的初始化时会依次执行。

总之，静态初始化器的作用是对整个类完成初始化操作，包括给 static 成员变量赋初始值，它在系统向内存加载时自动完成。

本章小结

- 调用封装在类内的方法时，可以使用"对象名.方法名()"的语法形式来完成。
- 所谓"重载"，是指在同一类内定义相同名称的多个方法，这些同名的方法或者参数的个数不同、或者参数的个数相同但类型不同，这些同名的方法可具有不同的功能。
- 构造方法可视为一种特殊的方法，它的主要功能是帮组创建的对象赋初值。
- 构造方法的名称必须与其所属的类名称相同，且不能有返回值。
- 从某一构造方法内调用另一构造方法，必须通过 this 关键字来调用。
- 构造方法有 public 与 private 之分。public 构造方法可以在程序的任何地方被调用，所以新创建的对象均可自动调用它；而 private 构造方法则无法在该构造方法所在的类以外的地方被调用。

- 如果一个类没有定义构造方法，则 Java 编译系统会自动为其生成默认的构造方法，默认的构造方法是没有任何参数、方法体内也没有任何语句的构造方法。
- 实例变量与实例方法、静态变量与静态方法是不同的成员变量与成员方法。
- "基本类型的变量"是指由 int、double 等关键字所声明而得到的变量，而由类声明而得到的变量，称之为"类类型的变量"，它是属于"引用类型的变量"的一种。
- 若方法本身没有返回值，则必须在方法定义的前面加上关键字 void。
- 方法的参数可以是任意类型的数据，其返回值也可以是任意类型。

7 继承性和多态性

类的继承可以使用已有的类为基础派生出新的类。通过类继承的方式，便能开发出新的类，而不需要编写相同的程序代码，所以说类的继承是程序代码再利用的概念。

抽象类与接口都是类概念的扩展。抽象类体现数据抽象的思想，是实现程序多态性的一种手段。通过继承扩展出的子类，加上覆盖的应用，抽象类可以一次创建并控制多个子类。接口则是 Java 语言中实现多重继承的重要方法。

7.1 类的继承

类的继承是面向对象程序设计的一个重要特点，通过继承可以实现代码的复用，被继承的类称为父类或超类（Superclass），由继承而得到的类称为子类（Subclass）。一个父类可以同时拥有多个子类，但由于 Java 语言中不支持多重继承，所以一个类只能有一个直接父类。父类实际上是所有子类的公共成员的集合，而每一个子类则是父类的特殊化，是对公共成员变量和方法在功能、内涵方面的扩展和延伸。

子类继承父类的成员变量和成员方法，同时可以修改父类的成员变量或重写父类的方法，还可以添加新的成员变量或成员方法。采用继承机制来组织、设计系统中的类，可以提高程序的抽象程度，使之更能接近于人类的思维方式。同时通过继承也能较好地实现代码重用，提高程序开发效率，降低维护工作量。

在 Java 语言中有一个名为 java.lang.Object 的特殊类，所有的类都是直接或间接地继承该类而得到的。

7.1.1 子类的创建

Java 语言中类的继承是通过 extends 关键字来实现的，在定义类时若使用 extends 关键字指出新定义类的父类，就是这两个类之间建立了继承关系。新定义的类称为子类，它可以从父类那里继承所有非 private 的成员作为自己的成员。通过在类的声明时使用 extends 关键字来创建一个类的子类，其格式如下：

```
class SubClass extends SuperClass
{
    …
}
```

把 SubClass 声明为类 SuperClass 的直接子类,如果 SuperClass 又是某个类的子类,则 SubClass 同时也是该类的间接子类。

如果没有 extends 关键字,则该类默认为 java.lang.Object 类的子类。因此,在 Java 语言中所有的类都是通过直接或间接的继承 java.lang.Object 类得到的。所以在此之前的所有例子中的类均是 java.lang.Object 类的子类。

子类的每个对象也是其父类的对象,这是继承性的"即是"性质。也就是说,若 Sub 继承 Super,则 Sub 即是 Super,所以在任何可以使用 Super 实例的地方,都允许使用 Sub 实例,反之则不然,父类对象不一定是它的子类的对象。

1. 子类的构建

【例 7.1】类的继承。创建个人类 Person,再以该类为父类创建一个学生子类 Student。

```java
//filename: app7_1.java      类继承的简单例子
class Person
{
    private String name;
    private int age;
    public Person()
    {
        System.out.println("调用了个人类的构造方法 Person()");
    }
    public void setNameAge(String name, int age)
    {
        this.name=name;
        this.age=age;
    }
    public void show()
    {
        System.out.println("姓名:"+name+"  年龄:"+age);
    }
}
class Student extends Person
{
    private String department;
    public Student()
    {
        System.out.println("调用了学生类的构造方法 Student()");
    }
    public void setDepartment(String dep)
    {
        department=dep;
        System.out.println("我是"+department +"的学生");
    }
}
public class app7_1
```

```java
{
    public static void main(String[] args)
    {
        Student stu=new Student();
        stu.setNameAge("张小三",21);
        stu.show();
        stu.setDepartment("计算机系");
    }
}
```

程序运行结果为：

调用了个人类的构造方法 Person()
调用了学生类的构造方法 Student()
姓名：张小三　年龄：21
我是计算机系的学生

该程序中定义了三个类：Person、Student 和 app7_1，其中 Person 类为 Student 类的父类，所以在语句"class Student extends Person"定义子类 Student 时，利用 extends 关键字表示它是继承自父类 Person。Person 类共有两个成员变量 name 和 age，一个无参的构造方法 Person() 和两个成员方法：setNameAge()与 show()。继承自 Person 的子类 Student 则包含一个成员变量 department、一个构造方法 Student()和一个成员方法 setDepartment()。

在程序运行时，语句"Student stu=new Student();"创建新的对象 stu，并调用 Student()构造方法。有趣的是，明明是调用 Student()构造方法，理应输出"调用了学生类的构造方法 Student()"字符串，但却输出了"调用了个人类的构造方法 Person()"字符串，这似乎是 Person() 构造方法被调用了，而且是先调用父类的构造方法之后接着调用子类的构造方法。事实上，在 Java 语言的继承中，执行子类的构造方法之前，会先调用父类中没有参数的构造方法，其目的是为了要帮组继承自父类的成员做初始化操作。

说明：

（1）通过 extends 关键字，子类可继承父类的成员。在使用这些继承过来的成员时，可利用过去惯用的语法。

（2）Java 程序在执行子类的构造方法之前，会先自动调用父类中没有参数的构造方法，其目的是为了帮助继承自父类的成员做初始化的操作。

（3）严格意义上来说，构造方法是不能被继承的，例如父类 Person 有一个构造方法 Person(String,int)，不能说子类 Student 也自动有一个构造方法 Person(String,int)，但这并不意味着子类不能调用父类的构造方法。

2．调用父类中特定的构造方法

程序中即使没有明确的指定子类调用父类的构造方法，但程序执行时子类还是会先调用父类中没有参数的构造方法，以便进行初始化的操作。但如果父类中有多个构造方法时，如何才能调用父类中某个特定的构造方法呢？其做法就是在子类的构造方法中通过 super()来调用父类特定的构造方法。

【例 7.2】以 Person 作为父类创建学生子类 Student，并在子类中调用父类里某指定的构造方法。

```java
//filename: app7_2.java    调用父类中的特定构造方法
class Person
```

```java
{
    private String name;
    private int age;
    public Person()
    {
        System.out.println("调用了 Person 类的无参构造方法");
    }
    public Person(String name, int age)
    {
        System.out.println("调用了 Person 类的有参构造方法");
        this.name=name;
        this.age=age;
    }
    public void show()
    {
        System.out.println("姓名："+name+"  年龄："+age);
    }
}
class Student extends Person
{
    private String department;
    public Student()
    {
        System.out.println("调用了学生类的无参构造方法 Student()");
    }
    public Student (String name,int age,String dep)
    {
        super(name,age);
        department=dep;
        System.out.println("我是"+department +"的学生");
        System.out.println("调用了学生类的有参构造方法 Student(String name,int age,String dep) ");
    }
}
public class app7_2
{
    public static void main(String[] args)
    {
        Student stu1=new Student();
        Student stu2=new Student("李小四",23, "信息系");
        stu1.show();
        stu2.show();
    }
}
```

程序运行结果为：

调用了 Person 类的无参构造方法
调用了学生类的无参构造方法 Student()
调用了 Person 类的有参构造方法
我是信息系的学生
调用了学生类的有参构造方法 Student(String name,int age,String dep)
姓名：null 年龄：0
姓名：李小四 年龄：23

该程序中的 Person 类及其子类 Student 均有两个构造方法：一个无参数，一个有参数。在 Student 类的有参数构造方法中利用"super(name,age);"将 name 和 age 传递到父类的构造方法内，因此只要子类的构造方法 Student(String name,int age,String dep)被调用，则父类的构造方法 Person(String name,int age)也会被调用，因此可通过该方式来调用父类中特定的构造方法。

程序执行到"Student stu1=new Student();"时调用没有参数的构造方法 Student()，此构造方法会自动先调用父类中没有参数的构造方法 Person()，再执行自己的构造方法 Student()。"Student stu2=new Student("李小四",23, "信息系");"则调用了具有三个参数的构造方法 Student(String name,int age,String dep)，通过"super(name,age);"语句，成员变量 department 被赋值为"信息系"。

说明：

（1）如果省略了"super(name,age);"语句，则父类中没有参数的构造方法还是会被调用的。

（2）调用父类构造方法的 super()语句必须写在子类构造方法的第一行，否则编译时将出现错误信息。

（3）在子类中访问父类的构造方法，其格式为：

```
super(参数列表);
```

super()可以重载，也就是说，super()会根据参数的个数与类型，执行父类相应的构造方法。

（4）Java 程序在执行子类的构造方法之前，如果没有用 super()来调用父类中特定的构造方法，则会先调用父类中"没有参数的构造方法"。因此，如果父类中只定义了有参数的构造方法，而在子类的构造方法中又没有用 super()来调用父类中特定的构造方法，则编译时将发生错误，因为 Java 程序在父类中找不到"没有参数的构造方法"可供执行。解决的办法是在父类中加上一个"不做事"且没有参数的构造方法即可，如 public Person(){}。

（5）super()与 this()的功能相似，但是 super()是从子类的构造方法调用父类的构造方法，this()则是在同一个类内调用其他的构造方法。当构造方法有重载时，super()与 this()均会根据所给出的参数类型和个数正确地执行相应的构造方法。

（6）super()与 this()均必须放在构造方法内的第一行，也就是这个原因，super()与 this()无法同时存在同一个构造方法内.

（7）与 this 关键字一样，super 指的也是对象，所以 super 同样不能在 static 环境中使用，包括静态方法和静态初始化器(static 语句块)。

7.1.2　在子类中访问父类的成员

在子类中使用 super 不但可以访问父类的构造方法，还可以访问父类的成员变量和成员方法，但 super 不能访问在子类中添加的成员，在子类中访问父类成员的格式如下：

```
super.变量名;
super.方法名;
```

另外，由于在子类中不能继承父类中的 private 成员，所以无法在子类（类外）中访问父类中的这种成员。但如果将父类中的成员声明为 protected（保护）成员而非 private 成员，则 protected 成员不仅可以在父类中直接访问，同时也可以在其子类中访问。下面举例说明。

【例 7.3】在学生子类 Student 中访问父类 Person 的成员。

```
//filename：app7_3.java
class Person
```

```java
{
    protected String name;
    protected int age;
    public Person() {}
    public Person(String name, int age)
    {
        this.name=name;
        this.age=age;
    }
    protected void show()
    {
        System.out.println("姓名："+name+"  年龄："+age);
    }
}
class Student extends Person
{
    private String department;
    int age=20;
    public Student (String xm,String dep)
    {
        name=xm;
        department=dep;
        super.age=25;
        System.out.println("子类 Student 中的成员变量 age="+age);
        super.show();
        System.out.println("系别："+ department );
    }
}
public class app7_3
{
    public static void main(String[] args)
    {
        Student stu=new Student("李小四","信息系");
    }
}
```

程序运行结果为：

子类 Student 中的成员变量 age=20
姓名：李小四 年龄：25
系别：信息系

由于在该程序的子类 Student 的构造方法中没有用 Super()来调用父类中特定的构造方法，所以在父类 Person 中必须定义一个"不做事"且没有参数的构造方法，本例中没有用到父类中的有参构造方法，只是为了说明问题而设置的。另外，在父类 Person 中将 name 和 age 声明为 protected 的，所以可以在子类中直接访问其父类的成员，如"name=xm;"。也可用 super 关键字来访问父类的成员，如"super.age=25;"。

说明：用 protected 修饰的成员可以被三种类所引用：该类自身、与它在同一个包中的其他类、在其他包中该类的子类。将成员声明为 protected 的最大好处是可以同时兼顾到成员的安全性与便利性，因为它只能提供父类与子类或同一个包中的类来访问，而其他类则无法访问它。

7.1.3 覆盖

覆盖（Overriding）的概念与方法的重载相似，它们均是 Java "多态"（Polymorphism）的技巧之一。重载是指在同一类内定义多个名称相同，但参数个数或类型不同的方法，因此 Java 可根据参数的个数或类型的不同来调用相应的方法。而覆盖则是指在子类中定义名称、参数个数和类型均与父类完全相同的方法，用来重写父类中同名方法的操作。

1. 覆盖父类的方法

子类在重新定义父类已有的方法时，应保持与父类完全相同的方法头声明，即应与父类有完全相同的方法名、返回值类型和参数列表。否则就不是方法的覆盖，而是子类定义自己的与父类无关的方法，父类的方法未被覆盖，所以仍然存在。也就是说，子类继承父类中所有可被访问的成员方法时，如果子类的方法头与父类的方法都完全相同，则不能继承，此时子类的方法将覆盖父类的方法。

注意：子类中不能覆盖父类中声明为 final 或 static 的方法。

【例 7.4】以个人类 Person 为父类，创建学生子类 Student，并用子类中的方法覆盖父类的方法。

```java
//filename: app7_4.java
class Person
{
    protected String name;
    protected int age;
    public Person(String name, int age)
    {
        this.name=name;
        this.age=age;
    }
    protected void show()
    {
        System.out.println("姓名："+name+"  年龄："+age);
    }
}
class Student extends Person
{
    private String department;
    public Student (String name,int age,String dep)
    {
        super(name,age);
        department=dep;
    }
    protected void show()
    {
        System.out.println("系别： "+ department);
    }
}
public class app7_4
{
    public static void main(String[] args)
```

```
    {
        Student stu=new Student("王永涛",24,"电子");
        stu.show();
    }
}
```

程序运行结果为:

系别：电子

该例中的父类 Person 和子类 Student 各自定义了自己的构造方法，并且它们都有各自定义的同名类型的方法 show()，由于方法头相同，所以父类的 show()不被子类所继承，而是被子类里的同名方法所覆盖，因此"stu.show();"中 stu 调用的是子类的方法而不是父类的方法。

说明：在子类中覆盖父类的方法时，可以扩大父类中的方法权限，但不可以缩小父类方法的权限。

2. 用父类的对象访问子类的成员

在例 7.4 中利用子类来声明子类对象 stu，实际上，还可以通过父类对象访问子类的成员。

【例 7.5】利用父类 Person 的对象调用子类 Student 中的成员。

```
//filename: app7_5.java      通过父类的对象来调用子类的成员
class Person
{
    protected String name;
    protected int age;
    public Person(String name, int age)
    {
        this.name=name;
        this.age=age;
    }
    protected void show()
    {
        System.out.println("姓名："+name+"  年龄："+age);
    }
}
class Student extends Person
{
    private String department;
    public Student (String name,int age,String dep)
    {
        super(name,age);
        department=dep;
    }
    protected void show()
    {
        System.out.println("系别："+ department);
    }
    public void subShow()
    {
        System.out.println("我在子类中");
    }
}
public class app7_5
```

```
{
    public static void main(String[] args)
    {
        Person per=new Student("王永涛",24, "电子");
        per.show();
        //per.subShow();
    }
}
```

程序运行结果为：

系别：电子

该例是在例 7.4 的子类中多加了一个 subShow()方法。在语句"Person per=new Student("王永涛",24, "电子");"中声明了父类的对象 per，并且指向了子类对象。"per.show();"语句以父类的对象 per 调用 show()方法，但从程序执行的输出结果可以看出：子类的 show()方法被调用了。虽然是以父类的变量 per 指向子类的实体对象，并以 per 来调用 show()方法，但此时"覆盖"仍然会发生。也就是说，通过父类的对象依然可以访问到子类的成员。

注意：通过父类的对象访问子类的成员，只限于"覆盖"情况发生时。也就是说，父类与子类的方法名称、参数个数与类型必须完全相同，才可通过父类的对象调用子类的方法。

7.1.4 不可被继承的成员与最终类

在默认情况下，所有的成员变量和成员方法都可以被覆盖，如果父类的成员不希望被子类的成员所覆盖，可以将它们声明为 final。如果用 final 来修饰成员变量，则说明该成员变量是最终变量，即常量，程序中的其他部分可以访问它，但不能修改它；如果用 final 修饰成员方法，则该成员方法不能再被子类所覆盖，即该方法为最终方法。对于一些比较重要且不希望被子类重写的方法，可以使用 final 修饰符对成员方法进行修饰，这样可以增加代码的安全性。下面举例来说明。

【例 7.6】 父类中被声明为 final 的成员在子类中可被继承，但不能被覆盖。

```
//filename:app7_6.java
class AAA
{
    static final double PI=3.14;
    public final void show()
    {
        System.out.println("pi="+PI);
    }
}
class BBB extends AAA
{
    private int num=100;
    public void show()
    {
        System.out.println("num="+num);
    }
}
public class app7_6
{
```

```
        public static void main(String[] args)
        {
            BBB ex=new BBB();
            ex.show();
        }
    }
```

该程序定义的 show()方法覆盖了父类 AAA 的 show()方法，但父类的 show()方法已被声明为 final，不允许被子类所覆盖，所以编译时出错。同理，父类成员变量 PI 也被声明为 final，所以子类不能修改该变量。因为凡是被声明为 final 的量均为常量，而常量无法在程序代码的任何地方再做修改。

如果一个类被 final 修饰符所修饰，则说明这个类不能再被其他类所继承，即该类不可以有子类，这种类被称为最终类。

注意：所有已被 private 修饰符限定为私有的方法，以及所有包含在 final 类中的方法，都被默认为是 final 的。这些方法既不可能被子类所继承，也不可能被覆盖，所以它们自然都是最终的方法。

定义在类中的 final 成员变量和定义在方法中的 final 局部变量，它们一旦给定，就不能更改。大体上说，final 成员变量和 final 局部变量都是只读量，它们能且只能被赋值一次，而不能被赋值多次。

一个成员变量若被 static final 两个修饰符所限定，它实际的含义就是常量，所以在程序中通常用 static 和 final 一起来指定一个常量，且这样的常量只能在定义时被赋值。

一个成员变量，若只用 final 修饰符而不用 static 修饰，则必须且只能赋值一次，不能缺省。这种成员变量的赋值方式有两种：一是在定义变量时赋值，二是在某一个构造方法中进行赋值。

7.2 抽象类

前一节中介绍了类的继承关系，子类继承父类的非私有成员。在 Java 语言中还可以创建专门的类来作为父类，这种类被称为"抽象类"（Abstract class）。抽象类有点类似"模板"的作用，其目的是根据它的格式来创建和修改新的类，但是并不能直接由抽象类创建对象，只能通过抽象类派生出新的子类，再由其子类来创建对象。也就是说，抽象类是不能用 new 运算符来创建实例对象的类，它可以作为父类被它的所有子类所共享。

7.2.1 抽象类与抽象方法

抽象类是以修饰符 abstract 修饰的类，定义抽象类的语法格式如下：

```
abstract class 类名
{
    声明成员变量；
    返回值的数据类型 方法名(参数表)
    {
        …
    }
    abstract 返回值的数据类型 方法名(参数表)；
}
```

说明：在抽象类中的方法可以分为两种：一种是以前介绍的一般方法，另一种是"抽象方法"，它是以 abstract 关键字开头的方法，此方法只声明返回值的数据类型、方法名称与所需的参数，但没有方法体。也就是说，对抽象方法只需声明，而不需实现，即用";"结尾，而不是用"{}"。当一个方法为抽象方法时，意味着这个方法必须被子类的方法所覆盖，否则子类仍然是 abstract 的。在抽象方法声明中，修饰符 static 和 abstract 不能同时使用。

抽象类的子类必须实现父类中的所有抽象方法，或者将自己也声明为抽象的。

注意：

（1）由于抽象类是需要被继承的，所以 abstract 类不能用 final 来修饰。也就是说，一个类不能既是最终类，又是抽象类，即关键字 abstract 与 final 不能合用。

（2）abstract 不能与 private、static、final 或 native 并列修饰同一方法。

抽象类中不一定包含抽象方法，但包含抽象方法的类一定要声明为抽象类。抽象类本身不具备实际的功能，只能用于派生其子类，而定义为抽象的方法必须在子类派生时被覆盖。所以说，若一个类被定义为抽象类，则该类就不能用 new 运算符创建具体实例对象，而必须通过覆盖的方式来实现抽象类中的方法。

抽象类可以有构造方法，且构造方法可以被子类的构造方法所调用，但构造方法不能被声明为抽象的。由于不能用抽象类直接创建对象，因此在抽象类内定义构造方法是多余的。

7.2.2 抽象类的应用

由于抽象类的目的是要根据它的格式来创建新的类，所以抽象类中的抽象方法并没有定义处理数据的方法体，而是要保留给由抽象类派生出的子类来定义。下面举例来说明，由于几何形状是一个抽象的概念，而由此概念可派生出"长方形"和"圆形"等具体的几何形状，所以将形状（Shape）声明为抽象的父类，由于每个形状都有一个公共的属性"名称"（name），因此可把 name 这个数据成员以及对其赋值的方法设置在父类中。另外，如果要为每一个具体的几何图形的类编写计算其面积（getArea()）和周长（getLength()）的方法，由于每种几何图形的面积和周长计算方法并不相同，所以将这两个方法放在父类中并不恰当。但每个由父类 Shape 派生出的子类又都要用到这两个方法，因此可以将两个方法在父类中声明为抽象的方法，而把具体的处理方式留在其子类中来定义。

【例 7.7】抽象类的应用举例，定义一个形状抽象类 Shape，以该抽象类为父类派生出圆形子类 Circle 和矩形子类 Rectangle。

```java
//filename: app7_7.java         抽象类的说明
abstract class Shape
{
    protected String name;
    public Shape(String xm)
    {
        name=xm;
        System.out.print("名称："+name);
    }
    abstract public double getArea();
    abstract public double getLength();
}
class Circle extends Shape
```

```java
{
    private final double PI=3.14;
    private double radius;
    public Circle(String shapeName,double r)
    {
        super(shapeName);
        radius=r;
    }
    public double getArea()
    {
        return PI*radius*radius;
    }
    public double getLength()
    {
        return 2*PI*radius;
    }
}
class Rectangle extends Shape
{
    private double width;
    private double height;
    public Rectangle(String shapeName,double width,double height)
    {
        super(shapeName);
        this.width=width;
        this.height=height;
    }
    public double getArea()
    {
        return width*height;
    }
    public double getLength()
    {
        return 2*(width+height);
    }
}
public class app7_7
{
    public static void main(String[] args)
    {
        Shape rect =new Rectangle("长方形",6.5,10.3);
        System.out.print("；面积="+rect.getArea());
        System.out.println("；周长="+rect.getLength());
        Shape circle=new Circle("圆",10.2);
        System.out.print("；面积="+circle.getArea());
        System.out.println("；周长="+circle.getLength());
    }
}
```

程序运行结果为：

名称：长方形；面积=66.95；周长=33.6
名称：圆；面积=326.68559999999997；周长=64.056

该程序中定义了抽象类 Shape 作为父类，并分别定义了其两个子类 Circle 和 Rectangle，在其各自的子类中实现了父类中"计算面积"和"周长"的抽象方法。在主方法"Shape rect =new Rectangle("长方形",6.5,10.3);"中分别创建了父类对象，但其指向的是其子类对象。

7.3 接口

接口（Interface）是 Java 语言所提供的另一种重要的功能，它的结构与抽象类非常相似。接口本身也具有数据成员与抽象方法，但它与抽象类有下列不同：

（1）接口的数据成员都是静态的，并且必须初始化。

（2）接口中的方法必须全部声明为 abstract 的，也就是说接口不能像抽象类一样拥有一般的方法，而必须全部是抽象方法。

7.3.1 接口的定义

接口定义的语法格式如下：

```
[public] interface 接口名称 [extends 父接口名列表]
{
    [public] [static] [final]数据类型 成员变量名=常量;
    ...
    [public] [abstract]返回值的数据类型 方法名(参数表);
    ...
}
```

其中 interface 前的 public 修饰符可以省略，若省略，则接口使用默认的访问控制，即接口只能被与它处在同一包中的成员访问，当修饰符声明为 public 时，接口能被任何类的成员所访问。

接口与一般的类一样，本身也具有成员变量与成员方法，但成员变量是静态的，并且一定要赋初值，且此值不能再被修改，若省略成员变量的修饰符，系统默认为 public static final；而其成员方法必须是抽象方法，即使省略修饰符，系统仍然默认为 public abstract。也就是因为其成员方法必须都是抽象的，所以接口中不可以有一般的方法。在实际定义接口时，一般都省略成员变量与成员方法的修饰符。事实上，只需记住如下两点即可：一是接口中的"抽象方法"只需做声明，不用定义其处理数据的方法体；二是成员变量是静态的，并且必须赋初值。由于接口的方法都是抽象方法，所以实际上接口就是一种特殊的抽象类。

7.3.2 接口的实现与引用

接口里只有抽象方法，它只需声明而不用定义方法体，所以接口与抽象类一样不能用 new 运算符直接创建对象。相反，必须利用接口的特性来创建一个新的类，然后再用它来创建对象。利用接口创建新类的过程称为接口的实现。接口的实现类似于继承，只是不用 extends 关键字，而是在声明一个类的同时用关键字来实现一个接口。接口实现的语法格式为：

```
class 类名称 implements 接口名表
{
    ...
}
```

一个类要实现一个接口时，应注意以下问题：

（1）如果实现某接口的类不是 abstract 的抽象类，则在类的定义部分必须实现指定接口的所有抽象方法。既非抽象类中不能存在抽象方法。

（2）一个类在实现某接口的抽象方法时，必须使用完全相同的方法。否则，只是在定义一个新方法，而不是实现已有的抽象方法。

（3）接口中抽象方法的访问控制修饰符都已指定为 public，所以类在实现方法时，必须显式地使用 public 修饰符，否则将被系统警告为缩小了接口中定义的方法的访问控制范围。

接口可以作为一种引用类型来使用，任何实现该接口的类的实例都可以存储在该接口类型的变量中，通过这些变量可以访问类所实现的接口中的方法，Java 程序运行时系统动态地确定该使用哪个类中的方法。也就是说，可以声明接口类型的变量或数组，并用它来访问实现该接口的类的对象。

【例 7.8】利用形状接口 IShape 建造类。

```java
//filename：app7_8.java          接口的实现
interface IShape
{
    final double PI=3.14;
    abstract double getArea();
    abstract double getLength();
}
class Circle implements IShape
{
    double radius;
    public Circle(double r)
    {
        radius=r;
    }
    public double getArea()
    {
        return PI*radius*radius;
    }
    public double getLength()
    {
        return 2*PI*radius;
    }
}
class Rectangle implements IShape
{
    private double width;
    private double height;
    public Rectangle(double width,double height)
    {
        this.width=width;
        this.height=height;
    }
    public double getArea()
    {
        return width*height;
```

```
        }
        public double getLength()
        {
            return 2*(width+height);
        }
    }
    public class app7_8
    {
        public static void main(String[] args)
        {
            IShape circle=new Circle(5.0);
            System.out.print("圆面积="+circle.getArea());
            System.out.println(";周长="+circle.getLength());
            Rectangle rect =new Rectangle(6.5,10.8);
            System.out.print("矩形面积="+rect.getArea());
            System.out.println(";周长="+rect.getLength());
        }
    }
```

其运行结果为:
圆面积=78.5;周长=31.400000000000002
矩形面积=70.2;周长=34.6

该程序中定义了 IShape 接口,接口的实现是在 Circle 类和 Rectangle 类中。主方法中声明了一个接口类型的变量 circle 并指向实现该接口的类的对象,并用该变量去调用相应类中的方法。

7.3.3 接口的继承

与类相似,接口也有继承性。定义一个接口时可以通过 extends 关键字声明该新接口是某个已存在的父接口的子接口,它将继承父接口的所有变量与方法。与类的继承不同的是,一个接口可以有一个以上的父接口,它们之间用逗号分隔,形成父接口列表。新接口将继承所有父接口中的变量与方法。如果子接口中定义了与父类接口同名的常量或者是相同的方法,则父接口中的常量被隐藏,方法被覆盖。

【例 7.9】接口的继承。

```
//filename: app7_9.java
interface Face1
{
    final double PI=3.14;
    abstract double area();
}
interface Face2
{
    abstract void setColor(String c);
}
interface Face3 extends Face1,Face2
{
    abstract void setColor(String c);
}
class Cylinder implements Face3
{
```

```java
        private double radius;
        private int height;
        protected String color;
        public Cylinder(double r,int h)
        {
            radius=r;
            height=h;
        }
        public double area()
        {
            return PI*radius*radius;
        }
        public void setColor(String c)
        {
            color=c;
            System.out.println("颜色: "+color);
        }
        public void volume()
        {
            System.out.println("圆柱体体积="+area()*height);
        }
}
public class app7_9
{
    public static void main(String[] args)
    {
        Cylinder volu=new Cylinder(3.0,2);
        volu.setColor("红色");
        volu.volume();
    }
}
```

程序运行结果为:

```
颜色: 红色
圆柱体体积=56.519999999999996
```

该程序定义了接口 Face1、Face2 和 Face3，接口 Face3 有两个父接口 Face1 和 Face2，是接口的多重继承，所以 Face3 接口继承了两个父接口的所有成员。程序中定义了类 Cylinder 来实现接口 Face3。在主方法中创建了一个指向 Cylinder 类的对象 volu，调用了相应的方法，输出相应的结果。

7.3.4 利用接口实现类的多重继承

Java 语言中只支持类的单重继承机制，不支持类的多重继承，即一个类只能有一个直接父类。单继承性使得 Java 程序结构简单、层次清晰、易于管理、更加安全可靠，从而避免了 C++中因多重继承而引起的难以预测的冲突。但 Java 语言中接口的主要作用是帮助实现类似于类的多重继承功能。所谓多重继承，是指一个子类可以有一个以上的直接父类，该子类可以继承它所有直接父类的成员。Java 语言虽不支持类的多重继承，但可以利用接口间接地解决多重继承问题，并能实现更强的功能。

一个类只能有一个直接父类，但是它可以同时实现若干个接口。一个类实现多个接口时，在 implements 子句中用逗号分隔各个接口名。这种情况下如果把接口理解成特殊的类，那么实际上这个类利用接口就获得了多个父类，即实现了多重继承。

【例7.10】利用接口实现类的多重继承。

```java
//filename：app7_10.java
interface Face1
{
    final double PI=3.14;
    abstract double area();
}
interface Face2
{
    abstract void volume();
}
class Cylinder implements Face1,Face2
{
    private double radius;
    private int height;
    public Cylinder(double r,int h)
    {
        radius=r;
        height=h;
    }
    public double area()
    {
        return PI*radius*radius;
    }
    public void volume()
    {
        System.out.println("圆柱体体积="+area()*height);
    }
}
public class app7_10
{
    public static void main(String[] args)
    {
        Cylinder volu=new Cylinder(5.0,2);
        volu.volume();
    }
}
```

程序运行结果为：
圆柱体体积=157.0

该例子与例7.9相似，只是直接定义了一个类来实现接口Face1和Face2。

7.4 内部类与匿名类

内部类（Inner Class）是定义在类中的类，内部类的主要作用是将逻辑上的相关的类放在一起；而匿名类（Anonymous Class）是一种特殊的内部类，它没有类名，在定义类的同时就生成该类的一个实例，由于不会在其他地方用到该类，所以不用取名字，因而又被称为匿名内部类。

7.4.1 内部类

内部类是包含在类中的类，所以内部类也称为"嵌套类"，包含内部类的类称为"外部类"。其实内部类可以看作是外部类的一个成员，所以内部类也称为"成员类"。与一般类一样，内部类可以拥有自己的成员变量与成员方法，通过建立内部类对象，可以访问其成员变量或调用成员方法。定义内部类时只需将类的定义置于一个用于封装它的类的内部即可。但需要注意的是，内部类不能与外部类同名，否则编译器将无法区分内部类与外部类。如果内部类还有内部类，则内部类不能与它的任何一层外部类同名。

在封装它的类的内部使用内部类，与普通类的使用方式相同。但在外部引用内部类时，则必须在内部类名前冠以其所属外部类的名称才能正常使用。在用 new 运算符创建内部类时，也要在 new 前面冠以对象变量。

【例 7.11】内部类与外部类的访问规则。

```java
//filename：app7_11.java       内部类与外部类的访问规则
public class app7_11
{
    private int age;                  //声明外部类的私有成员变量
    public class Student              //声明内部类
    {
        String name;                  //声明内部类的成员变量
        public Student(String n,int a)    //定义内部类的构造方法
        {
            name=n;
            age=a;
        }
        public void output()          //内部类的成员方法
        {
            System.out.println("姓名："+this.name+"；年龄："+age);
        }
    }
    public void output()              //定义外部类的成员方法
    {
        Student stu=new Student("刘洋",24);
        stu.output();
    }
    public static void main(String[] args)
    {
        Group g=new Group();
        g.output();                   //用 g 调用外部类的方法
```

```
    }
}
```

程序运行结果为:

姓名:刘洋,年龄:24

该例题中 Group 是外部类,Student 是内部类,所以使得 Student 类是 Group 类的一个成员。在内部类中定义了一个成员变量 name、一个构造方法和一个成员方法 output();在外部类中定义了一个与内部类同名的成员方法 output(),在主方法内创建了一个外部类 Group 的对象 g,并用 g 调用了外部类的方法 output()。在外部类的 output() 方法内创建了一个内部类 Student 的对象 stu,并用 stu 调用内部类的 output() 方法,输出相应的信息。

说明:在文件管理方面,内部类在编译完成之后,所产生的文件名称为 "外部类名$内部类名.class"。所以程序在编译后会产生两个文件:Group.class 和 Group$Student.class。

Java 将内部类作为一个成员,就如同成员变量或成员方法。内部类可以被声明为 private 或 protected。因此外部类与内部类的访问原则是:在外部类中,通过一个内部类的对象引用内部类中的成员;反之,在内部类中可以直接引用它的外部类的成员,包括静态成员、实例成员及私有成员。内部类也可以通过创建对象从外部类之外被调用,但必须将内部类声明为 public 的。

内部类具有如下特性:

- 内部类可以声明为 private 或 protected。
- 内部类的前面用 final 修饰,则表明该内部类不能被继承。
- 内部类可以定义为 abstract,但需要被其他的内部类继承或实现。
- 内部类不能与包含它的外部类同名。
- 内部类既可以使用外部类的成员变量,包括静态和实例成员变量,也可以使用内部类所在方法的局部变量。
- 内部类也可以是一个接口,该接口必须由另一个内部类来实现。
- 内部类不但可以在类里定义,也可以在程序块之内定义内部类。例如,在方法中或循环体内部都可以定义内部类。但是方法中定义的内部类只能访问方法中的 final 类型的局部变量。
- 内部类如果被声明为 static,则静态内部类将自动转化为 "顶层类"(Top Level Class),即它没有父类,而且不能引用外部类成员或其他内部类中的成员。非静态内部类不能声明静态成员,只能静态内部类才能声明静态成员。

7.4.2 匿名内部类

所谓匿名内部类(Anonymous Inner Class),是指可以利用内部类创建没有名称的对象,它一步完成了声明内部类和创建该类的一个对象,并利用该对象访问到类的成员。这种类不取名字,而直接用其父类的名字或者它所实现的接口的名字,而且匿名内部类的定义与创建该类的一个实例同时进行,即类的定义前面有一个 new 运算符,而不是使用关键字 class,同时带上圆括号 "()" 表示创建对象。创建匿名内部类并访问成员的语法格式如下:

```
(
    new 类名()
    {
```

```
            方法名(参数 1,参数 2,...,参数 n)
            {
                方法体语句;
            }
        }
).方法名(参数 1,参数 2,...,参数 n);
```

创建匿名内部类的用意主要是用来弥补内部类中没有定义到的方法,并可有效地简化程序代码。

说明:匿名内部类名前不能有修饰符,也不能定义构造方法,它没有名字,也正是由于这个原因,在创建对象时也不能带参数,因为默认构造方法不能带参数。

【例 7.12】匿名内部类的使用方法。

```
//filename:app7_12.java     内部类与外部类的访问规则
public class app7_12
{
    public static void main(String[] args)
    {
        (
            new Inner()
            {
                void setName(String n)
                {
                    name=n;
                    System.out.println("姓名:"+name);
                }
            }
        ).setName("张 华");
    }
    static class Inner
    {
        String name;
    }
}
```

创建匿名内部类 Inner 的对象

程序运行结果为:

姓名:张 华

该程序中,"static class Inner"声明了内部类 Inner,其只定义了成员变量 name,但没有定义 setName()方法。在程序中利用 new 运算符创建了匿名内部类 Inner 的对象,但没有给这个对象赋予名称,也就是"匿名"之意,因此把类 Inner 称为"匿名内部类"。在 Java 的窗口程序设计中,经常利用匿名内部类的技术来编写"事件"的程序代码。

说明:在文件管理方面,匿名内部类在编译完成之后所产生的文件名称为"外部类名$编号.class",其中编号为 1,2,…,n,每个编号为 n 的文件对应于第 n 个匿名类。所以上例编译完之后会产生 app7_12.class、app8_12$Inner.class 和 app7_12$1.class 三个文件。

本章小结

- 通过 extends 关键字,可将父类的成员(成员变量和成员方法)继承给子类。

- 父类有多个构造方法时，如果要调用特定的构造方法，可在子类的构造方法中，通过 super()关键字来调用。
- Java 程序在执行子类的构造方法之前，如果没有用 super()来调用父类中特定的构造方法，则会先调用父类中"没有参数的构造方法"，其目的是为了帮助继承子父类的成员做初始化操作。
- this()是在同一类内调用其他构造方法，而 super()则是从子类的构造方法调用其父类的构造方法。
- this()除了可以用来调用同一类的构造方法之外，如果同一类内的成员变量与局部变量的名称相同时，也可以利用 this 来调用同一类内的成员变量。
- this()与 super()的相似之处：①当构造方法有重载时，两者均会根据所给予的参数的类型与个数，正确地选择执行相对应的构造方法；②两者均必须编写在构造方法内的第一行，也就是因为这个原因，this()与 super()无法同时存在于同一个构造方法内。
- 除了利用 super()来调用父类的构造方法外，还利用"super.成员名"的形式来调用父类中的成员变量或成员方法。
- 把成员声明成 protected 的最大好处是可同时兼顾成员的安全性与便利性，因为它只能供父类、子类及同一包中的类来访问，而其他类型无法更改或读取它。
- "重载"是指在同一类内，定义名称相同但参数个数或类型不同的多个方法，Java 系统可根据参数的个数或类型，调用相对应的方法。
- "覆盖"是在子类当中，定义名称、参数个数与类型均与父类相同的方法，用于覆盖父类中方法的功能。
- 如果父类的方法不希望被子类的方法来覆盖，可以在父类的方法之前加上 final 关键字，这样该方法就不会被覆盖。
- final 关键字的另一作用是把它放在成员变量前面，这样该变量就变成了一个常量，因而无法在程序中的任何地方再做修改。
- 无论是自定义的类还是 Java 内置的类，所有的类均继承自 Object 类。
- 如果想知道某个对象 obj 是属于哪个类时，可用 obj.getClass()的语句来查询。
- equals()方法可用来比较两个类的变量是否指向同一个对象。
- toString()方法的功能是将对象的内容转换成字符串并返回它。
- Java 语言的抽象类是专门用来当作父类的。抽象类起到类似"模板"的作用，其目的是要用户根据它的格式来修改并创建新的类。
- 抽象类中的方法可分为两种：一种是一般的方法，另一种是以关键字 abstract 开头的"抽象方法"。抽象方法是没有定义方法体的方法，而是要保留给由抽象类派生出的子类来定义。
- 利用父类的变量数组来访问子类的内容的做法是：①先创建父类的变量数组；②利用数组元素创建子类的对象，并以它来访问子类的内容。
- 接口的结构和抽象类非常相似，它也具有数据成员与抽象方法，但它与抽象类有两点不同：①接口的数据成员都是静态的且必须初始化；②接口中的方法必须全部声明为 abstract。
- 利用接口的特性来创建一个新的类，称为接口的实现。

- Java 语言并不允许类的多重继承，但利用接口可以实现。
- 接口与一般类一样，均可通过扩展的技术来派生出新的接口。原来的接口称为基本接口或父接口；派生出的接口称为派生接口或子接口。通过这种机制，子接口不仅可以拥有父接口的成员，同时也可以添加新的成员以满足实际问题的需要。
- 如果在类 A 的内部再定义一个类 B，此时类 B 称为内部类，而类 A 则称为外部类。
- 内部类定义在类中的类；而匿名内部类是一种特殊的内部类，它没有类名，在定义类的同时就生成该类的一个对象，由于不会在其他地方用到该类，所以不用取名字。
- 匿名内部类的好处是可利用内部类创建不具名称的对象，并利用它访问类里的成员。

8 异常处理

程序在运行过程中发生错误或出现异常情况是不可避免的，因此使用编程语言开发一个完整的应用系统时，在程序中应提供对出错和异常情况进行处理的策略。

8.1 基本概念

异常（Exception）是指在程序运行中由代码产生的一种错误。在不支持异常处理的程序设计语言中，每一个运行时出现的错误必须由程序员手动控制。这样不仅给程序员增加了很大的工作量，而且这种方法本身也是很麻烦的。Java 语言中的异常处理机制避免了这些问题，在处理的过程中，把程序运行时错误的管理带到了面向对象的世界中。

8.1.1 错误与异常

在软件开发过程中，程序出现错误是不可避免的。程序中的错误按不同的性质可分为不同的种类，有些错误能够被系统在编译或运行时发现，有些错误不能被系统发现。作为程序员来说，必须及时发现并改正程序中的错误，对不同的错误采用不同的处理方式。

当程序不能正常运行或运行结果不正确时，表明程序中有错误。按照错误的性质可将程序错误分为语法错、语义错和逻辑错三种。

（1）语法错

语法错是由于违反语言的语法规则而产生的错误，如标识符未声明、表达式中运算符与操作数类型不兼容、括号不匹配、语句末尾缺少分号等。这类错误通常在编译时能被发现，并能给出错误的位置和性质，所以又称编译错误。Java 程序中的编译错误是由于编写的程序代码中存在着语法错误，而未能通过由源代码到字节码的编码过程而产生的错误。语法错误由语言的编译系统负责检测和报告。没有编译错误是一个程序能正常运行的基本条件，只有没有编译错误，Java 程序的源代码才能被编译成字节码。

（2）语义错

如果程序在语法上正确，但在语义上存在错误，如输入数据格式错、除数为 0 错、给变量赋值超出其允许范围等，这类错误称为语义错。语义错不能被编译系统检测到并发现，含有语义错的程序能够通过编译，只有到程序运行时才会发现其错误，所以语义错又称运行错。Java 解释器在运行时能够发现语义错，一旦发现语义错，Java 将停止程序运行并给出错误的位置和性质。有些语义错能够被程序事先处理，如除数为 0、数组下标越界等，程序中应设法避免产生这类错误；还有一些语义错误不能被程序事先处理，如待打开的文件不存在、网络连接中断等，这些错误的发生不由程序本身所控制，因此必须进行异常处理。

（3）逻辑错

如果程序编译通过，也可运行，但运行结果与预测结果不符，如由于循环条件不正确而没有结果、循环次数不对等因素导致的计算结果不正确等，这类错误是指程序不能实现程序员的设计意图和设计功能而产生的错误，所以称为逻辑错。系统无法找到逻辑错，所以逻辑错误最难排除。程序员必须凭借自身的程序设计经验，找出错误的原因及位置，从而改正错误。

Java 系统中根据错误严重程度的不同，而将运行错分为下面两类：错误和异常。

（1）错误

错误是指程序在执行过程中所遇到的硬件或操作系统的错误，如内存溢出、虚拟机错等。错误对于程序而言是致命的，将导致程序无法运行，而且程序本身不能处理错误，只能依靠外界干预，否则会一直处于非正常状态。例如，没有找到.class 文件，或.class 文件中没有 main() 方法等，这些错误会导致程序不能运行。

（2）异常

异常是指在硬件和操作系统正常时程序遇到的运行错。有些异常是由于算法考虑不周而引起的，也有些是由于编程过程中疏忽大意而引起的，如运算时除数为 0、操作数超出数据范围、数组下标越界、文件找不到或网络连接中断等。异常对于程序而言是非致命性的，虽然异常会导致程序非正常终止，但 Java 语言的异常处理机制使程序自身能够捕获和处理异常，由异常处理代码调整程序运行方向，使程序仍可继续运行。因此，为了加强程序的健壮性，在进行程序设计时，必须考虑到可能发生的异常事件并做出相应的处理。

由于异常是可以检测和处理的，所以就产生了相应的异常处理机制。目前大多数面向对象的语言都提供了异常处理机制，而错误处理一般由系统承担，语言本身不提供错误处理机制。

8.1.2　Java 语言的异常处理机制

1. 异常

异常是指程序在运行过程中发生由于算法考虑不周或软件设计错误等导致的程序异常事件。Java 语言提供的异常处理机制是通过面向对象的方法来处理异常的。因此，在 Java 语言中所有异常都是以类的形式存在的。除了内置的异常类之外，Java 语言也允许用户自行定义异常类。

2. 抛出异常

在一个程序运行过程中，如果发生了异常事件，则产生代表该异常的一个"异常对象"并把它交给运行系统，再由运行系统寻找相应的代码来处理这一异常。生成异常对象并把它提交给运行系统的过程称为抛出异常。异常本身作为一个对象，产生一个异常就是产生一个异常对象。这个对象可能由应用程序本身产生，也可能由 Java 虚拟机产生，这取决于产生异常的类型。异常对象中包含了异常事件类型以及发生异常时应用程序目前的状态和调用过程等必要的信息。

3. 捕获异常

抛出异常后，运行系统从生成异常对象的代码开始，沿方法的调用栈逐层回溯查找，直到找到包含相应异常处理的方法，并把异常对象提交给该方法为止，这个过程称为捕获异常。

Java 语言中定义了很多异常类，每个异常类都代表一种运行错误，类中包含了该运行错误的信息和处理错误的方法等内容。每当 Java 程序在运行过程中发生一个可识别的运行错误时，即该错误有一个异常类与之对应时，系统都会产生一个相应的该异常类的对象。一旦一个异常对象产生了，系统中就一定有相应的机制来处理它，从而保证该整个程序运行的安全性。这就是 Java 语言的异常处理机制。

异常本质上是一个在程序执行期间发生的事件，这个事件将中断程序的正常执行。当在 Java 方法内部发生异常时，这个方法就创建一个该异常的对象，并把它传递给运行时环境。创建一个异常对象并把它传递给运行时环境的过程就是抛出一个异常。运行时环境从异常发生的方法开始查找异常处理程序，如果异常处理程序捕获到的异常类型和这个程序能够处理异常的类型相同，那么这个程序就叫作合适的异常处理程序，然后异常处理机制将控制权从发生异常的程序交给能处理该异常的异常处理程序；如果没有找到合适的异常处理程序，运行时环境将终止程序执行。

简单地说，发生异常的代码可以"抛出"一个异常，运行系统"捕获"该异常并交由程序员编写的相应代码进行异常处理。

8.2 异常处理类

由于 Java 语言中定义了很多异常类，每个异常类都代表一种运行错误，所以说，Java 语言的异常类是处理运行错误的特殊类，类中包含了该运行错误的信息和处理错误的方法等内容。

在"异常"类层次上的最上层有一个单独的类叫作 Throwable，它是 java.lang 包中的一个类。这个类用来表示所有的异常信息，该类派生出两个子类 java.lang.Error 和 java.lang.Exception。其中 Error 子类由系统保留，因为该类定义了那些应用程序通常无法捕捉到的错误。Error 类及其子类的对象代表了程序运行时 Java 系统内部的错误，即 Error 类及其子类的对象是由 Java 虚拟机生成并抛出给系统，这种错误有内存溢出错、栈溢出错、动态链接错等。通常 Java 程序不对这种错误进行直接处理，而是交由操作系统处理。而 Exception 子类则是供应用程序使用的，它是用户程序能够捕捉到的异常。一般情况下，通过产生它的子类来创建自己的异常，即 Exception 类对象是 Java 程序抛出和处理的对象，它有各种不同的子类分别对应于各种不同类型的异常。由于应用程序不处理 Error 类，所以一般所说的异常都是指 Exception 类及其子类。

同其他类相同，Exception 类有自己的属性和方法，它的构造方法有两个：

```
public Exception();
public Exception(String s);
```

第二个构造方法可以接收字符串参数传入的信息，该信息通常是对该异常所对应的错误的描述。

Exception 类从父类 Throwable 那里还继承了若干方法，常用的方法有如下两个：

```
public String toString();
```

该方法返回描述当前 Exception 类信息的字符串。

public void printStackTrace();

该方法没有返回值，它的功能是完成一个输出操作，在当前的标准输出设备（一般是显示器屏幕）上输出当前异常对象的堆栈使用轨迹，即程序先后调用并执行了哪些对象或类的哪些方法，使得运行过程中产生了这个异常对象。

异常类的层次结构如图 8.1 所示。

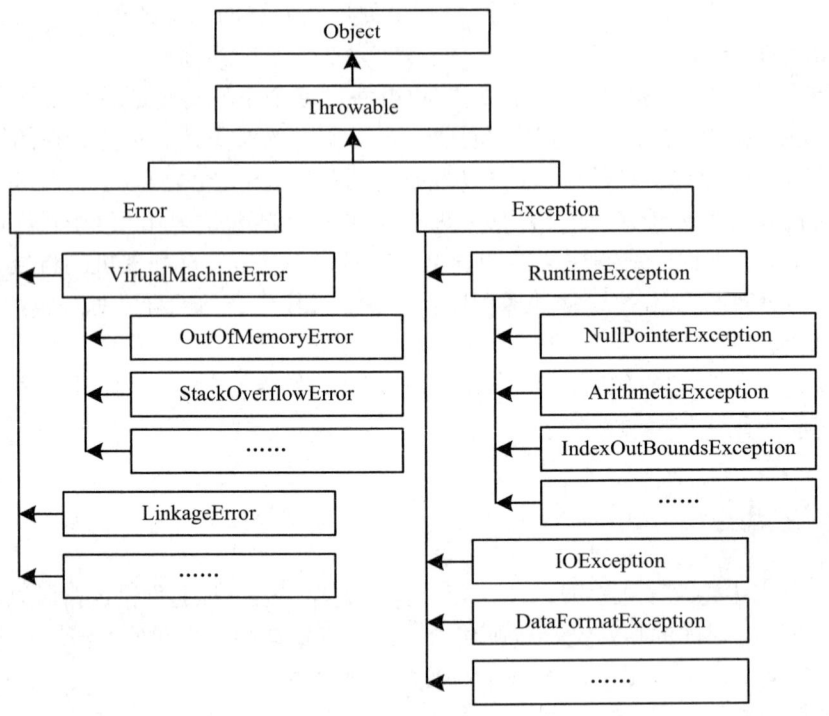

图 8.1 异常类的层次结构

Exception 类中有一个子类 RuntimeException 代表运行是异常，它是程序运行时自动地对某些错误作出反应而产生的，所以 RuntimeException 不编写异常处理的程序代码却依然可以成功编译，因为它在程序运行时才有可能产生，如除数为 0 异常、数组下标越界异常、空指针异常等。这类异常应通过程序调试尽量避免而不是使用 try-catch-finally 语句去捕获它。

除 RuntimeException 之外，其他则是非运行时异常，这种异常经常是在程序运行过程中由环境原因造成的异常，如输入输出异常、网络地址不能打开、文件未找到等。这类异常必须在程序中使用 try-catch-finally 语句去捕获它并进行相应的处理，否则不能通过编译。这是因为 Java 编译器要求 Java 程序必须捕捉或声明所有的非运行时异常，如果程序不加以捕捉，Java 编译器则会给出编译错误信息。在非运行时异常类中最常用的是 IOException 类，所有使用输入输出相关命令的情况都必须处理 IOException 所发生的异常。

总之，程序处理的错误与异常有三种：一是程序不能处理的错误；二是程序应避免而可以不去捕获的运行时异常；三是必须捕获的非运行时异常。

8.3 异常的处理

在 Java 语言中,异常处理是通过 try、catch、finally、throw、throws 五个关键词来实现的。异常处理的理论似乎很繁琐,但实际使用时并不复杂。

1. 异常的产生

下面通过一个例子来看异常产生到捕获并处理的过程。

【例 8.1】 输出一个数组的所有元素,捕获数组下标越界异常和除数为 0 异常。

```java
//filename: app8_1.java
public class app8_1
{
    public static void main(String[] args)
    {
        int i;
        int[] a={1,2,3,4};
        for(i=0;i<5;i++)
            System.out.println(" a["+i+"]="+a[i]);
        System.out.println("5/0"+(5/0));
    }
}
```

程序运行结果为:

```
a[0]=1
a[1]=2
a[2]=3
a[3]=4
Exception in thread "main" java.lang.ArrayIndexOutOfBoundsException: 4
        at app8_1.main(app8_1.java:9)
```

该程序中定义了只有 4 个元素的数组 a,下标为 0~3。程序运行时,正常执行了前 4 次循环,但在执行第 5 次循环并试图输出 a[4]时,Java 抛出一个异常对象,系统报告了异常对象的类型(java.lang.ArrayIndexOutOfBoundsException:数组下标越界异常类)及异常发生所在的方法(app8_1.main),所以程序终止运行。这是因为在循环中要访问 a[4],而下标为 4 的数组元素不存在,这就会产生一个数组下标越界异常。程序中的语句"System.out.println("5/0"+(5/0));"因除数为 0 将会产生一个算术异常(ArithmeticException),由于程序在此之前终止,所以该行语句并没有执行到。

2. 使用 try-catch-finally 语句捕获和处理异常

一般来说,系统捕获抛出异常对象并输出相应的信息,同时终止程序的运行,导致其后的程序无法运行。这其实并不是用户所期望的,因此就需要能让程序来接收和处理异常对象,从而不会影响其他语句的执行,这就是捕获异常的意义所在。当一个异常被抛出时,应该有专门的语句来接收这个被抛出的异常对象,这个过程就是捕获异常。当一个异常类的对象被捕获或接收后,用户程序就会发生流程跳转,系统终止当前的流程而跳转到专门的异常处理语句块,或直接跳出当前程序和 Java 虚拟机回到操作系统。

在 Java 语句的异常处理机制中,提供了 try-catch-finally 语句来捕获和处理一个或多个异常,其语法格式如下:

```
try
{
    要检查的语句序列         } try 块
}
catch(异常类名 形参对象名)
{
    异常发生时的处理语句序列   } catch 块
}
finally
{
    一定会运行的语句序列      } finally 块
}
```

其中"要检查的语句序列"是可能产生异常的代码;"异常发生时的处理语句序列"是捕获到某种异常对象时进行处理的代码,catch 后面括号内的"形参对象名"为相应"异常类"的对象,其中"异常类"指的是由程序抛出的异常对象所属的类;"一定会运行的语句序列"是其必须执行的代码,无论是否捕获到异常。

try-catch-finally 语句的功能与处理异常的顺序如下:try 块中的代码可能会抛出一个或多个异常,如果发生异常,则程序的运行便中断,并抛出由"异常类"所产生的"对象"。同时,该代码块也指定了它后面的 catch 语句所捕获的异常类型,try 语句块用来启动 Java 的异常处理机制。可能抛出异常的语句包括 throw 语句、调用可能抛出异常的方法的方法调用语句,都应该包含在这个 try 语句块中;catch 语句块紧跟在 try 语句块的后面,用来指定要捕获的异常类型,当 try 语句块中的某条语句在执行时一旦出现异常,此时被启动的异常处理机制就会自动捕获到它,然后流程自动跳过产生异常的语句后面的所有尚未执行的语句,系统就直接跳到 catch 语句中,查看是否为匹配的异常类。若抛出的异常对象属于 catch 后面括号内欲捕获的异常类,则 catch 会捕获异常,然后进入 catch 块内继续执行;无论 try 程序块是否捕获到异常,或捕获到的异常是否与 catch 后面括号中的异常相同,最后一定会运行 finally 块中的程序代码;finally 块中的代码运行结束后,程序再转到 try-catch-finally 块之后的语句继续运行。

3. 多异常处理

catch 块紧跟在 try 块的后面,用来接收 try 块可能产生的异常,一个 catch 语句块通常会用同种方式来处理它所接收到的所有异常。但是实际上一个 try 块可能产生多种不同的异常,如果希望能采取不同的方法来处理这些不同的异常,就需要使用多异常处理机制。多异常处理是通过在一个 try 块后面定义若干个 catch 块来实现的,每个 catch 块用来接收和处理一种特定的异常对象。

当 try 块抛出一个异常时,程序的流程首先转向第一个 catch 块,并审查当前异常对象可否被这个 catch 块所接收,能接收是指异常对象与 catch 后面圆括号中的参数类型相匹配,即 catch 所处的异常类型与生成的异常对象的类型完全一致或者是它的祖先类(catch 括号中的异常类型应对应所产生的异常类或该异常类的祖先类)。如果 try 块产生的异常对象被第一个 catch 块所接收,则程序的流程将直接跳转到这个 catch 语句块中,try 块中尚未执行的语句和其他的 catch 块将被忽略。如果 try 块产生的异常对象与第一个 catch 块不匹配,系统将自动转到第二个 catch 块进行匹配。如果第二个仍不匹配,就转向第三个,以此类推,直到找到一个可以接收该异常对象的 catch 块,即完成流程的跳转。

如果所有的 catch 块都不能与当前的异常对象匹配，则说明当前方法不能处理这个异常对象，程序流程将返回到调用该方法的上层方法。如果这个上层方法中定义了与所产生的异常对象相匹配的 catch 块，流程就跳转到这个 catch 块中，否则继续回溯更上一层的方法。如果所有方法中都找不到适合的 catch 块，则由 Java 运行系统来处理这个异常对象，此时通常会终止程序的执行，退出 JVM 返回到操作系统，并在标准输出设备上输出相应的异常信息。

在另一种完全相反的情况下，假设 try 块中的所有的语句都没有引发异常，则所有的 catch 块都被忽略而不予执行。

【例 8.2】使用 try-catch-finally 语句对程序中产生的异常进行捕获与处理。

```java
//filename：app8_2.java
public class app8_2
{
    public static void main(String[] args)
    {
        int i;
        int[] a={1,2,3,4};
        for(i=0;i<5;i++)
        {
            try
            {
                System.out.print("a["+i+"]/"+i+"="+(a[i]/i));
            }
            catch(ArrayIndexOutOfBoundsException e)
            {
                System.out.print("捕获到了数组下标越界异常");
            }
            catch(ArithmeticException e)
            {
                System.out.print("异常类名称是："+e);
            }
            catch(Exception e)
            {
                System.out.println("捕获"+e.getMessage()+"异常！ ");
            }
            finally
            {
                System.out.println("    finally   i="+i);
            }
        }
        System.out.println("继续！！ ");
    }
}
```

程序运行结果为：

```
异常类名称是：java.lang.ArithmeticException: / by zero        finally   i=0
a[1]/1=2       finally   i=1
a[2]/2=1       finally   i=2
a[3]/3=1       finally   i=3
捕获到了数组下标越界异常        finally   i=4
继续！！
```

该程序运行时，第一次循环时就捕获到了算术异常，并且是被第二个 catch 语句所捕获到的，因此后面的 catch 语句就不再起作用。同样，在执行第五次循环时，数组下标越界异常被捕获到，而这个异常是被第一个 catch 语句捕获到，因此后面的 catch 语句也不再起作用。同时，捕获到异常后，其他语句仍然可以正常运行，直到整个程序结束。catch 后面的括号内的异常类后边都有一个变量 e，其作用是如果捕获到异常，则 Java 会利用异常类创建一个相应类类型的变量 e，利用此变量便能进一步提取有关异常的信息。事实上，可以将 catch 括号里的内容想象成是方法的参数，因此变量 e 就是相应异常类的变量，如本例的第二个和第一个 catch 块。当然在 catch 块中也可以不使用相应的异常类变量 e，如本例的第一个 catch 块就是如此。

说明：

（1）异常捕获的过程中做了两个判断：第一个是 try 程序块中是否有异常产生，第二个是产生的异常是否和 catch 后面的括号内欲捕获的异常类型匹配。

（2）catch 块中的语句应根据异常类型的不同而执行不同的操作，比较通用的做法是输出异常的相关信息，包括异常名称、产生异常的方法名等。

（3）由于异常对象与 catch 块的匹配是按照 catch 块的先后顺序进行的，所以在处理多异常时应注意认真设计各 catch 块的排列顺序。一般地，将处理较具体、较常见异常的 catch 块放在前面，而可以与多种异常类型相匹配的 catch 块应放在较后的位置。若将子类异常的 catch 语句块放在父类异常 catch 语句块的后面，则编译不能通过。

（4）当在 try 块中的语句抛出一个异常时，其后的代码不会被执行。所以可以通过 finally 语句块来为异常处理提供一个统一的出口，使得在流程跳转到程序的其他部分以前能够对程序的状态进行统一的管理，所以 finally 语句块经常用于对一些资源做清理工作，如关闭打开的文件等。

（5）finally 块是可以省略的，若省略 finally 块，则在 catch 块结束后，程序跳转到 try-catch-finally 块之后的语句继续运行。

（6）当 catch 块中含有 System.exit(0)语句时，则不执行 finally 块中的语句，程序直接终止；当 catch 块中含有 return 语句时则执行完 finally 块中的语句后再终止程序。

8.4 抛出异常

在捕获一个异常前，必须有一段代码生成一个异常对象并把它抛出。根据异常类型的不同，抛出异常的方法也不相同，如下所述。

- 系统自动抛出的异常。
- 指定方法抛出的异常。

所有系统定义的运行时异常都可以由系统自动抛出。而指定方法抛出异常需要使用关键字 throw 或 throws 来明确指定的方法内抛出异常。如用户程序自定义的异常不可能依靠系统自动抛出，这种情况就必须借助于 throw 或 throws 语句来定义何种情况算是产生了此种异常对应的错误，并应该抛出这个异常。

1. 抛出异常的方法与调用方法处理异常

在前面的几个异常处理的例子中，异常的产生和处理都是在同一个方法中进行的。也就是说，异常的处理是在产生异常的方法中进行的。但在实际编程中，有时并不需要由产生异的方法自己处理,而需要在该方法之外进行处理,此时该方法应声明抛出异常,而由该方法的调用者负责处理。这时与异常有关的方法有两个:抛出异常的方法和处理异常的方法。

(1)抛出异常的方法

如果一个方法内部的语句在执行时可能引发某种异常,但是并不能确定如何处理,则此方法应声明抛出异常,表明该方法将不对这些异常进行处理,而由该方法的调用者负责处理。也就是说,方法中的异常没有用 try-catch 语句捕获异常和处理异常的代码。一个方法声明抛出异常有两种方式:

方式一:在方法体内使用 throw 语句抛出异常对象,其语法格式为:

throw 由异常类所产生的对象;

其中"由异常类所产生的对象"是一个从 Throwable 派生的异常类对象。

方式二:在方法头部添加 throws 子句表示方法将抛出异常。带有 throws 子句的方法声明格式如下:

[修饰符] 返回值类型 方法名([参数列表]) throws 异常类列表

其中,throws 是关键字,"异常类列表"是方法中要抛出的异常类,当异常类多于一个的时候,要用逗号隔开。

说明:通过这两种方式抛出异常,在方法中不必编写 try-catch-finally 程序段,而交由调用此方法的程序来处理。当然在这两种情况下,也可以在本方法内用 try-catch-finally 语句来处理异常。

(2)由调用方法处理异常

由一个方法抛出异常后,该方法内又没有处理异常的语句,则系统就会将异常向上传递,由调用它的方法来处理这些异常。若上层调用方法中仍没有处理异常的语句,则可以再往上追溯到更上层,这样可以一层一层地向上追溯,可一直追溯到 main()方法,这时 JVM 肯定要处理的,这样编译就可以通过了。也就是说,如果某个方法声明抛出异常,则调用它的方法必须捕获并处理异常,否则会出现错误。

下面通过几个不同的例子来介绍方法内抛出异常的不同处理方式。

【例 8.3】使用 throw 语句在方法内抛出异常,并在同一方法内进行相应的异常处理。

```java
//filename: app8_3.java
public class app8_3
{
    public static void main(String[] args)
    {
        int a=5,b=0;
        try
        {
            if(b==0)
                throw new ArithmeticException();
            else
                System.out.print(a+"/"+b+"="+a/b);
        }
        catch(ArithmeticException e)
        {
            System.out.println("异常:"+e+"被抛出了!");
            e.printStackTrace();
```

            }
        }
}
```

程序运行结果为：

```
java.lang.ArithmeticException
异常：java.lang.ArithmeticException 被抛出了！
        at app8_3.main(app8_3.java:10)
```

在抛出异常时，throw 关键字所抛出的是由异常类所产生的对象，"throw new ArithmeticException();"语句必须使用 new 运算符来产生对象。printStackTrace()方法输出当前异常对象的堆栈使用轨迹。

该例中由于是故意从 try 块内抛出系统定义的运行异常（ArithmeticException）。事实上若不使用 throw 关键字来抛出此异常，系统还是会自动抛出，即在 try 块内只写一条语句"System.out.print(a+"/"+b+"="+a/b);"，则程序的运行结果仍然相同，所以说在程序代码中抛出系统定义的运行时异常并没有太大的意义，通常从程序代码中抛出的是自己编写的异常，因为系统并不会自动抛出它们。

【例 8.4】求命令行方式中输入的整数 n 的阶乘 n!，并捕获可能出现的异常。

可能出现的异常有如下几种情况：一是程序运行时，命令行没有提供参数，但由于程序中引用了 args[0]，这时将产生数组下标越界异常 ArrayIndexOutOfBoundsException；二是命令行中提供的参数不能转换成 int 型数据，此时程序调用 Integer.parseInt(args[0])方法时，将产生数据格式异常 NumberFormatException；三是命令行提供的参数 n 是负数，则无法计算 n!，为此程序中还要对 n 是否为负数进行判断，如果 n 是负数，在方法中抛出无效参数异常 IllegalArgumentException，还需对 IlleageArgumentException 异常进行捕获。通过上面的分析，编写程序代码如下：

```java
//filename：app8_4.java
public class app8_4
{
    public static double multi(int n)
    {
        if(n<0)
            throw new IllegalArgumentException("求负数阶乘异常");
        double s=1;
        for(int i=1;i<=n;i++)    s=s*i;
        return s;
    }
    public static void main(String[] args)
    {
        try
        {
            int m=Integer.parseInt(args[0]);
            System.out.println(m+"!="+multi(m));
        }
        catch(ArrayIndexOutOfBoundsException e)
        {
            System.out.println("命令行中没提供参数！");
        }
```
```

```
            catch(NumberFormatException e)
            {
              System.out.println("应输入一个【整数】！");
            }
            catch(IllegalArgumentException e)
            {
              System.out.println("出现的异常是："+e.toString());
            }
            finally
            {
              System.out.println("程序运行结束！！");
            }
       }
    }
```

程序运行结果为：

出现的异常是：java.lang.IllegalArgumentException: 求负数阶乘异常
程序运行结束！！

该程序的运行结果的前提条件是在命令行中输入了一个负数。在输出的信息中"求负数阶乘异常"是由于在抛出异常时使用的"throw new IllegalArgumentException("求负数阶乘异常");"是在原来异常信息的基础上追加的。如果将"IllegalArgumentException("求负数阶乘异常");"改为"IllegalArgumentException("");"，将没有此追加信息。

由于在 main()方法中的语句"m=Integer.parseInt(args[0]);"可能会引起两种异常：一种是由于使用的参数 args[0]要求运行程序时在命令行输入一个参数，如果没有输入参数，将引发 ArrayIndexOutOfBoundsException 异常；另一种可能的异常是"Integer.parseInt(args[0])"语句要求 args[0]的值应是整数，否则将引发 NumberFormatException 异常。因此需对这两种异常进行捕获。除此之外，主方法 main()中还调用了 multi()方法，该方法通过语句"throw new IllegalArgumentException("求负数阶乘异常");"抛出 IllegalArgumentException 异常，但该方法没有对这个异常进行捕获，所以在主方法 main()中还要对该异常进行捕获。由此可见，如果一个方法没有对该方法中可能出现的异常进行捕获，则调用该方法的方法应该对其可能出现的异常进行捕获。

【例8.5】利用命令行参数提供一个成绩，若提供的成绩超过 2 位（设成绩最高为 99 分），在 check()方法头部用 throws 语句抛出空指针异常给调用方法去处理；若给出的参数中含有非数字，则在 check()方法内用 throw 语句抛出数值格式异常给调用方法去处理；若命令行中没有提供参数，则在主方法 main()中进行异常处理。

```
//filename: app8_5.java           使用 throws 语句在方法之中抛出异常
public class app8_5
{
    static void check(String str1) throws NullPointerException   //方法头抛出空指针异常
    {
       if(str1.length()>2)           //如果字符串参数 str 的字符长度大于 2
       {
         str1=null;                  //则字符串参数赋值为空
         System.out.println(str1.length());   //试图输出空串的长度会抛出空指针异常
       }
       char ch;
```

```java
        for (int i=0;i<str1.length();i++)
        {
            ch=str1.charAt(i);
            if(!Character.isDigit(ch))              //判断参数中字符是否为数字
                throw new NumberFormatException();  //方法中抛出数值格式异常
        }
    }
    public static void main(String[] args) throws Exception   //抛出异常给系统处理
    {
        int num;
        try
        {
            check(args[0]);
            num=Integer.parseInt(args[0]);
            if (num>60)
                System.out.println("成绩为："+num+"  及格");
            else
                System.out.println("成绩为："+num+"  不及格");
        }
        catch(NullPointerException e)
        {
            System.out.println("空指针异常："+e.toString());
        }
        catch (NumberFormatException ex)
        {
            System.out.println("输入的参数不是数值类型");
        }
        catch (Exception e)
        {
            System.out.println("命令行中没有提供参数");
        }
    }
}
```

如果程序运行时输入命令"java app8_5 345"，则程序运行结果为：

空指针异常：java.lang.NullPointerException

该程序定义 check()方法的同时指明可能抛出空指针异常：NullPointerException。也就是说，在系统运行时若提供的命令行参数的长度超过 2 个字符，则该方法抛出 NullPointerException 异常。同样，在系统运行时若提供的命令行参数不是数值类型，则方法抛出 NumberFormatException 异常。注意，check()方法本身并不处理这两个异常，仅仅只是将相应的异常抛出而已，且一个是在方法头部用关键字 throws 抛出，一个是在方法的内部用关键字 throws 抛出。因此，就必须要在调用它的方法中捕获此异常，所以在 main()方法中定义了处理这两种异常的方式。

当程序运行时若没有提供命令行参数，则主方法将会抛出异常，该异常的类型由主方法 main()声明后面所使用的 throws 语句指明，因此主方法抛出的异常由最后一个 catch 语句捕获到，然后输出"命令行中没有提供参数"。

2. 由方法抛出异常交系统处理

对于程序需要处理的异常，一般编写 try-catch-finally 语句捕获并处理，而对于程序中无法处理必须交由系统处理的异常，由于系统直接调用的是主方法 main()，所以可以在主方法头部使用 throws 子句声明抛出异常交由系统处理。比如下面的程序，编译能通过，程序运行也没问题。

```java
import java.io.*;
public class Test
{
public static void main(String[] args)
{
FileInputStream fis=new FileInputStream("autoexec.bat");
    }
}
```

针对 IOException 类的异常处理，编写的方式有三种：

- 直接由主方法 main()抛出异常，让 Java 默认的异常处理机制来处理，即若在主方法 main()内没有使用 try-catch 语句捕获异常，则必须在声明主方法 main()头部的后面加上"throws IOException"子句。
- 在程序代码内编写 try-catch 块来捕获由系统抛出的异常，如此则不用指定"main() throwsIOException"抛出异常了。
- 既可在 main()方法头部的后面使用"throws IOException"抛出异常，也可以在程序中使用 try-catch 块来捕获由系统抛出的异常。

【例 8.6】将输入的字符串中的小写字母转换成大写，若用户没有输入数据，则给出提示信息。

```java
//filename: app8_6.java          利用 IOException 的异常处理
import java.io.*;
public class app8_6
{
  public static void main(String[] args) throws IOException
  {
    String str;
    BufferedReader buf;
    buf=new BufferedReader(new InputStreamReader(System.in));
    while (true)
    {
      try
      {
        System.out.print("请输入字符串：");
        str=buf.readLine();
        if (str.length()>0)
          break;
        else
          throw new IOException();
      }
      catch (IOException e)
      {
        System.out.println("必须输入字符串!!");
        continue;
      }
```

```
        }
        String s=str.toUpperCase();
        System.out.println("转换后的字符串为："+s);
    }
}
```

该程序在运行时，若直接按 Enter 键，则表示输入的字符串长度为 0，因此抛出异常，然后被 catch 语句捕获，输出"必须输入字符串！！"后返回到循环头要求重新输入数据。

8.5 自定义异常类

系统定义的异常类主要用来处理系统可以预见的较常见的运行时错误，对于某个应用程序所特有的运行时错误，则需要编程人员根据程序的特殊逻辑关系在用户程序里自己创建用户自定义的异常类和异常对象。这种用户自定义的异常类主要用来处理用户程序中可能产生的逻辑错误，使得这种错误能够被系统及时地识别并处理，而不致扩散产生更大的影响，从而使用户程序有更好的容错性能，并使整个系统更加稳定。

创建用户自定义异常时，一般需完成如下工作：

（1）声明一个新的异常类，用户自定义的异常类必须是 Throwable 类的直接或间接子类，Java 推荐用户自定义的异常类以 Exception 为直接父类，也可以使用某个已经存在的系统异常类或用户已自定义的异常类为其父类。

（2）为用户自定义的异常类定义属性和方法，或覆盖父类的属性和方法，使这些属性和方法能够体现该类所对应的错误信息。习惯上是在自定义异常类中加入两个构造方法，分别是没有参数的默认构造方法和含有字符串型参数的构造方法。

只有定义了异常类，系统才能识别特定的运行错误，才能及时地控制和处理运行错误。所以定义足够多的异常类是构建一个稳定完善的应用系统的重要基础之一。

用户自定义的异常不能由系统自动抛出，而必须借助于 throw 语句来定义何种情况算是产生了此类异常对应的错误，并应该抛出这个异常类的对象。

【例 8.7】计算圆面积时，圆半径不允许是负值，因此自定义一个半经为负值的异常类 CircleException。若给定圆半径为负时，则抛出相应的异常并捕获与处理。

```
//filename: app8_7.java
class CircleException extends Exception    //自定义异常类
{
    double radius;
    CircleException(double r)
    {
        radius = r;
    }
    public String toString()
    {
        return "半径 r="+radius+"不是一个正数";
    }
}
class Circle          //定义 Circle 类
{
```

```java
        private double radius;
        public void setRadius(double r) throws CircleException     //由方法抛出异常
        {
            if(r<0)
                throw new CircleException(r);                       //抛出异常
            else
                radius=r;
        }
        public void show()
        {
            System.out.println("圆面积="+3.14*radius*radius);
        }
    }
    public class app8_7
    {
        public static void main(String[] args)
        {
            Circle cir=new Circle();
            try
            {
                cir.setRadius(-2.0);    //捕获由 setRadius()方法抛出的异常
            }
            catch(CircleException e)
            {
                System.out.println("自定义异常："+e.toString()+"");
            }
            cir.show();
        }
    }
```

程序运行结果为：

自定义异常：半径 r=-2.0 不是一个正数
圆面积=0.0

该程序自定义了 CircleException 异常类，其父类是 Exception，因继承的关系，该类已具备了异常处理的功能。在自定义异常类 CircleException 中定义了两个方法，一个是构造方法 CircleException()，另一个是 toString()方法。在 Circle 类中的 setRadius()方法可能抛出 CircleException 异常，抛出异常条件是当半径小于 0 时，捕获由 setRadius()方法抛出的异常。

通过本章的讨论，可以看出对异常的处理不外乎两种方式：
- 在方法内使用 try-catch 语句来处理方法本身所产生的异常。
- 如果不想在当前方法中使用 try-catch 语句来处理异常，可在方法声明的头部使用 throws 语句或在方法内部使用 throw 语句将它送往上一层调用机构去处理。

对于非运行时异常，Java 要求必须进行捕获并处理，而对运行时异常则不必，可以交给 Java 运行时系统来处理。

本章小结

- 异常类可分为两大类：java.lang.Exception 与 java.lang.Error。

- 程序代码没有编写处理异常时，Java 语言的默认异常处理机制是：①抛出异常；②停止程序的执行。
- 当异常发生时，有两种处理方式：①交由 Java 语言默认的异常处理机制制作处理；②自行编写 try-catch-finally 语句块来捕获异常。
- try 语句块若有异常发生时，程序的运行便会中断，抛出"由异常类所产生的对象"，并按下列步骤来运行：①抛出的对象如果属于 catch()括号内所欲捕获的异常类，catch 会捕获此异常，然后进入 catch 语句块继续运行；②无论 try 语句块是否捕获异常，或者捕获的异常是否与 catch()括号中的异常相匹配，最后一定会运行 finally 语句块中的程序代码；③finally 块运行结束后，程序转到 try-catch-finally 语句块之后的语句继续运行。
- RuntimeException 可以不编写异常处理的程序代码，仍然可以编译成功，它是在程序运行时才有可能发生；而 IOException 一定要进行捕获处理才行，它通常用来处理与输入输出有关的操作。
- catch()括号内只接收由 Throwable 类的子类所产生的对象，其他类均不接收。
- 抛出异常有下列两种方式：①系统自动抛出异常；②指定方法抛出异常。
- 若方法中没有使用 try-catch 语句来处理异常，可在方法声明的头部使用 throws 语句或在方法内部使用 throw 语句将它送往上一层调用机构去处理。即如果一个方法可能会抛出异常，则可将处理此异常的 try-catch-finally 块写在调用此方法的程序块内。

9 I/O 技术与文件处理

I/O（输入输出）是指程序与外部设备或其他计算机进行交互的操作。几乎所有的程序都具有输入与输出操作，比如从键盘上读入数据、从文件读取数据和向文件写入数据等。通过输入与输出操作可以从外界接收信息，或者是把信息传递给外界。Java 语言把这些输入与输出操作通过流来实现，用统一的接口来表示，从而使程序设计简单明了。

9.1 输入输出类库

Java 语言的输入输出功能必须借助输入输出包 java.io 来实现，Java 开发环境提供了丰富的流类来完成从基本的输入输出到文件操作。利用 java.io 包中所提供的输入输出类，Java 程序不但可以很方便地实现多种输入输出操作，而且还可以实现对复杂的文件与文件夹的管理。

9.1.1 流的概念

流（Stream）是指计算机各部件之间数据的流动。按照数据的传输方向，流可分为输入流与输出流。从流的内容上划分，流分为字节流和字符流。Java 语言里的流中的数据既可以是未经加工的原始二进制数据，也可以是经过一定编码处理后符合某种规格的特定数据。即流是由位组合或字符所构成的序列，如字符流序列、数字流系列等。用户可以通过流来读写数据，甚至可以通过流连接数据源，并将数据以字符或位组合的形式保存。

1. 输入输出流

在 Java 语言中，把不同类型的输入输出源（屏幕、键盘、文件、网络等）抽象为流，而其中输入或输出的数据称为数据流（Data Stream），用统一的方式来表示，从而使程序设计简单明了。数据流分为输入流和输出流两大类。将数据从外设（如鼠标、键盘等）或外存（如文件等）传递到应用程序的流称为输入流（Input Stream）；将数据从应用程序传递到外设（如屏幕、打印机等）或外存（如文件等）的流称为输出流（Output Stream）。对于输入流只能从其读取数据而不能向其写入数据，同样对于输出流只能向其写入数据而不能从其读取数据。数据流是 Java 程序发送和接收数据的一个通道。通常应用程序中使用输入流读出数据，输出流写入数据，就好像数据流入到程序或从程序中流出。也就是说程序接收数据时，可以认为是读数据流，而程序发送数据时可以认为是写数据流。

采用数据流来处理输入与输出的目的是使得程序的输入输出操作独立于相关设备。因为每个设备的实现细节由系统执行完成，所以程序中不需要关注这些细节问题，这使得一个程序能够用于多种输入输出设备，不需要对源代码做任何修改。也就是说，对任何设备的输入输出，只要针对流做处理就可以了，从而增强了程序的可移植性。

流式输入输出的最大特点是数据的获取和发送是沿着数据序列顺序进行，每一个数据都必须等待排在它前面的数据被读入或被送出之后才能被读写，每次读写操作处理的都是序列中剩余的未读写数据中的第一个，而不能随意地选择输入输出的位置。

对流序列中不同性质和格式的数据以及不同的传输方向，Java 语言的输入输出类库中有不同的流类来实现相应的输入输出操作。

2. 缓冲流

对数据流的每次操作若都是以字节为单位进行的，即向输出流写入一个字节，或从输入流中读取一个字节，显然这样的数据传输效率很低。为了提高数据的传输效率，通常使用缓冲流（Buffered Stream），即为一个流配有一个缓冲区（Buffer），这个缓冲区就是专门用于传送数据的一块内存。

当向一个缓冲流写入数据时，系统将数据发送到缓冲区，而不是直接发送到外部设备。缓冲区自动记录数据。当缓冲区满时，系统将数据全部发送到相应的外部设备。

当从一个缓冲流中读取数据时，系统实际是从缓冲区中读取数据。当缓冲区空时，系统就会从相关的外部设备自动读取数据，并读取尽可能多的数据填满缓冲区。由此可见，缓冲流提高了内存与外部设备之间的数据传输效率。

9.1.2　输入输出流类库

为了方便流的处理，Java 语言的流类都封装在 java.io 包中，所以要使用流类，必须导入 java.io 包。在该包中的每一个类都代表一种特定的输入流或输出流。这些流完成各种不同的功能，用户通过输入输出流类。可将各种格式的数据均视为流来处理，因而使得 Java 程序对于数据的读写方式更为一致。输入输出流根据处理数据的类型分为两种：一种是字节流（Byte Stream），另一种是字符流（Character Stream）。它们处理信息的基本单位分别是字节和字符。字节流每次读写 8 位二进制数，由于它只能将数据以二进制的原始方式读写，而不能分解、重组和理解（即可以使之变换、恢复到原来的有意义的状态）这些数据，因此字节流又被称为二进制字节流（Binary Byte Stream）或位流（Bits Stream）；而字符流一次读写 16 位二进制数，并将其作为一个字符而不是二进制数来处理。

字符流是针对字符数据的特点进行过优化的，因而提供了一些面向字符的有用的特性。字符流的源或目标通常是文本文件。Java 中的字符使用的是 16 位 Unicode 编码，每个字符占有两个字节。字符流可以实现 Java 程序中的内部格式与文本文件、显示输出、键盘输入等外部格式之间的转换。

很多情况下，数据源或目标中含有非字符数据，例如 Java 编译器产生的字节码文件中含有 Java 虚拟机的指令。这些信息不能被解释成字符，所以必须用字节流来输入输出。

在 java.io 包中有四个基本类：InputStream、OutputStream 及 Reader、Writer 类，它们分别处理字节流和字符流。它们之间的关系如下：

输入输出流 { 字节流：处理字节数据（基本类型为 InputStream、OutputStream）

字符流：处理字符数据（基本类型为 Reader、Writer）

定义在 java.io 包中的输入输出类，其层次结构如图 9.1 所示。

在图 9.1 中，InputStream、OutputStream、Reader 与 Writer 是抽象类，用于数据流的输入输出。

在流的输入输出操作中，InputStream 和 OutputStream 类通常是用来处理"位流"（Bit Stream），这种流通常被用来读写诸如图片、音频之类的二进制数据，也就是二进制文件，但也可以处理文本文件；而 Reader 与 Writer 类则是用来处理"字符流"（Character Stream），也就是文本文件。

由于 InputStream、OutputStream、Reader 与 Writer 是抽象类，所以一般而言，并不会直接使用这些类，因为不能表明它们具体对应哪种 I/O 设备。通常是根据这些类所派生的子类来对文件处理，因为这些子类与具体的 I/O 设备相对应。

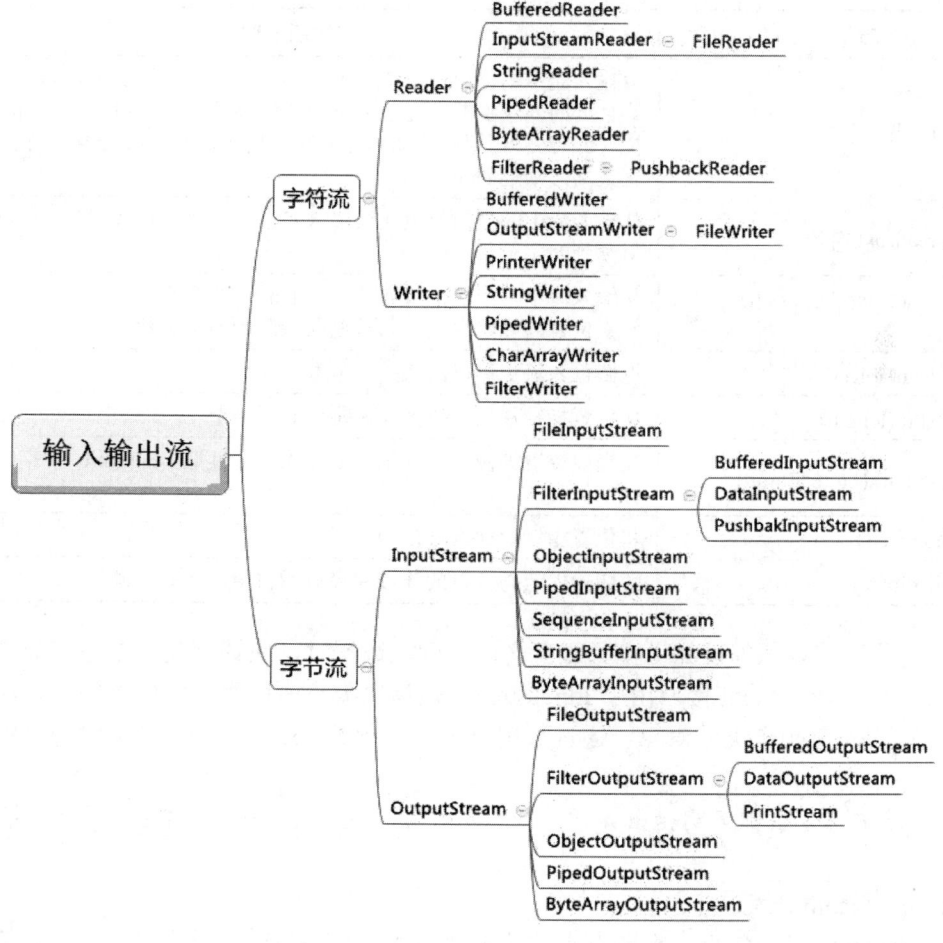

图 9.1　输入输出流的类层次结构图

9.2 使用 InputStream 和 OutputStream 流类

InputStream 和 OutputStream 类在 Java 语言中用来处理以位（Bit）为单位的流，它除了可以用来处理二进制文件（Binary File）的数据之外，也可以用来处理文本文件。

注意：虽然字节流可以操作文本文件，但不提倡这样做，因为如果文件中有汉字，用字节流操作文本文件可能会出现乱码。这是由字节流不能直接操作 Unicode 字符所致。因此 Java 语言不提倡使用字节流读写文本文件，而建议使用字符流操作文本文件。

9.2.1 基本的输入输出流

1. InputStream 流类

InputStream 流类中包含一套所有字节输入都需要的方法，可以完成基本的从输入流读入数据的功能。其中常用的方法及功能如表 9.1 所示。

表 9.1 InputStream 类的常用方法及功能

方法	功能说明
public int read()	从输入流中的当前位置读入 1 个字节（8 位）的二进制数据，然后以此数据为低位字节，配上 8 位全 0 的高位字节合成一个 16 位的整型量（0～255），返回给调用此方法的语句，若输入流中的当前位置没有数据，则返回-1
public int read(byte[] b)	从输入流中的当前位置连续读入多个字节保存在数组 b 中，同时返回所读到的字节数
public int read(byte[] b,int off, int len)	从输入流中的当前位置连续读入 len 个字节，从数组 b 的第 off+1 个元素位置处开始存放，同时返回所读到的字节数
public int available()	返回输入流中可以读取的字节数
public int skip(long n)	使位置指针从当前位置向后跳过 n 个字节
public void mark(int readlimit)	在当前位置处做一个标记，在输入流中读取 readlimit 个字节数后该标记失效
public void reset()	将位置指针返回到标记的位置
public void close()	关闭输入流与外设的连接并释放所占用的系统资源

当 Java 程序需要从外设如键盘、磁盘文件等读入数据时，应该创建一个适当类型的输入流对象来完成与该外设的连接。由于 InputStream 是抽象类，所以程序中创建的输入流对象一般是 InputStream 某个子类的对象，通过调用该对象继承的 read()方法来实现对外设的输入操作。

注意：流中的方法都声明抛出异常，所以程序中调用流方法时必须处理异常，否则编译不能通过。

2. OutputSteam 流类

OutputSteam 流类中包含一套所有字节输出都需要的方法，可以完成最基本的向输出流写入数据的功能，其中常用的方法及功能如表 9.2 所示。

表 9.2　OutputStream 类的常用方法及功能

方法	功能说明
public void write(int b)	将参数 b 的低位字节写入到输出流
public void write(byte[] b)	将字节数组 b 中的全部字节按顺序写入到输出流
public void write(byte[] b,int off,int len)	将字节数组 b 中第 off+1 个元素开始的 len 个数据顺序写入输出流
public void flush()	强制清空缓冲区并执行向外设写操作
public void close()	关闭输出流与外设的连接并释放所占用的系统资源

flush()方法说明：对于缓冲流式输出，write()方法所写的数据并没有直接传到与输出流相连的外设上，而是先暂时存放在流的缓冲区中，等到缓冲区的数据积累到一定的数量再执行一次向外设的写操作，把它们全部写到外设上。这样处理可以降低计算机对外设的读写次数，提高系统效率。但是在某些情况下，缓冲区中的数据不满时就需要将它们写到外设上，此时应使用 flush()方法强制清空缓冲区并执行外设的写操作。

当 Java 程序需要向外设如屏幕、磁盘文件等输出数据时，应该创建一个适当类型的输出流的对象来完成与该外设的连接。由于 OutputStream 是抽象类，所以程序中创建的输出流对象一般是 OutputStream 某个子类的对象，通过调用该对象继承的 write()方法就可以实现对相应外设的输出操作。

9.2.2　输入输出流的应用

由于 InputStream、OutputStream 是抽象类，所以在具体应用时使用的都是由它们所派生的子类，不同的子类用于不同情况数据的输入输出操作。下面简要介绍这些子类。

1．文件输入输出流

FileInputStream 和 FileOutputStream 是负责完成对本地磁盘文件的顺序输入与输出操作的流。FileInputStream 类的对象表示一个文件字节输入流，从中可读取一个字节或一批字节。在生成 FileInputStream 类的对象时，若指定的文件找不到，则抛出 FileNotFoundException 异常，该异常必须捕获或声明抛出。FileOutputStream 类的对象表示一个文件字节输出流，可向流中写入一个字节或一批字节。在生成 FielOutputStream 类的对象时，若指定的文件不存在，则创建一个新的文件；若已存在，则清除原文件的内容。在进行文件的读写操作时会产生 IOException 异常，该异常必须捕获或声明抛出。FileInputStream 类和 FileOutputStream 类的构造方法如表 9.3 和表 9.4 所示。

表 9.3　FileInputStream 类的构造方法

构造方法	功能说明
public FileInputStream(String name)	以名为 name 的文件为数据源建立文件输入流
public FileInputStream(File file)	以指定名字的文件对象 file 为数据源建立文件的输入流
public FileInputStream(FileDescriptor fdObj)	根据文件描述符对象 fdObj 为输入端建立一个文件输入流

表 9.4　FileOutputStream 类的构造方法

构造方法	功能说明
public FileOutputStream(String name)	以指定名字的文件为接收端建立文件输出流
public FileOutputStream(String name, boolean append)	以指定名字的文件为接收端建立文件输出流，并指定写入方式，append 为 true 时输出字节写到文件的末尾
public FileOutputStream(File file)	以指定名字的文件对象为接收端建立文件输出流
public FileOutputStream(FileDescriptor fdObj)	根据文件描述符对文件建立一个文件输出流

在表 9.3 和表 9.4 中的 File 是在 java.io 包中定义的一个类，每个 File 类对象表示一个磁盘文件或文件夹，其对象属性中包含了文件或文件夹的相关信息，如长度、名称、所含文件个数等，调用它的方法可以获取文件或文件夹的有关信息。FileDescription 是 java.io 包中定义的另一个类，该类不能实例化，该类中有三个静态成员：in、out 和 err，这三个成员分别对应于标准输入流、标准输出流和标准错误流，利用它们可以在标准输入流和标准输出流上建立文件输入输出流，实现键盘输入或屏幕输出操作。

注意：无论哪个构造方法，在创建文件输入和输出流时都可能因给出的文件名不对或路径不对，或文件的属性不对等，而不能打开文件，从而造成错误，此时系统会抛出 FileNotFoundException 异常。执行 read()和 write()方法时还可能因为 I/O 错误，系统抛出 IOException 异常，所以创建输入输出流并调用构造方法语句以及执行读写操作的语句应该被包含在 try 语句块中，并有相应的 catch 语句块来处理可能产生的异常。

【例 9.1】在程序中创建一个文本文件 myfile.txt，写入从键盘输入的一串字符，然后再读取该文件并将文件的内容显示在屏幕上。

```
//filename: app9_1.java         利用输入输出流读写文本文件
import java.io.*;
class app9_1
{
  public static void main(String[] args)
  {
    FileInputStream fin;
    FileOutputStream fout;
    char ch;
    int data;
    try
    {
      fin =new FileInputStream(FileDescriptor.in);
      fout =new FileOutputStream("D:\\cgj\\myfile.txt");
      System.out.println("请输入一串字符，并以 # 结束：");
      while ((ch=(char)fin.read())!='#')
        fout.write(ch);
      fin.close();
      fout.close();
      System.out.println();
      fin=new FileInputStream("D:\\cgj\\myfile.txt");
      fout=new FileOutputStream(FileDescriptor.out);
      while (fin.available()>0)
```

```
            {
                data=fin.read();
                fout.write(data);
            }
            fin.close();
            fout.close();
        }
        catch (FileNotFoundException e)
        {
            System.out.println("文件没找到！");
        }
        catch (IOException e)
        {   }
    }
}
```

该程序首先分别声明了文件输入流对象 fin 和文件输出流对象 fout，创建了标准输入流对象即键盘输入，创建了输出流对象为 D 盘上 cgj 文件夹下的 myfile.tex 文件。用 fin 调用 read() 方法从键盘上读取数据，用 fout 调用 write()方法将从键盘上读取的数据写入文件 myfile.txt 中。之后重新定义了输入输出流对象 fin 和 fout，然后分别调用各自的 read()和 write()方法将文件 myfile.txt 中的内容输出到屏幕上。

程序在运行时，要求从键盘输入数据，当输入一串字符并以字母#结尾后再按 Enter 键，则在屏幕上输出该字符串。

说明：该例中如果输入的文本中有汉字，则在输出汉字时可能会是乱码。

【例 9.2】 用 FileInputStream 和 FileOutputStream 来实现对二进制图像文件的复制。

```
//filename：app9_2.java         读写二进制文件
import java.io.*;
public class app9_2
{
    public static void main(String[] args) throws IOException
    {
        FileInputStream fi=new FileInputStream("D:\\cgj\\风景.jpg");
        FileOutputStream fo=new FileOutputStream("D:\\cgj\\风景 1.jpg");
        System.out.println("文件的大小="+fi.available());
        byte[] b=new byte[fi.available()];
        fi.read(b);
        fo.write(b);
        System.out.println("文件已被复制并被更名");
        fi.close();
        fo.close();
    }
}
```

程序运行结果为：

文件的大小=56732
文件已被复制并被更名

在该程序中分别创建了处理读取与写入文件的流对象 fi 和 fo，方法 available()取得文件的大小，并用该大小的值定义了 byte 型数组 b 的大小，从输出中可以看出此文件的大小为 56732 个字节。

2. 顺序输入流

顺序输入流类 SequenceInputStream 是 InputStream 的直接子类，其功能是将多个输入流顺序连接在一起，形成单一的输入数据流，没有对应的输出数据流存在。在进行输入时，顺序输入流依次打开每个输入流并读取数据，在读取完毕后将该流关闭，然后自动切换到下一个输入流。也就是说，对于由多个输入流构成的顺序输入流，当从一个流中读取数据遇到 EOF 时，SequenceInputStream 将自动转向下一个输入流，直到构成 SequenceInputStream 类的最后一个输入流读取到 EOF 时为止。顺序输入流有两个构造方法如表 9.5 所示。

表 9.5 SequenceInputStream 类的构造方法

构造方法	功能说明
public SequenceInputStream(Enumeration e)	创建一个串行输入流，连接枚举对象 e 中的所有输入流
public SequenceInputStream(InputStream s1, InputStream s2)	创建一个串行输入流，连接输入流 s1 和 s2

创建一个顺序输入流类对象之后，就可以使用顺序输入流类的方法进行数据输入，SequenceInputStream 类的常用方法如表 9.6 所示。

表 9.6 SequenceInputStream 类的常用方法

方法	功能说明
public int available()	返回流中的可读取的字节数
public void close()	关闭输入流
public int read()	从输入流中读取字节，遇到 EOF 就转向下一输入流
public int read(byte[] b,int off,int len)	将 len 个数据读到一个字节数组从 off 开始的位置

3. 管道输入输出流

管道字节输入流 PipeInputStream 和管道字节输出流 PipedOutputStream 类提供了利用管道方式进行数据输入输出管理的类。管道流用来将一个程序或线程的输出连接到另外一个程序或线程作为输入，使得相连线程能够通过 PipedInputStream 和 PipedOutputStream 类进行数据交换，从而实现程序内部线程间的通信或不同程序间的通信。

PipedInputStream 和 PipedOutputStream 类是 InputStream 和 OutputStream 类的直接子类。这两个类必须结合使用，其中，管道输入流作为管道的接收端，管道输出流作为管道的发送端。在程序设计中应注意数据的传输方向。

PipedInputStream 是一个通信管道的接收端，它必须与一个作为发送端的 PipedOutputStream 对象相连；PipedOutputStream 是一个通信管道的发送端，它必须与一个作为接收端的 PipedInputStream 对象相连。管道输入输出流提供了两种连接方法。

第一种方法是在构造方法中给出对应的管道流，在创建对象的同时进行连接。其构造方法如下：

PipedInputStream(PipedInputStream src)，创建一个管道字节输入流并将其连接到 src 指定的管道字节输出流。

PipedOutputStream(PipedOutputStream src)，创建一个管道字节输出流并将其连接到 src 指

定的管道字节输入流。

第二种方法是利用管道字节输入输出流提供的 connect()方法进行连接。

PipedIntputStream 类的常用方法如表 9.7 所示。

表 9.7 PipedInputStream 类的常用方法

方法	功能说明
public int available()	返回可以读取的字节数
public void close()	关闭管道输入流并释放系统资源
public int read()	从管道输入流中读取下一个字节数据
public int read(byte[] b,int off,int len)	从管道输入流中读取 len 个字节数据到数组 b
protected void receive(int b)	从管道中接收一个字节数据
public void connect(PipedOutputStream src)	连接到指定输出流,管道输入流将从该输出流接收数据

PipedOutputStream 类的常用方法如表 9.8 所示。

表 9.8 PipedOutputStream 类的常用方法

方法	功能说明
public void close()	关闭管道输出流并释放系统资源
publc void connect(PipedInputStream snk)	连接到指定输入流,管道输出流将从该输入流读取数据
public void write(int b)	写指定字节数据到管道输出流
public void write(byte[] b,int off,int len)	从数组 off 偏移处写 len 个字节数据到管道输出流
public void flush()	刷新输出流并使缓冲区数据全部写出

4. 过滤输入输出流

过滤字节输入流类 FilterInputStream 和过滤字节输出流类 FilterOutputStream 分别实现了在数据的读、写操作的同时进行数据处理,它们是 InputStream 和 OutputStream 类的直接子类。FilterInputStream 和 FilterOutputStream 也是两个抽象类,它们又分别派生出数据输入流类 DataInputStream 和数据输出流类 DataOutputStream 等子类。过滤字节输入输出流的主要特点是:过滤输入输出流是建立在基本输入输出流之上,并在输入输出数据的同时能对所传输的数据做指定类型和格式的转换,即可实现对二进制字节数据的理解和编码转换。

创建输入输出流时,应该将其所连接的输入输出流作为参数传递给过滤流的构造方法。下面介绍常用的过滤流:数据输入流类 DataOutputStream 和数据输出流类 DataOutputStream。

有时以字节为基本单位进行读写处理并不方便,如一个二进制文件中存放有 100 个整数,从中读取时,自然希望按 int 为基本单位(4 字节)进行读取,每次读取一个整数值,而不是每次读取一个字节。在 Java 语言中,按照基本数据类型进行读写的就是 DataInputStream 类和 DataOutputStream 类,这两个类的对象是过滤流。将基本字节输入输出流自动转换成按基本数据类型进行读写的过滤流,然后利用流串接的方式,即将一个流与其他流串连起来,以达到数据转换的目的。例如从一个二进制文件以 int 为基本单位进行读取时流的串接如图 9.2 所示。

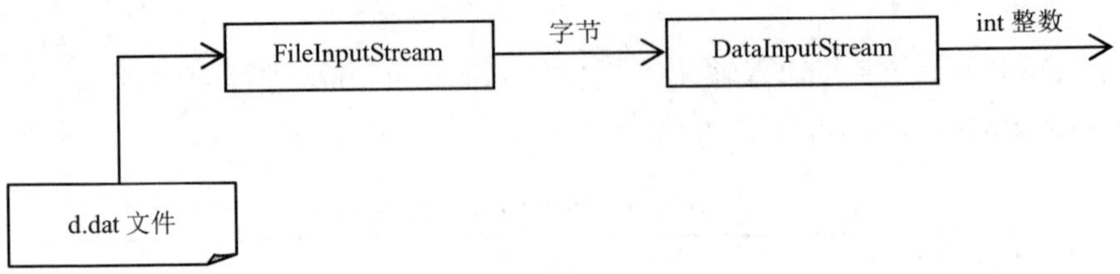

```
d.dat 文件 → FileInputStream → 字节 → DataInputStream → int 整数
```

图 9.2　流的串接示意图

在图 9.2 中，FileInputStream 类的对象是 1 字节输入流，每次输入 1 个字节。与 DataInputStream 类的对象串接后，每次可直接读取一个 int（4 字节）型数据。

数据输入流类 DataInputStream 和数据输出流类 DataOutputStream 分别是过滤字节输入输出流 FilterInputStream 和 FilterOutputStream 的子类。由于 DataInputStream 和 DataOutputStream 分别实现了 DataInput 和 DataOutput 两个接口中定义的独立于具体机器的带格式的读写操作，从而实现了对不同类型数据的读写。

数据输入流类 DataInputStream 和数据输出流类 DataOutputStream 的构造方法如下：

DataInputStream(InputStream in)，建立一个新的数据输入流，从指定的输入流 in 读数据。

DataOutputStream(OutputStream out)，建立一个新的数据输出流，向指定的输出流 out 写数据。

由构造方法的形式可以看出，作为过滤流，字节输入和输出流分别作为数据输入流和数据输出流的构造方法的参数，即作为过滤流必须与相应的数据流相连。表 9.9 和表 9.10 分别给出了 DataInputStream 类和 DataOutputStream 类的常用方法。

表 9.9　DataInputStream 类的常用方法

方法	功能说明
public boolean readBoolean()	从流中读一个字节，若字节值非 0 返回 true，否则返回 false
public byte readByte()	从流中读一个字节并返回该字节值
public char readChar()	从流中读取 a、b 两个字节，形成 Unicode 字符(char)((a<<8)|(b&0xff))
public short readShort()	从流中读入 2 个字节形式 short 值并返回
public int readInt()	从流中读入 4 个字节形式 int 值并返回
public float readFloat()	从流中读入 4 个字节形 float 值并返回
public long readLont()	从流中读入 8 个字节形式 long 值并返回
public double readDouble()	从流中读入 8 个字节形式 double 值并返回

表 9.10　DataOutputStream 类的常用方法

方法	功能说明
public void writeBoolean(boolean v)	若 v 的值为 true 则向流中写入（字节）1，否则写入（字节）0
public void writeByte(int v)	向流中写入一字节。写入 v 的最低一个字节，其他字节丢弃
public void writeChar(int v)	向流中写入 v 的最低 2 个字节，其他字节丢弃
public void writeShort(int v)	向流中写入 v 的最低 2 个字节，其他字节丢弃
public void writeInt(int v)	向流中写入参数 v 的 4 个字节

续表

方法	功能说明
public void writeFloat(float v)	向流中写入参数 v 的 4 字节
public void writeLong(long v)	向流中写入参数 v 的 8 字节
public void writeDouble(double v)	向流中写入参数 v 的 8 字节

【例 9.3】利用数据输入输出流将不同类型的数据写入一个文件 temp 中，然后再读出来并显示在屏幕上。

```java
//filename: app9_3.java            数据输入/输出流的应用
import java.io.*;
public class app9_3
{
  public static void main(String[] args)
  {
    FileOutputStream fout;
    DataOutputStream dout;
    FileInputStream fin;
    DataInputStream din;
    try
    {
      fout=new FileOutputStream("D:\\temp");
      dout=new DataOutputStream(fout);
      dout.writeInt(10);
      dout.writeLong(12345);
      dout.writeFloat(3.1415926f);
      dout.writeDouble(987654321.123);
      dout.writeBoolean(true);
      dout.writeChars("Goodbye! ");
      dout.close();
    }
    catch (IOException e) { }
    try
    {
      fin=new FileInputStream("D:\\temp");
      din=new DataInputStream(fin);
      System.out.println(din.readInt());
      System.out.println(din.readLong());
      System.out.println(din.readFloat());
      System.out.println(din.readDouble());
      System.out.println(din.readBoolean());
      char ch;
      while ((ch=din.readChar())!='\0')
        System.out.print(ch);
      din.close();
    }
    catch (FileNotFoundException e)
    {
      System.out.println("文件未找到！！");
```

```
        }
        catch (IOException e) {  }
    }
}
```

程序运行结果为：

```
10
12345
3.1415925
9.87654321123E8
true
Goodbye!
```

在该程序的第一个 try 模块中，创建了一个文件字节输出流对象 fout 与 D 盘上的文件 temp 相连。文件字节输出流对象 fout 作为参数，创建一个数据输出流对象 dout，然后利用 dout 的相应方法向 D 盘上的 temp 文件写数据。同理，在第二个 try 模块中，创建一个文件字节输入流对象 fin 与 D 盘上的文件 temp 相连，以 fin 为参数创建一个数据输入流对象 din，之后利用 din 的相应方法将文件 temp 中的内容读出并输出到屏幕上。

5. 标准输入输出

当 Java 程序与外设进行数据交换时，需要先创建一个输入流或输出流的对象，以完成与外设的连接。例如，当 Java 程序读写文件时，需要先创建文本文件输入流或输出流类的对象来建立与文件的连接。但是，当程序对标准输入输出设备进行操作时，则不需要如此。

对一般的计算机系统，标准输入设备通常指键盘，标准输出设备通常指屏幕显示器。为了方便程序对屏幕的输入和屏幕的输出进行操作，Java 系统事先在 System 类中定义了静态流对象 System.in、System.out 和 System.err。System.in 对应于输入流，通常指键盘是输入设备；System.out 对应于输出流，指显示器等信息输出设备；System.err 对应于标准错误输出设备，使得程序的运行错误可以有固定的输出位置，通常该对象对应于显示器。

System.in、System.out、System.err 三个标准的输入与输出流对象定义在 java.lang.System 包中，与其他包必须在程序中用 import 语句引入文件中不同，上述三个对象在 Java 源程序编译时被自动装载。

（1）标准输入

Java 语言的标准输入 System.in 是 BuffereInputStream 类的对象，当程序需要从键盘读入数据时，只需调用 System.in 的 read()方法即可，该方法从键盘缓冲区读入一个字节的二进制数据，返回以此字节为低位字节、高位字节为 0 的整型数据。

需要说明的是，System.in.read()语句应包含在 try 块中，且 try 块后面要有一个接收 IOException 异常的 catch 块。

下面的语句段等待用户输入一个数据后才继续往下执行，达到暂时保留屏幕的目的。

```
System.out.println("按任一键继续");
try{
    char test=(char)System.in.read();
}
catch(IOException e){    }
```

（2）标准输出

Java 语言的标准输出 System.out 是打印输出流 PrintStream 类的对象。PrintStream 类是过

滤字节输出流类 FilterOutputStream 的一个子类，其中定义了向屏幕输送不同类型数据的方法 print() 和 println()。这两个方法的区别是前者输出数据后不换行，后者换行。

（3）标准错误输出

标准错误对象 System.err 用于为用户显示错误信息，也是由 PrintStream 类派生的错误流。err 流的作用是使用方法 print() 和 println() 将信息输出到 err 流并显示在屏幕或其他指定设备上，以方便用户使用和调试程序。err 也使用与 out 同样的方法，如 "System.err.println("这是一个错误");"。但 err 与标准输出 out 不同的是，err 会立即显示指定的（错误）信息让用户知道，即使你指定程序将结果重新定位到文件，err 输出的信息也不会被重新定位，而仍会显示在显示设备上。

【例 9.4】键盘输入一串字符，然后将其显示在屏幕上，并显示 System.in 和 System.out 所属的类。

```
//filename：app9_4.java        数据流的应用
import java.io.*;
public class app9_4
{
  public static void main(String[] args)
  {
    try
    {
      byte[] b=new byte[128];
      System.out.print("请输入字符：");
      int count=System.in.read(b);
      System.out.println("输入的是：");
      for (int i=0;i<count;i++)
        System.out.print(b[i]+" ");
      System.out.println();
      for (int i=0;i<count-2;i++)
        System.out.print((char)b[i]+"   ");
      System.out.println();
      System.out.println("输入的字符个数为"+count);
      Class InClass=System.in.getClass();
      Class OutClass=System.out.getClass();
      System.out.println("in 所在的类是："+InClass.toString());
      System.out.println("out 所在的类是："+OutClass.toString());
    }
    catch (IOException e) { }
  }
}
```

程序运行结果为：

请输入字符：xyz
输入的是：
120 121 122 13 10
x   y   z
输入的字符个数为 5
in 所在的类是：class java.io.BufferedInputStream
out 所在的类是：class java.io.PrintStream

从程序执行结果可以看出，当从键盘输入"xyz"三个字符并按 Enter 键之后，输出结果却显示为输入了 5 个字符。这是因为 Java 语言把 Enter 键当做两个字符，一个是回车符，另一个是换行符，所以 for 循环条件中 count 减 2 的目的就是不输出回车符和换行符。另外程序中的 gerClass()是 Object 类的方法，该方法返回运行时的对象所属的类。

9.3 使用 Reader 和 Writer 流类

InputStream 和 OutputStream 类通常是用来处理"字节流"即"位流"的，也就是二进制文件，而 Reader 和 Writer 类则是用来处理"字符流"的，也就是文本文件。与字节输入输出流功能一样，字符输入输出流类 Reader 和 Writer 只是建立一条通往字符文件的通道，而要实现对字符数据的读写操作，还需要相应的读方法和写方法来完成。

虽然 Reader 和 Writer 类可以用来处理字符串的读取和写入的操作，但由于 Reader 和 Writer 均是抽象类，所以并不能直接使用这两个类，而是要使用它们的子类来创建对象，再利用对象来处理读写操作。Reader 和 Writer 类所提供的方法如表 9.11 和表 9.12 所示。由于是以 Reader 和 Writer 类所派生出的子类来创建对象，再利用它们来进行读写操作，因此这些方法通常是继承给子类使用，而不是用在父类本身。

表 9.11　Reader 类的方法

方法	功能说明
public int read()	从输入流中读一个字符
public int read(char[] cbuf)	从输入流中读最多 cbuf.length 个字符，存入字符数组 cbuf 中
public int read(char[] cbuffer,int off,int len)	从输入流中读最多 len 个字符，存入字符数组 cbuffer 中从 off 开始的位置
public long skip(long n)	从输入流中最多向后跳 n 个字符
public boolean ready()	判断流是否做好读的准备
public void mark(int readAheadLimit)	标记输入流的当前位置
public boolean markSupported()	测试输入流是否支持 mark
public void reset()	重定位输入流
public void close()	关闭输入流

表 9.12　Writer 类的方法

方法	功能说明
public void write(int c)	将单一字符 c 输出到流中
public void write(String str)	将字符串 str 输出到流中
public void write(char[] cbuf)	将字符数组 cbuf 输出到流
public void write(char[] cbuf,int off,int len)	将字符数组按指定的格式输出（off 表示索引，len 表示写入的字符数）到流中
public void flush()	将缓冲区中的数据写到文件中
public void close()	关闭输出流

9.3.1　使用 FileReader 类读取文件

文件字符输入流类 FileReader 是继承自 InputStreamReader 类，而 InputStreamReader 类又继承自 Reader 类，因此 Reader 类与 InputStreamReader 类所提供的方法均可供 FileReader 类所创建的对象使用。

在使用 FileReader 类读取文件时，必须先调用 FileReader()构造方法创建 FileReader 类的对象，再利用它来调用 read()方法，FileReader()构造方法如表 9.13 所示。

表 9.13　FileReader 类的构造方法

构造方法	功能说明
public FileReader(String name)	根据文件名称创建一个可读取的输入流对象

【例 9.5】利用 FileReader 类读取文本文件 D:\java\test.txt，其内容如图 9.3 所示。

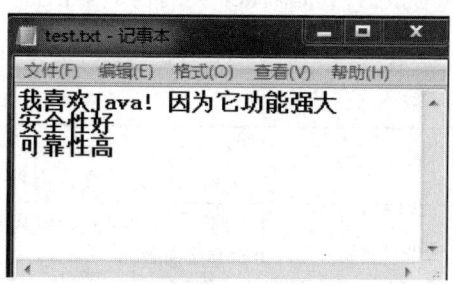

图 9.3　文本文件 test.txt 的内容

程序代码如下：

```
//filename: app9_5.java            FileReader 类的使用
import java.io.*;
public class app9_5
{
   public static void main(String[] args) throws IOException
   {
      char[] c=new char[500];
      FileReader fr=new FileReader("D:\\java\\test.txt");
      int num=fr.read(c);
      String str=new String(c,0,num);
      System.out.println("读取的字符个数为："+num+"，其内容如下：");
      System.out.println(str);
      fr.close();
   }
}
```

程序运行结果为：

读取的字符个数为：28，其内容如下：
我喜欢 Java！因为它功能强大
安全性好
可靠性高

由于该程序的 read()方法可能会抛出 IOException 异常，所以主方法 main()之后加上 throws

IOException，让系统来捕获异常。创建一个文件字符输入流对象 fr，利用此对象即可进行文件的相关处理。程序中利用流对象 fr 调用 read()方法，并把所读入的字符存放在字符数组 c 中，并将 read()方法所读取的字符数赋给变量 num，利用 String()构造方法将字符数组 c 从下标为 0 的位置开始取 num 个字符赋给变量 str，实际上 str 就是所读取文件的全部内容。

注意：Java 把每个汉字和英文字母均作为一个字符对待，但回车换行符 "\r\n" 作为两个字符。

9.3.2 使用 FileWriter 类写入文件

文件字符输出流类 FileWriter 继承自 OutputStreamWriter 类，而 OutputStreamWriter 类又继承自 Writer 类，因此 Writer 类与 OutputStreamWriter 类所提供的方法均可供 FileWriter 类所创建的对象使用。

要使用 FileWriter 类将数据写入文件，必须先调用 FileWriter()构造方法创建 FileWriter 类对象，再利用它来调用 Writer()方法，FileWriter 类的构造方法如表 9.14 所示。

表 9.14 FileWriter 类的构造方法

构造方法	功能说明
public FileWriter(String filename)	根据所给文件名创建一个可供写入字符数据的输出流对象，原先的文件会被覆盖
public FileWriter(String filename,boolean a)	同上，但如果 a 设置为 true，则会将数据追加在原先文件的后面

【例 9.6】利用 FileWriter 类将字符数组与字符串写到文件中。

```
//filename: app9_6.java            FileWriter 类的使用
import java.io.*;
public class app9_6
{
    public static void main(String[] args) throws IOException
    {
        FileWriter fw=new FileWriter("D:\\java\\test.txt");
        char[] c={'H', 'e', 'l', 'l', 'o', '\r', '\n'};
        String str="欢迎使用 Java！";
        fw.write(c);
        fw.write(str);
        fw.close();
    }
}
```

该程序的 wrire()方法会抛出 IOException 异常，所以在主方法名的后面加上 throws IOException，让系统来捕获异常。创建了一个文件字符输出流对象 fw，利用它即可将数据写入到文件，程序中分别定义了字符数组和字符串，并将字符数组与字符串写入到文件中。

9.3.3 使用 BufferedReader 类读取文件

缓冲字符输入流类 BufferedReader 继承自 Reader 类，BufferedReader 类用来读取缓冲区中的数据。在使用 BufferedReader 类来读取缓冲区中的数据之前，必须先创建 FileReader 类对象，再以该对象为参数来创建 BufferedReader 类的对象，然后才可以利用此对象来读取缓冲区中的数据。BufferedReader 类有两个构造方法，如表 9.15 所示。BufferedReader 类的常用方法如表 9.16 所示。

表 9.15 BufferedReader 类的构造方法

构造方法	功能说明
public BufferedReader(Reader in)	创建缓冲区字符输入流
public BufferedReader(Reader in,int size)	创建缓冲区字符输入流，并设置缓冲区大小

表 9.16 BufferedReader 类的常用方法

方法	功能说明
public int read()	读取单一字符
public int read(char[] cbuf)	从流中读取字符并写入到字符数组 cbuf 中
public int read(char[] cbuf,int off,int len)	从流中读取字符存放到字符数组 cbuf 中（off 表示数组下标，len 表示读取的字符数）
public int read(long n)	跳过 n 个字符不读取
public String readLine()	读取一行字符串
public void close()	关闭流

【例 9.7】利用缓冲字符输入流类 BufferedReader 读取文本文件。

```java
//filename：app9_7.java          BufferedReader 类的使用
import java.io.*;
public class app9_7{
   public static void main(String[] args) throws IOException
   {
      String thisLine;
      int count=0;
      try
      {
         FileReader fr=new FileReader("D:\\java\\test.txt");
         BufferedReader bfr=new BufferedReader(fr);
         while ((thisLine=bfr.readLine())!=null)
         {
            count++;
            System.out.println(thisLine);
         }
         System.out.println("共读取了"+count+"行");
         bfr.close();
      }
      catch (IOException ioe)
      {
         System.out.println("错误! "+ioe);
      }
   }
}
```

程序运行结果为：
Hello
欢迎使用 Java！
共读取了 2 行

该程序先创建一个 FileReader 类对象 fr，再以 fr 为参数创建 BufferedReader 类的对象 bfr。程序中调用了 BufferedReader 类中最常用的方法 readLine()，该方法一次读取一行数据，直到读完文件内所有的数据为止。如果读到文件结束，则 readLine() 返回 null。"System.out.println(thisLine);" 将所读取的每一行内容输出到显示器上。

9.3.4 使用 BufferedWriter 类写入文件

缓冲字符输出流类 BufferedWriter 继承自 Writer 类，BufferedWriter 类是用来将数据写入缓冲区中。使用 BufferedWriter 类将数据写入缓冲区的过程与使用 BufferedReader 类从缓冲区中读出数据的过程相似。首先必须先创建 FileWriter 类对象，再以该类为参数来创建 BufferedWriter 类的对象，然后就可以利用此对象来将数据写入缓冲区中。所不同的是，最后必须要用 flush() 方法将缓冲区内的数据清空，也就是将缓冲区中的数据全部写到文件中。

缓冲字符输出流类 BufferedWriter 有两个构造方法，如表 9.17 所示。BufferedWriter 类的常用方法如表 9.18 所示。

表 9.17 BufferedWriter 类的构造方法

构造方法	功能说明
public BufferedWriter(Writer out)	创建缓冲区字符输出流

表 9.18 BufferedWriter 类的常用方法

方法	功能说明
public void writer(int c)	将单一字符写入缓冲区中
public void write(char[] cbuf,int off,int len)	将字符数组 cbuf 按指定的格式写入到输出缓冲区中（off 表示数组下标，len 表示写入的字符数）
public void write(String str,int off,int len)	写入字符串（off 表示下标，len 表示写入的字符数）
public void newLine()	写入回车换行字符
public void flush()	将缓冲区中的数据写到文件中
public void close()	关闭流

【例 9.8】 利用缓冲区输入输出流进行文件复制。

```
//filename：app9_8.java
import java.io.*;
public class app9_8
{
    public static void main(String[] args) throws IOException
    {
        String str=new String();
        try
```

```
        {
            BufferedReader in=new BufferedReader(new FileReader("D:\\java\\test.txt"));
            BufferedWriter out=new BufferedWriter(new FileWriter("D:\\java\\test1.txt"));
            while ((str=in.readLine())!=null)
            {
                System.out.println(str);
                out.write(str);
                out.newLine();
            }
            out.flush();
            in.close();
            out.close();
        }
        catch (IOException ioe)
        {
            System.out.println("错误! "+ioe);
        }
    }
}
```

该程序创建了缓冲区输入流对象 in 和缓冲区输出流对象 out，然后利用它们进行文件的读取和写入。调用 out 对象的 write() 方法写入数据时不写入回车换行符，所以在向文件每写入一行数据后都向其写入一个回车换行符，以保持目标文件与原文件相同。

9.4 文件的处理与随机访问

计算机程序运行时，数据都保存在系统的内存中，由于关机时内存中的数据全部丢失，所以必须把那些需要长期保存的数据存放在磁盘文件中，需要时再从文件中读出。因此，文件的输入输出操作是程序必备的功能。

9.4.1 Java 语言对文件和文件夹的管理

文件夹是管理文件的特殊机制，同类文件保存在同一文件夹下不仅可以简化文件管理，而且可以提高工作效率。Java 语言不仅支持文件管理，还支持文件夹管理。在 Java.io 包中定义一个 File 类，专门用来管理磁盘文件和文件夹，但不负责数据的输入输出。

每个 File 类对象表示一个磁盘文件或文件夹，其对象属性中包含了文件或文件夹的相关信息，如文件名、长度、所含文件个数等，调用它的方法可以完成对文件或文件夹的管理操作，如创建、删除等。

1. 创建 File 类的对象

因为每个 File 类对象对应系统的一个磁盘文件或文件夹，所以创建 File 类对象需要给出它所对应的文件名或文件夹名。File 类有三个不同的构造方法，以不同的参数形式接收文件和文件夹名信息，如表 9.19 所示。

使用 File 类的构造方法时，要注意以下几点：

（1）path 参数可以是绝对路径，如 "D:\java\myfile\sample.java"，也可以是相对路径，如 "myfile\sample.java"，path 参数还可以是磁盘上的某个文件夹。

表 9.19 File 类的构造方法

构造方法	功能说明
public File(String path)	用 path 参数创建 File 对象所对应的磁盘文件名或文件夹名及其路径
public File(String path,String name)	以 path 为路径，以 name 为文件或文件夹名创建 File 对象
public File(File dir,String name)	用一个已经存在的代表某磁盘文件夹的 File 对象 dir 作为文件夹，以 name 作为文件或文件夹名来创建 File 对象

（2）由于不同的操作系统使用的文件夹分隔符不同，如 Windows 操作系统使用反斜线"\"、UNIX 操作系统使用正斜线"/"。为了使 Java 程序能在不同的平台上运行，可以利用 File 类的一个静态变量 File.separator。该属性中保存了当前系统规定的文件夹分隔符，使用它可以组合成在不同操作系统下都通用的路径，例如：

"D:"+File.separator+"java"+File.separator+"myfile"

2．获取文件或文件夹属性

一个 File 对象一经创建，就可以通过调用它的方法来获取其所对应的文件或文件夹的属性，其中较常用的方法如表 9.20 所示。

表 9.20 File 类中获取文件或文件夹属性的常用方法

方法	功能说明
public boolean exists()	判断文件或文件夹是否存在
public boolean isFile()	判断对象是否代表有效文件
public boolean isDirectory()	判断对象是否代表有效文件夹
public String getName()	返回文件名或文件夹名
public String getPath()	返回文件或文件夹的路经
public long length()	返回文件的字节数
public boolean canRead()	判断文件是否可读
public boolean canWrite()	判断文件是否可写
public String[] liat()	将文件夹中所有文件名保存在字符串数组中返回
public boolean equals(File f)	比较两个文件或文件夹是否相同

3．文件或文件夹操作

File 类中还定义了一些对文件和文件夹进行管理、操作的方法，如表 9.21 所示。

表 9.21 File 类中对文件或文件夹进行操作的常用方法

方法	功能说明
public boolean renameTo(File newFile)	将文件重命名成 newFile 对应的文件名
public boolean delete()	将当前文件删除，若删除成功返回 true，否则返回 false
public boolean mkdir()	创建当前文件夹的子文件夹，若创建成功返回 true，否则返回 false

【例 9.9】 创建 File 类对象，输出指定文件夹的内容。

```java
//filename：app9_9.java
import java.io.*;
public class app9_9
{
    public static void main(String[] args) throws IOException
    {
        String str=new String();
        try
        {
            InputStreamReader isr=new InputStreamReader(System.in);
            BufferedReader inp=new BufferedReader(isr);
            String sdir="D:\\cgj";
            String sfile;
            File fdir1=new File(sdir);
            if (fdir1.exists() && fdir1.isDirectory())
            {
                System.out.println("文件夹："+sdir+"已经存在");
                for (int i=0;i<fdir1.list().length;i++)
                    System.out.println((fdir1.list())[i]);
                File fdir2=new File("D:\\cgj\\temp");
                if (!fdir2.exists())
                    fdir2.mkdir();
                System.out.println();
                System.out.println("建立新文件夹后的文件列表");
                for (int i=0;i<fdir1.list().length;i++)
                    System.out.println((fdir1.list())[i]);
            }
            System.out.print("请输入该文件夹中的一个文件名：");
            sfile=inp.readLine();
            File ffile=new File(fdir1,sfile);
            if (ffile.isFile())
            {
                System.out.print("文件名："+ffile.getName());
                System.out.print("；所在文件夹："+ffile.getPath());
                System.out.println("；文件大小："+ffile.length()+"字节");
            }
        }
        catch (IOException e)
        {
            System.out.println(e.toString());
        }
    }
}
```

程序运行结果为：

当 D 盘上 cgj 文件夹已经存在的情况下，该程序的执行结果为：
文件夹：D:\cgj 已经存在
aaa.dsp
aaa.opt
temp

```
建立新文件夹后的文件列表
aaa.dsp
aaa.opt
temp
请输入该文件夹中的一个文件名：aaa.opt
文件名：aaa.opt；所在文件夹：D:\cgj\aaa.opt；文件大小：0 字节
```

该程序先创建一个 File 类对象 fdir1，将其指向 D 盘的 cgj 文件夹。当这个文件夹存在时，输出该文件夹下的所有文件和子文件夹，然后在这个文件夹下创建一个子文件夹 temp，并再次列出 D 盘 cgj 文件夹下的所有内容。之后利用标准输入流对象 inp 从键盘读入一行字符作为文件名，并输出这个文件的有关信息。

9.4.2 对文件的随机访问

前面介绍的流类实现的是对磁盘文件的顺序读写，而且读和写要分别创建不同的对象。Java 语言中还定义了一个功能更强大、使用更方便的随机访问文件类 RandomAccessFile，它可以实现对文件的随机读写。

随机访问文件类 RandomAccessFile 也是在 java.io 包中定义的。RandomAccessFile 是文件处理中功能齐全、文件访问方法众多的类。RandomAccessFile 类用于进行随意位置、任意类型的文件访问，并且在文件的读取方式中支持文件的任意读取而不只是顺序读取。RandomAccessFile 类有两个构造方法用于创建 RandomAccessFile 类对象，如表 9.22 所示。

表 9.22 RandomAccessFile 类的构造方法

构造方法	功能说明
public RandomAccessFile(String name,String mode)	以 name 来指定随机文件流对象所对应的文件名，以 mode 表示对文件的访问模式
public RandomAccessFile(File file,String mode)	以 file 来指定随机文件流对象所对应的文件名，以 mode 表示对文件的访问模式

说明：访问模式 mode 表示所创建的随机读写文件的操作状态，mode 的取值如下：
r：表示以只读方式打开文件。
rw：表示以读写方式打开文件，使用该模式只用一个对象就可以同时实现读和写两种操作。

RandomAccessFile 类中定义了许多用于读文件读写操作的方法，表 9.23 和表 9.24 分别列出了常用的读取操作和写入操作方法。

表 9.23 RandomAccessFile 类中用于读取操作的常用方法

方法	功能说明
public void close()	关闭随机访问文件流并释放系统资源
public final FileDescriptor getFD()	获取文件描述符
public long getFilePointer()	返回文件指针的当前位置
public long length()	返回文件长度
public int skipBytes(int n)	跳过输入流中 n 个字符，并返回跳过实际的字节数

续表

方法	功能说明
public int read()	从文件输入流中读取一个字节的数据
public int read(byte[] b,int off,int len)	从文件输入流的当前指针位置开始读取长度为 len 个字节的数据存放在字节数组 b 中,存放的偏移位置为 off。如遇文件结束符,则返回值为-1
public final void readFully(byte[] b)	从文件输入流的当前指针位置开始读取 b.length 个字节的数据存放到字节数组 b 中,如遇文件结束符,则抛出 EOFException 类异常
public final void readFully(byte[] b, int off,int len)	从文件输入流的当前指针位置开始读取长度为 len 个字节的数据存放在字节数组 b 中,存放的偏移位置为 off。如遇文件结束符,则抛出异常 EOFException 类异常
public final boolean readBoolean()	读取文件中的逻辑值
public final byte readByte()	从文件中读取带符号的字节值
public final char readChar()	从文件中读取一个 Unicode 字符
public final String readLine()	从文本文件中读取一行
public void seek(long pos)	设置文件指针位置

表 9.24 RandomAccessFile 类用于写入操作的常用方法

方法	功能说明
public void write(int b)	在文件指针的当前位置写入一个 int 型数据 b
public void writeBoolean(boolean v)	在文件指针的当前位置写入一个 boolean 型数据 v
public void writeByte(int v)	在文件指针的当前位置写入一个字节值,只写 v 的最低一个字节,其他字节丢弃
public void writeByte(String s)	以字节形式将一个字符串写入文件
public void writeChar(int v)	在文件指针的当前位置写入 v 的最低 2 字节,其他丢弃
public void writeChars(String s)	以字符形式将一个字符串写入文件
public void writeDouble(double v)	在文件当前指针位置写入 8 字节数据 v
public void writeFloat(float v)	在文件当前指针位置写入 4 字节数据 v
public void writeInt(int v)	把整数作为 4 字节写入文件
public void writeLong(long v)	把长整型作为 8 字节写入文件
public void writeShort(int v)	在文件指针的当前位置写入 2 个字节,只写 v 的最低 2 字节,其他字节丢弃
public void writeUTF(String str)	作为 UTF 格式向文件写入一个字符串

注意:RandomAccessFile 类的所有方法都有可能抛出 IOException 异常,所以利用它实现对文件对象操作时应把相关的语句放在 try 块中,并配上 catch 块来处理可能产生的异常。

使用随机文件读取读写时,在创建了一个随机文件对象之后,该文件即处于打开状态。此时,文件的指针处于文件开始位置,可以通过 seek(long pos)方法设置文件指针的当前位置,进行文件的快速定位。而后通过 RandomAccessFile 类中相应的 read()和 write()方法,完成对文件的读写操作。

在对文件的读写操作完成后,调用 RandomAccessFile 类的方法关闭文件。下面举例说明。

【例 9.10】利用 RandomAccessFile 类对文件进行随机访问。

```java
//filename:app9_10.java        RandomAccessFile 类的应用
import java.io.*;
public class app9_10
{
    public static void main(String args[]) throws IOException
    {
        StringBuffer stfDir=new StringBuffer();
        System.out.println("请输入文件所在的路径");
        char ch;
        while ((ch=(char)System.in.read())!='\r')
            stfDir.append(ch);
        File dir=new File(stfDir.toString());
        System.out.println("请输入欲读取的文件名");
        StringBuffer stfFileName=new StringBuffer();
        char c;
        while ((c=(char)System.in.read())!='\r')
            stfFileName.append(c);
        stfFileName.replace(0,1,"");
        File readFrom=new File(dir,stfFileName.toString());
        if (readFrom.isFile() && readFrom.canWrite() && readFrom.canRead())
        {
            RandomAccessFile rafFile=new RandomAccessFile(readFrom,"rw");
            while (rafFile.getFilePointer()<rafFile.length())
                System.out.println(rafFile.readLine());
            rafFile.close();
        }
        else
            System.out.println("文件不可读!");
    }
}
```

程序运行结果为:

```
请输入文件所在的路径
d:\cgj
请输入欲读取的文件名
test.txt
Hello! I love you Java!          //文件 test.txt 中的内容
```

该程序接收用户从键盘输入的路径名,存入可修改型字符串变量 stfDir 中,利用所输入的字符串作为参数创建一个 File 类的对象 dir。同理,程序后部分将用户从键盘输入的字符串作为文件名存放到可修改型字符串变量 srfFileName 中。由于在输入路径结束时按了 Enter 键,所以产生了回车换行符"\r\n"。"stfFileName.replace(0,1,"");"表示去掉滞留在缓冲区中的换行符"\n"。

本章小结

- Java 语言是以流的方式来处理输入输出的，其好处是：无论采用什么形式的输入与输出，只要针对流做处理就可以了。
- Java 语言里的流是由字符或位组合而成的，我们可以通过它来读写数据，甚至可以通过它连接数据源，并可以将数据以字符或位组合的形式保存。
- 就数据的读取或写入而言，流可分为输入流与输出流两种。
- 可以通过 InputStream、OutputStream、Reader 与 Writer 类来处理流的输入与输出。
- InputStream 与 OutputStream 类及其子类主要用于处理二进制文件。
- Reader 与 Writer 类可以用来处理文本文件的读取和写入操作，通常是以它们的派生类来创建实体对象，再利用它们来处理文本文件的读写操作。
- BufferedWriter 类里的 newLine()方法可写入回车换行字符，而且与操作系统无关，使用它可确保程序可跨平台运行。
- 文件流类 File 的对象对应系统的磁盘文件或文件夹。
- 随机访问文件类 RandomAccessFile 可以实现对文件的随机读写。
- 对象流的关闭最好是放在 finally 语句块中，这种情况下，需要关闭的流对象应在 try 语句块之前定义；但若流对象在 try 语句块中定义，那么关闭流对象的语句可放在 try 语句块的最后面。

10 多线程

在前面章节中编制的程序所考虑的都是基于一个时间来完成相应代码的执行。实际上，Java 虚拟机支持在一个时间"并发"地去完成多个不同代码的执行，即在编程时，不是考虑先做什么再做什么的直线思维，而是考虑如果多个程序段一起执行，这样的代码应该如何设计的问题。如一个程序段 A 用于读某个文件的内容，另一个程序段 B 用于将读取的文件内容进行进一步处理，因为读文件需要和 I/O 资源打交道，是相对费时的，如果按照原来的单行线思维，必须在程序段 A 全部执行完毕后才去执行程序段 B，那么整个程序的性能将大大降低。而如果采用多线程的思维，将程序段 A 设计为一个线程，程序段 B 设计为另一个线程，让两个线程并发地执行，也就是"边读边处理"，这样就可以大大地提升效率。在很多大型应用程序设计中，尤其要考虑如何使用多线程的思维来设计编码去解决程序性能问题。

Java 虚拟机允许应用程序并发地运行多个执行线程。多线程编程的目的就是"最大限度地利用 CPU 资源"，当某一线程的处理不需要占用 CPU 而只是和 I/O 等资源打交道时，让需要占用 CPU 资源的其他线程有机会获得 CPU 资源。

10.1 线程的基本概念

进程（Process）和线程（Thread）是现在操作系统中两个必不可少的运行模型。操作系统可以运行多个进程，而每个进程中又可以创建一个或多个线程。进程通常被区分为系统进程和用户进程，而每个 Java 程序可看成是一个用户进程，并可用 Java 语言提供的 Thread 类创建一个或多个线程，充分利用软硬件资源。

10.1.1 程序、进程、多任务和线程

程序、进程、多任务和线程是非常容易混淆的概念。为了更好的理解多线程机制，有必要搞清楚这些概念。

1. 程序

程序是含有指令和数据的文件，被存储在磁盘或其他的数据存储设备中，也就是说程序是静态的代码。

2. 进程

进程是程序的一次执行过程,是系统运行程序的基本单位,因此进程是动态的。系统运行一个程序即是一个进程从创建、运行到消亡的过程。

3. 多任务

多任务是指在一个系统中可以同时运行多个进程,即有多个独立运行的任务,每一个任务对应一个进程。每个进程都有一段专用的内存区域,即使是多次启动同一段程序产生不同的进程也是如此。

4. 线程

线程是操作系统中的重要概念之一,是程序运行的基本执行单元。在绝大多数平台上,Java程序是利用操作系统中的线程来运行的。当操作系统(不包括早期的DOS等单线程操作系统)启动一个程序时,先在系统中建立一个进程,接着在这个进程中至少建立一个线程(主线程)作为程序运行的入口点。因此,线程是依附于进程而存在的,并且每个运行在操作系统中的程序至少包含一个主线程。

【例 10.1】主线程执行的源程序示例。

```java
//filename: app10_1.java
public class app10_1 {
    public static void main(String[] args) {
        for(int i=0;i<10;i++){
            System.out.print(Thread.currentThread().getName()+"第"+(i+1)+"次输出！");
        }
    }
}
```

程序运行结果如下:

main 第 1 次输出！ main 第 2 次输出！ main 第 3 次输出！ main 第 4 次输出！ main 第 5 次输出！ main 第 6 次输出！ main 第 7 次输出！ main 第 8 次输出！ main 第 9 次输出！ main 第 10 次输出！

【例 10.2】多线程执行的源程序示例。

```java
//filename: app10_2.java
public class app10_2 {
    public static void main(String[] args) {
        Mythread mythread1=new Mythread();
        mythread1.start();
        Mythread mythread2=new Mythread();
        mythread2.start();
        for(int i=0;i<10;i++){
            System.out.print(Thread.currentThread().getName()+"第"+(i+1)+"次输出！");
        }
    }
}

class Mythread extends Thread{
    public void run(){
        for(int i=0;i<10;i++){
            System.out.print(Thread.currentThread().getName()+"第"+(i+1)+"次输出！");
        }
    }
}
```

程序运行结果如下：

> Thread-1 第 1 次输出！　Thread-1 第 2 次输出！　Thread-1 第 3 次输出！　Thread-1 第 4 次输出！　Thread-0 第 1 次输出！　Thread-0 第 2 次输出！　Thread-0 第 3 次输出！　Thread-0 第 4 次输出！　Thread-0 第 5 次输出！　Thread-0 第 6 次输出！　Thread-0 第 7 次输出！　Thread-0 第 8 次输出！　Thread-0 第 9 次输出！　Thread-0 第 10 次输出！　main 第 1 次输出！　main 第 2 次输出！　main 第 3 次输出！　main 第 4 次输出！　main 第 5 次输出！　main 第 6 次输出！　main 第 7 次输出！　main 第 8 次输出！　main 第 9 次输出！　main 第 10 次输出！　Thread-1 第 5 次输出！　Thread-1 第 6 次输出！　Thread-1 第 7 次输出！　Thread-1 第 8 次输出！　Thread-1 第 9 次输出！　Thread-1 第 10 次输出！

由上述两个实例可知，例 10.1 只有一个主线程（main），例 10.2 由主线程（main）和两个线程类实例（Thread-0 与 Thread-1）相互交替执行。另外如果运行多次，往往是主线程和线程类实例不确定次序交替输出，或者主线程完全输出完成后，才轮到线程类实例运行而产生输出，请读者思考下为什么？

一般来说，一个主线程运行 main 方法，这样的只有一个线程执行程序逻辑的流程称之为单线程。

Java 虚拟机启动时会有一个由主方法（public static void main(){}）所定义的主线程；主线程可以通过创建 Thread 的实例来创建新的线程；每个线程都是通过某个特定 Thread 对象所对应的方法 run() 来完成其操作的，通过调用 Thread 类的 start() 方法来启动一个线程。创建线程的线程称为父线程，而由它创建的线程则称为子线程，父线程往往是主线程。如果在创建线程时未指定名字，默认名字一般是 "Thread-" 加上一个递增的整数；对于主线程来说，它的默认名字一般会被设置为 main。

10.1.2　线程的状态与生命周期

线程同进程一样，也有创建、销毁和切换等状态，但负荷远小于进程，又称为轻量级进程。线程至少处于 5 种不同的状态：新建（New）、就绪（Runnable）、运行（Running）、阻塞（Blocked）、死亡（Dead）。

如图 10.1 所示，一个线程从它被创建到停止执行都要经历一个完整的生命周期。刚创建的线程称为新线程，当调用线程的 start() 方法之后，线程处于 "就绪" 状态，随时等候获得 CPU 资源转为 "运行" 状态，在 "运行" 状态的线程遇到其他事件（执行 I/O 操作）或时间片用完时，线程将转入 "阻塞" 状态，而获得资源后又转入到 "就绪" 状态，然后根据线程的优先级等情况转为 "运行" 状态，线程正常运行结束后，被转入到 "死亡" 状态，从而结束线程的整个生命周期。

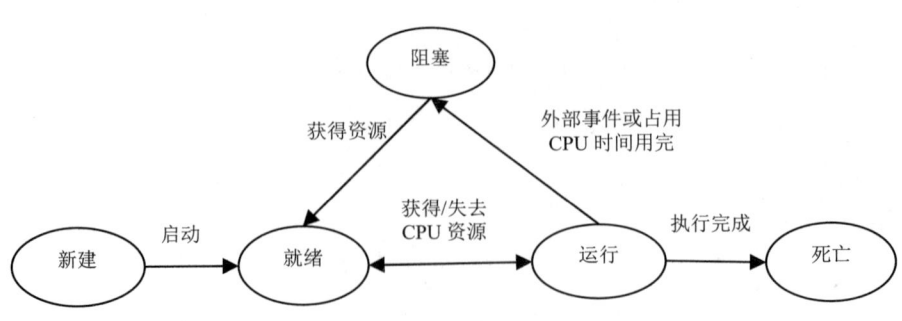

图 10.1　线程的生命周期

10.1.3 线程的调度与优先级

1. 调度

调度就是指在各个线程之间分配 CPU 资源。多个线程的并发执行实际上是通过一个调度来进行的。线程调度有两种模型：分时模型和抢占模型。在分时模型中，CPU 资源是按照时间片分配的，获得 CPU 资源的线程只能在指定时间片内执行，一旦时间片使用完毕，就必须把 CPU 让给另一个处于就绪状态的线程。

2. 优先级

在多线程系统中，每个线程都被赋予一个执行优先级。优先级决定了线程被 CPU 执行的先后顺序。优先级高的线程可以在一段时间内获得比优先级低的线程更多的执行时间。这样好像制造了不平等，然而却带来了效率。如果线程的优先级完全相等，就按照"先来先用"的原则进行调度。

10.2 Java 的 Thread 线程类与 Runnable 接口

Java 中的线程有两方面的含义，一是一条独立的执行线索，二是 java.lang.Thread 类或其子类的对象。在 Java 中开发自己的线程有两种方式，包括继承 Thread 类与实现 Runnable 接口，这两种方式在不同的场合各有优缺点，本小节将对这两种方式进行详细的介绍。

10.2.1 利用 Thread 类的子类创建线程

若一个类直接或间接地继承 Thread 类，则该类对象便具有了线程的能力，采用此方法最重要的就是重写 run()方法，run()方法中的代码就是线程所有执行任务的描述。基本语法如下：

```
class <类名> extends Thread{
    public void run(){
        //线程所要执行的任务代码
    }
}
```

下面给出了一个基于继承 Thread 类来实现自定义线程的例子。

【例 10.3】继承 Thread 类示例的源程序。

```
//filename：app10_3.java
class MyThread extends Thread
    {
        public void run()
        {
            System.out.println(Thread.currentThread().getName());
        }
    }

    public class app10_3 {
        public static void main(String[] args) {
            System.out.println("开始运行主函数！");
            MyThread mythread1 = new MyThread ();      //创建线程 mythread1
            mythread1.setName("First thread");
```

```
            MyThread mythread2 = new MyThread();      //创建线程 mythread2
            mythread2.setName("Second thread");
            mythread1.start();                         //启动线程 mythread1
            mythread2.start();                         //启动线程 mythread2
            System.out.println("主函数运行结束！");
        }
    }
```

将该程序执行多次后，会发现执行的结果有多种，其中一种执行结果如下：

```
开始运行主函数！
主函数运行结束！
Second thread
First thread
```

例 10.3 所示的是一个典型的多线程示例。MyThread 继承自 Thread 类，实现了输出的功能，该类覆盖了 run()方法。该示例中包含主函数，并且主函数创建了 2 个线程实例先后启动执行，显然该程序一共启动了 3 个线程：main、First thread、Second thread。

从上述结果可以看出，主函数线程先调入内存，并由 Java 平台启动，因此它先输出结果，而后创建并启动 2 个线程。这时由于它还未被调出 CPU，因此立刻输出"主函数运行结束！"，然后才是 2 个线程轮流执行，输出本线程的名字。由于系统为每个线程分配的时间片不固定，线程的执行时间也不固定，所以每次执行顺序的结果不一定相同。

1. Thread 类的构造方法

Thread 类提供了 8 种构造方法，表 10.1 所示为 Thread 类常用的 4 种构造方法。

表 10.1 Thread 类的构造方法

构造方法	功能
public Thread( )	该构造方法将构造新的线程对象，该对象启动后将运行自身的 run 方法，并且该对象具有默认的名称
public Thread(String name)	该构造方法将构造新的线程对象，该对象启动后将运行自身的 run 方法，并且该对象具有参数 name 指定的名称
public Thread(Runnable target)	参数 target 为指定的 Runnable 实现类，该构造方法将构造新的线程对象，该对象启动后将运行指定 target 中的 run 方法，并且该对象具有默认的名称
Public Thread(Runnable target, String name)	参数 target 为指定的 Runnable 实现类，该构造方法将构造新的线程对象，该对象启动后将运行指定 target 中的 run 方法，并且该对象具有参数 name 指定的名称

关于另外 4 种在编写线程组时使用的构造方法，请有兴趣的读者具体参考 JDK。

public Thread(ThreadGroup group, Runnable target);
public Thread(ThreadGroup group, String name);
public Thread(ThreadGroup group, Runnable target, String name); public Thread(ThreadGroup group, Runnable target, String name, long stackSize);

2. Thread 类常用方法

表 10.2 所示为 Thread 类的常用方法。

表 10.2 Thread 类的常用方法

方法	功能
public void run()	线程所执行的代码，子类需通过覆盖来实现自己的功能
public void start() throws IllegalThreadStateException	启动线程的方法，只需调用一次，多次调用会产生异常
public static Thread currentThread()	返回对当前正在执行的线程对象的引用
public static void sleep(long millis) throws InterruptedException	在指定的毫秒数内让当前正在执行的线程休眠（暂停执行），此操作受到系统计时器和调度程序精度和准确性的影响。该线程不丢失任何监视器的所属权
public void interrupt()	中断线程
public static boolean interrupted()	测试当前线程是否已经中断
public final boolean isAlive()	测试线程是否处于活动状态。如果线程已经启动且尚未终止，则为活动状态
public final void setName(String name)	改变线程名称，使之与参数 name 相同
public final String getName()	返回该线程的名称
public final void join() throws InterruptedException	等待该线程终止
public static void yield()	暂停当前正在执行的线程对象，并执行其他线程
public final void setPriority(int newPriority)	更改线程的优先级。输入参数可选 MAX_PRIORITY、MIN_PRIORITY、NORM_PRIORITY
public final int getPriority()	返回线程的优先级
notify()/notifyAll()/wait()	从 Object 继承而来的方法

3. 设置线程的优先级

为了使线程发挥出最佳的性能，还可以调整其优先级。Java 中线程的优先级用 1～10 之间的整数来表示，数值越大优先级越高，默认优先级为 5。例如，在没有特别指定的情况下，主线程的优先级别为 5；对于子线程，其初始优先级与其父线程的优先级相同，也就是说，若父线程优先级为 8，则子线程的初始优先级为 8。

当需要改变线程的优先级时，可以通过调用表 10.2 中的 setPriority 方法来实现，该方法是 final 的，所以在继承 Thread 类时不能重写该方法；另外，参数 newPriority 表示需要设置的优先级别，应该是 1～10 之间的整数，Java 平台提供了 3 个常量来表示常用的优先级别（高：MAX_PRIORITY；低：MIN_PRIORITY；一般：NORM_PRIORITY）。

例 10.4 是在例 10.3 基础上稍加修改而成的，把线程类中的 run()方法改为输出优先级，而在 main()函数启动线程后，立即为两个线程设置不同的优先级。

【例 10.4】优先级设置示例的源程序。

```java
//filename：app10_4.java
class MyThread extends Thread {
    private String threadName;
    public MyThread(String threadName) {
        System.out.println("本线程的名字："+threadName);
        this.threadName=threadName;
```

```java
                System.out.println("创建线程\"" + this.threadName
                            + "\"默认优先级: " + this.getPriority());
        }

        public void run() {
                System.out.println("正在运行的线程: \"" + this.threadName
                            + "\"优先级: " + this.getPriority());
        }
}

public class app10_4 {
        public static void main(String[] args) {
                System.out.println("开始运行主函数!");
                MyThread mythread1 = new MyThread ("First thread");
                MyThread mythread2 = new MyThread("Second thread");
                mythread1.start();
                mythread1.setPriority(Thread.MIN_PRIORITY);
                mythread2.start();
                mythread2.setPriority(Thread.MAX_PRIORITY);
                System.out.println("主函数运行结束!");
        }
}
```

程序运行结果如下：

```
开始运行主函数!
本线程的名字: First thread
创建线程"First thread"默认优先级: 5
本线程的名字: Second thread
创建线程"Second thread"默认优先级: 5
正在运行的线程: "Second thread"优先级: 10
主函数运行结束!
正在运行的线程: "First thread"优先级: 1
```

从上述结果不难看出，主函数线程的优先级为一般，创建的子线程都继承了这一优先级，即输出为 5，而在线程启动后，子线程的优先级分别调整成最低和最高。事实上，每个 Java 线程的优先级都在 Thread.MIN_PRIORITY 和 Thread.MAX_PRIORITY 之间，即 1~10 之间，而每个新线程默认优先级为 Thread.NORM_PRIORITY。

多个线程运行时，线程调度是抢先式的，即如果当前线程在执行过程中，一个具有更高优先级的线程进入可执行状态，则该高优先级的线程会被立刻调度执行。若线程的优先级相同，线程在就绪队列中排队。在分时系统中，每个线程按时间片轮转方式执行。在某些平台上线程调度将会随机选择一个线程，或始终选择第一个可以得到的线程。因此，合理设置线程的优先级能使程序运行更高效。

4. 线程的休眠

在线程的执行过程中，调用 sleep 方法可以让线程休眠一段指定的时间，等指定时间到达后，该线程则会苏醒，并进入准备状态等待执行。这是使正在执行的线程让出 CPU 的最简单的方法之一，其方法定义如下：

public static void sleep(long millis) throws InterruptedException

```
public static void sleep(long millis, int nanos)throws InterruptedException
```

（1）sleep()方法被重载了，但上述两种方法都可以使线程进入休眠状态。

（2）参数 millis 为指定线程将休眠的毫秒数，参数 nanos 为指定线程额外将休眠的纳秒数，要注意的是，纳秒级的计时十分不准确，不能作为时间基准。

（3）上述两种方法都有可能不成功而抛出InterruptedException异常，因此调用此方法时需进行异常处理。

（4）上述两种方法都是 static 方法，所以这两个方法均不是与某个对象相关联，可以出现在任何位置，让执行此方法的线程进入休眠状态。也就是说，哪个线程执行了 sleep()方法哪个线程就去休眠，并不是调用特定线程对象的 sleep()方法。

例 10.5 是在例 10.3 的基础上稍加修改，输出线程名后让线程休眠 1000ms。

【例 10.5】线程的休眠示例的源程序。

```
//filename：app10_5.java
class MyThread extends Thread {
        public void run() {
                for (int i = 0; i < 3; i++) {
                        System.out.println("正在运行的线程是： "
                                        + Thread.currentThread().getName());
                        try {
                                Thread.sleep(1000);
                        } catch (InterruptedException e) {
                                System.err.println(e.toString());
                        }
                }
        }
}

public class app10_5 {
        public static void main(String[] args) {
                System.out.println("开始运行主函数!");
                MyThread mythread1 = new MyThread();
                mythread1.setName("First thread");
                MyThread mythread2 = new MyThread();
                mythread2.setName("Second thread");
                mythread1.start();
                mythread2.start();
                System.out.println("主函数运行结束!");
        }
}
```

程序的运行结果如下：

```
开始运行主函数!
主函数运行结束!
正在运行的线程是：First thread
正在运行的线程是：Second thread
正在运行的线程是：First thread
正在运行的线程是：Second thread
正在运行的线程是：First thread
正在运行的线程是：Second thread
```

从上述运行结果不难看出，进程 First thread 遇到 sleep()方法沉睡 1000ms，让出 CPU，另一进程 Second thread 获得 CPU 后获得执行权。

5. join 方法

Thread 类提供的 join()方法也是用于控制线程的，它的特别之处在于应用的场合特殊。如果某线程（线程 A）只有在另一线程（线程 B）终止时才能继续执行，则这个线程（线程 A）可以调用另一线程（线程 B）的 join()方法，将两个线程"联结"在一起，即线程 A 先运行，而后被挂起，线程 B 接着执行直到其终止，此时线程 A 回到可执行状态继续执行。

例 10.6 是在例 10.5 的基础上稍加修改，输出线程名后让线程休眠 3000ms。

【例 10.6】线程联结示例的源程序。

```java
//filename: app10_6.java
class MyThread extends Thread {
    public void run() {
        System.out.println("子线程的名字："+Thread.currentThread().getName()
            +"已开始运行，预计运行 3s! ");
        try {
            Thread.sleep(3*1000);
        } catch (InterruptedException e) {
            System.err.println(e.toString());
        }
        System.out.println("子线程准备运行完毕退出!");
    }
}
public class app10_6 {
    public static void main(String[] args) {
        System.out.println("主线程启动执行，并创建子线程!");
        MyThread mythread1 = new MyThread();
        mythread1.setName("First thread");
        mythread1.start();
        try {
            mythread1.join();
        } catch (InterruptedException e) {
            System.err.println(e.toString());
        }
        System.out.println("子线程终止，主线程继续运行!");
        System.out.println("主线程运行结束!");
    }
}
```

程序运行结果为：

主线程启动执行，并创建子线程!
子线程的名字：First thread 已开始运行，预计运行 3s!
子线程准备运行完毕退出!
子线程终止，主线程继续运行!
主线程运行结束!

当调用 join()方法时，调用线程将阻塞，直到目标线程完成为止。此处调用线程就是 main 线程，目标线程就是 thread1 线程。

join()通常由使用线程的调用者使用（如主线程 main()方法），可以在 main 中执行若干个线程，然后分别使用这些线程的 join()方法等待它们全部完成。例如 main 中将 First thread 线程进行创建并执行，等待它全部执行完毕后再输出最后的"主线程执行完毕"，如果不进行等待，则有可能在其他线程还没有完成之前这个 main 线程就已经执行完毕。

除了可以控制线程休眠、联结外，实际应用中更多的是控制线程同步、防止线程死锁和实现线程间通信等，下一小节将专门介绍这部分内容。

10.2.2 用 Runnable 接口来创建线程

由于 Java 中采用的是单继承，一个类只能唯一地继承另一个类。如果只能通过继承 Thread 类来实现自己的线程，在开发中会有很多限制。因此，Java 中提供了一个名为 Runnable（java.lang.Runnable）接口，此接口中有一个如下定义的抽象方法。

```
public abstract void run();
```

这样，实现了 Runnable 接口的类同样也就具有了描述线程任务的 run()方法，此 run()方法也可以在一定的条件下称为一条独立的执行线索。但实现 Runnable 接口的类并不能直接作为线程运行，还需线程类配合才能执行。

使用 Runnable 接口创建线程的步骤如下：

（1）实现 Runnbale 接口，比如实现了该接口的类为 MyRunnable，可在 MyRunnable 类的 run()方法里面编写想让线程执行的代码。

```
public class MyRunnable implements Runnable
{
    public void run()
    {
    //线程所要执行的任务代码
    }
}
```

（2）创建实现 Runnable 接口类的实例，比如创建 MyRunnable 类的实例为 myRunnable。

```
MyRunnable myRunnable=new MyRunnable();
```

（3）创建线程类 Thread 的实例，并使用构造方法 Thread(Runnable)完成线程的创建。

```
Thread thread = new Thread(myRunnable);
```

经过上述 3 步后，就得到了线程类实例，调用 start()方法后就启动了这个线程。这个线程实际上执行 MyRunnable 类中的 run()方法的代码。

按照上述方法稍加修改 10.3，可以得到利用 Runnable 接口创建线程的完整过程。

【例 10.7】实现 Runnable 接口示例的源程序。

```
//filename: app10_7.java
class MyRunnable implements Runnable
{
    public void run()
    {
        System.out.println(Thread.currentThread().getName());
    }
}

public class app10_7 {
    public static void main(String[] args) {
        System.out.println("开始运行主函数!");
```

```
            MyRunnable myRunnable1=new MyRunnable();
            MyRunnable myRunnable2=new MyRunnable();
            Thread thread1=new Thread(myRunnable1);
            thread1.setName("First thread");
            Thread thread2=new Thread(myRunnable2);
            thread2.setName("Second thread");
            thread1.start();
            thread2.start();
            System.out.println("主函数运行结束!");
    }
}
```

运行结果和例 10.3 类似,如果将上述 run()方法中的输出语句循环 50 次或者更多次执行,可改成:

```
public void run()
{
        for(int i =0;i<50;i++){
                System.out.println(Thread.currentThread().getName());
        }
}
```

线程程序执行的程序效果将更加明显。

无论使用 Thread 类还是 Runnable 接口,都可以通过一定的操作得到一条独立的执行线索,然而二者之间不是完全相同的,下面对二者之间的异同进行比较。

(1)继承 Thread 类的方式虽然最简单,但继承了该类就不能继承别的类,这在有些情况下会严重影响开发。其实,很多情况下只是希望自己的类具有线程的能力,能扮演线程的角色,而自己的类还需要继承其他类。

(2)实现 Runnable 接口既不能影响继承其他类,也不影响实现其他接口,只是实现 Runnbale 接口的类多扮演了一种角色,多了一种能力而已,灵活性更好。

特别要注意的是,在实际开发应用中,要清晰地知道应在线程类 Thread 的哪个子类覆盖 run 方法和具体应实现什么样的功能,以免无法掌控线程的执行。对于初学者来说,不鼓励通过继承 Thread 的派生类方式支持线程特性,而建议采用支持线程特性的类直接实现 Runnable 接口的方式。

10.2.3 线程间的数据共享

由于同一进程的多个线程有时需要共享同一个对象,若它们同时访问该对象,必然会产生访问共享数据的冲突。例如火车站售票,路人甲和路人乙分别买从武汉到北京的 G588 次列车的车票,假设路人甲所在的 1 号窗口和路人乙所在的 2 号窗口同时查询得到的余票均为一张,1 号窗口出售一张票给路人甲,剩余票数被修改为 0,与此同时 2 号窗口已经执行完判断是否有票的操作,并得出结论票数大于 0,于是出售给路人乙一张票,这样就会产生负数,剩余票数被修改为-1。很明显,线程安全问题来源于两个线程同时存取共享单一对象的数据。

【例 10.8】线程安全示例的源程序(模拟火车站售票系统)。

```
//filename: app10_8.java
class TicketWindow implements Runnable {
        int ticketCount = 5;
```

```java
            public void dislplayCount() {
                if (ticketCount > 0) {
                    System.out.println("tickets:" + ticketCount--);
                }
            }
            public void run() {
                while (true) {
                    dislplayCount();
                    try {
                        Thread.sleep(100);
                    } catch (InterruptedException e) {
                        e.printStackTrace();
                    }
                }
            }
        }
        public class app10_8 {
            public static void main(String[] args) {
                TicketWindow tw=new TicketWindow();
                Thread threadA=new Thread(tw);
                Thread threadB=new Thread(tw);
                Thread threadC=new Thread(tw);
                Thread threadD=new Thread(tw);
                threadA.start();
                threadB.start();
                threadC.start();
                threadD.start();
            }
        }
```

程序的某次运行结果如下:

```
tickets:5
tickets:3
tickets:4
tickets:5
tickets:1
tickets:2
tickets:0
tickets:-1
```

从以上结果可以看到，最后打印出剩下的票为负值，这样就出现了问题。这是由于同时创建了 4 个线程。这 4 个线程执行 run()方法，在 ticketCount 变量为 1 时，线程 1、线程 2、线程 3、线程 4 都对 ticketCount 变量有存储功能，当线程 1 执行 run()方法时，还没来得及做递减操作，就进入 sleep 状态，这是假设线程 2、线程 3、线程 4 都进入了 run()方法，发现 ticketCount 变量依然大于 0，但此时线程 1 休眠时间结束，ticketCount 变量值减 1 变为 0，同时线程 2、线程 3、线程 4 也对 ticketCount 进行递减操作，从而产生负值。

10.3 多线程的同步控制

在单线程程序中，每次只做一件事情，待前面的事情做完后才可以进行后面的事情，在多线程程序中，就会发生多个线程抢占同一资源的情况，例如两只羊同时过独木桥、两个人同时说话等，因此，在多线程编程中，需要防止这些资源访问的冲突，Java 中提供了线程同步机制来防止资源访问的冲突。

Java 语言提供了关键字 synchronized 来实现多个线程的同步，并区分为两种方法：一种是对象同步，一种是方法同步。

对象同步是针对某一数据对象而言的，即 synchronized 关键字还可以放在对象前面限制访问该对象的一段代码，表示该对象在任何时刻只能有一个线程访问，一般形式为：

```
…
synchronized(Obj){
    //允许访问控制的代码
}
```

方法同步就是在定义方法时加上关键字 synchronized 修饰即可，某一线程一旦启动对该方法的访问，其他线程只能等待这个线程执行完这个方法后再访问，一般形式为：

```
public synchronized void methodName([参数列表]) {
    //允许访问控制的代码
}
```

实质上是给这个方法所在的对象加上了锁，这样就可以有效地防止并发执行导致的对象中的数据（包括 i）"丢失或修改"之类的情况产生。

无论哪个线程需要运行这个 synchronized 方法时，如果当前没有其他线程在运行这个方法，它将直接运行；否则就必须等到其他线程运行完毕这个方法才能运行。这样就可以有效地避免对象中的数据访问冲突。

尝试使用对象同步，对对象加锁，即修改为如下代码。

```
public void dislplayCount() {
    synchronized (this) {
        if (ticketCount > 0) {
            System.out.println("tickets:" + ticketCount--);
        }
    }
}
```

或尝使用方法同步，对方法加锁，即修改为如下代码。

```
public synchronized void dislplayCount() {
    if (ticketCount > 0) {
        System.out.println("tickets:" + ticketCount--);
    }
}
```

程序的运行结果如下：

```
tickets:5
tickets:4
tickets:3
tickets:2
tickets:1
```

事实上，对于一个需要较长时间执行的方法来说，其中访问关键数据的时间可能很短，如果使用方法同步，将整个方法加上 synchronized 关键字，将导致其他线程因无法调用该方法而长时间无法得到执行，这不利于提高程序的运行效率。这时，一般提倡使用对象同步，只把访问关键数据的代码段用花括号扩起来，在其前面加上 synchronized (this)即可。

10.4 线程之间的通信

在上一小节中，我们看到，当一个线程正在使用一个同步方法时，其他线程就不能使用这个同步方法。对于同步方法，有时会涉及某些特殊情况，如当一个人在一个售票窗口排队购买电影票时，如果他给售票员的钱不是零钱，而售票员又没有零钱找给他，那么他就必须等待，并允许他后面的人买票，以便售票员获得零钱给他。如果第二个人仍然没有零钱，那么他俩必须等待，并允许后面的人买票。Java 语言的 java.lang.Object 类提供了 wait()、notify()和 notifyAll()三个方法协调线程间的运行进度关系，实现进程通信。

wait()、notify()和 notifyAll()都是 Object 类的 final 方法，可被所有的类继承且不允许方法被重写。

模拟喜羊羊和懒羊羊来买电影票，售票员只有两张 5 元的钱，电影票 5 元一张，喜羊羊拿 20 元一张的钱排在懒羊羊前面买票，懒羊羊拿一张 5 元的钱来买票，因此喜羊羊必须等待（还是懒羊羊先买了票）。

【例 10.9】线程通信示例的源程序（模拟电影票售票系统）。

```java
//filename: app10_9.java
class TicketsHouse implements Runnable {
    int fiveAmount = 2, twentyAmount = 0;

    public void run() {
        if (Thread.currentThread().getName().equals("喜羊羊")) {
            saleTicket(20);
        } else if (Thread.currentThread().getName().equals("懒羊羊")) {
            saleTicket(5);
        }
    }

    private synchronized void saleTicket(int money) {
        if (money == 5) {
            fiveAmount = fiveAmount + 1;
            System.out.println(Thread.currentThread().getName() + "的钱正好，给"
                    + Thread.currentThread().getName() + "电影票。");
        } else if (money == 20) {
            while (fiveAmount < 3) {
                try {
                    System.out.println("\n" + Thread.currentThread().getName()
                            + "靠边等……");
                    wait();
                    Thread.sleep(1000);
                    System.out.println("\n" + Thread.currentThread().getName()
                            + "继续买票");
```

```
                    } catch (InterruptedException e) {}
                }
                fiveAmount = fiveAmount - 3;
                twentyAmount = twentyAmount + 1;
                System.out.println(Thread.currentThread().getName() + "给 20，找零 15 元，给"
                                    + Thread.currentThread().getName() + "电影票。");
            }
            notifyAll();
        }
    }

public class app10_9{
    public static void main(String[] args) {
        // 创建了 TicketsHouse 对象
        TicketsHouse officer = new TicketsHouse();
        // 创建线程对象
        Thread xyy = new Thread(officer, "喜羊羊");
        Thread lyy = new Thread(officer, "懒羊羊");
        // 启动线程对象
        xyy.start();
        lyy.start();
    }
}
```

程序的运行结果如下：

喜羊羊靠边等……
懒羊羊的钱正好，给懒羊羊电影票。

喜羊羊继续买票
喜羊羊给 20，找零 15 元，给喜羊羊电影票。

综合应用：生产者—消费者模型是典型的多线程应用的原型，本小节将介绍一个模拟生产者和消费者关系的程序。

【例 10.10】生产者—消费者模型示例的源程序。

```
//filename: app10_10.java
class common {                          //定义同步资源
    private char ch;
    private boolean available = false;

    synchronized char get() {        /* 定义同步方法 get */
        /* 当 available 变量的值是 true 时，一直挂起线程 */
        while (available == false){
            try {
                wait();
            } catch (InterruptedException e) {
                e.printStackTrace();
            }
        }
        available = false;
        notify();                    /* 唤醒生产者线程 */
        return ch;
```

```java
        }
        synchronized void put(char newch) {    /* 定义同步方法 put(形参) */
            /* 当 available 变量的值是 true 时，一直挂起线程 */
            while (available == true) {
                try {
                    wait();
                } catch (InterruptedException e) {
                    e.printStackTrace();
                }
            }
            ch = newch;
            available = true;
            notify();                          /* 唤醒消费者线程 */
        }
    }

    class producer extends Thread {           // 生产者
        private common comm;
        public producer(common thiscomm) {
            comm = thiscomm;
        }
        public void run() {
            char c;
            for (c = 'a'; c <= 'e'; c++) {
                System.out.println("生产的数据是：" + c);
                comm.put(c);
                try {
                    Thread.sleep(100);
                } catch (InterruptedException e) {
                    e.printStackTrace();
                }
            }
        }
    }

    class consumer extends Thread {           // 消费者
        private common comm;
        public consumer(common thiscomm) {
            comm = thiscomm;
        }

        public void run() {
            char c;
            for (int i = 0; i < 5; i++) {
                c = comm.get();        /* 调用同步方法 get */
                System.out.println("消费者得到的数据是：" + c);
            }
        }
    }
```

```java
public class app10_10{
    public static void main(String[] args) {
        common comm = new common();              //共享资源对象 comm
        producer p = new producer(comm);         /* 定义生产者线程 p，并启动它 */
        p.start();
        consumer c = new consumer(comm);         /* 定义消费者线程 c，并启动它 */
        c.start();
    }
}
```

程序的运行结果如下。

生产的数据是：a
消费者得到的数据是：a
生产的数据是：b
消费者得到的数据是：b
生产的数据是：c
消费者得到的数据是：c
生产的数据是：d
消费者得到的数据是：d
生产的数据是：e
消费者得到的数据是：e

上述程序展示了生产者—消费者多线程编程的原型，注释详细阐述了各个关键点，这里不再赘述。实际应用程序往往修改上述程序中产生数据的部分以及共享数据类和共享数据控制类中的数据生产和消费规则。

本章小结

- 线程是指程序的运行流程。多线程的机制可以同时运行好几个程序块，使程序运行的效率变得更高，也可以克服传统程序语言无法解决的问题。
- 多任务与多线程是两个不同的概念，多任务是针对操作系统而言的，表示操作系统可以同时运行多个应用程序；而多线程是对一个程序而言的，表示在一个程序内部可以同时执行多个线程。
- 创建线程有两种方法：一种是继承 java.lang 包中的 Thread 类；另一种是用户在定义自己的类中实现 Runnable 接口。
- run()方法给出了线程要执行的任务。若是派生自 Thread 类，必须把线程的程序代码编写在 run()方法内，实现覆盖操作；若是实现 Runnable 接口，必须在实现 Runnable 接口的类里定义 run()方法。
- 如果要在类中激活线程，必须先准备好以下两件事情：①此类必须是派生自 Thread 类或实现 Runnable 接口，使自己成为它的子类；②线程的处理必须写在 run()方法内。
- 每一个线程，在其创建和消亡之前，均会处于下列五种状态之一：新建状态、就绪状态、运行状态、阻塞状态和消亡状态。
- 阻塞状态的线程一般情况下可由下列情况所产生：①该线程调用对象的 wait()方法；②该线程本身调用了 sleep()方法；③该线程和另一个线程 join()在一起；④有优先级

更高的线程处于就绪状态。
- 解除阻塞的原因有：①如果线程是由调用对象的 wait()方法所阻塞的，则该对象的 notify()方法被调用时可解除阻塞；②线程进入睡眠（Sleep）状态，但指定的睡眠时间到了。
- 当线程的 run()方法运行结束时，则线程进入消亡状态。
- Thread 类中的 sleep()方法可以用来控制线程睡眠时间，睡眠时间的长短全看 sleep()方法里的参数而定，单位为千分之一秒。
- 要简单地设计线程的有序执行，可调用 join()方法。join()方法会抛出 InterruptedException 异常，所以编程时必须把 join()方法编写在 try-catch 块内。
- 线程在运行时，因不需要外部的数据或方法就不关心其他线程的状态或行为，这样的线程称为独立、不同步的或是异步执行的。
- 被多个线程共享的数据在同一时刻只允许一个线程处于操作之中，这就是同步控制中的线程间互斥。
- 互斥是指两个或多个线程不能同时共生，但无先后次序要求；而同步则是指两个或多个线程在执行时有先后次序的约束。
- 当一个线程对共享数据进行操作时，在没有完成相关操作之前，应使之成为一个"原子操作"，即不允许其他线程打断它，否则可能会破坏数据的完整性而得到错误的处理结果。
- synchronized 锁定的是一个具体对象，通常是临界区对象。所有锁定同一个对象的线程之间，在 synchronized 代码块上是互斥的，也就是说，这些线程的 synchronized 代码块之间是串行执行的，不再是互相交替穿插并发执行，因而保证了 synchronized 代码块操作的原子性。
- 只有当一个线程执行完它所调用对象的所有 synchronized 代码块或方法时，该线程才会自动释放这个对象互斥锁。

11 图形界面设计

图形用户界面是应用程序与用户交互的窗口，利用它可以接收用户的输入并向用户输出程序运行的结果。

11.1 图形用户界面概述

图形用户界面（Graphics User Interface，GUI）设计是指用图形的方式，借助菜单、按钮等标准界面元素和鼠标操作，帮助用户方便地向计算机系统发出指令、启动操作，并将系统运行的结果以图形的方式显示给用户的技术。简单地说，图形用户界面就是用户与计算机之间交互的图形化操作界面，因此 GUI 又称为图形用户接口。即通过 GUI 允许用户与 Java 应用程序或小程序交互操作。可以说，Java 语言的 GUI 程序设计是 Java 程序设计的基础，十分重要。JDK 每推出一个新的版本，都会增加许多 GUI 程序设计方面的功能，所以 Java 语言的 GUI 程序设计技术发展很快。它的发展是向着保持较好的兼容性、连贯性和高度灵活性、平台独立性的方向发展。

Java 语言提供了两个处理图形用户界面的包：java.awt 包和 javax.swing 包。

AWT 是抽象窗口工作集（Abstract Window Toolkit）的英文缩写。"抽象窗口"使得开发人员所设计的界面独立于具体的界面实现，即开发人员用 AWT 开发出的图形用户界面可以适用于所有的平台系统，当然这仅是理想的情况。实际上，AWT 的功能还不是很完善，Java 程序的图形用户界面在不同的平台上可能会出现不同的运行效果，如窗口大小、字体效果会发生变化等。也就是说，Java 语言图形组件在绘制方面并不完全是"平台独立"，因此使用 AWT 包所编写的程序很可能在不同的操作平台上会有不一样的显示。

为了重塑 Java 语言在 GUI 界面开发上的优势，Sun 公司和 Netscape 公司达成了协议，共同开发 Java 基础类库（Java Foundation Class，JFC），把 Netscape 公司中的 Internet 基础类库（Internet Foundation Class，IFC）中优秀和先进的设计思想集成进 JFC 中。Java2 版本新增了 Swing 工具包作为 AWT 的扩展，并以 AWT 为基础。Swing 为 Java 程序增添了一种新的能力，它可以根据一个给定环境而调整它们的外观和感觉，使得一个程序可以同时应用于多种操作平台，这种跨平台的灵活性使 Java 语言突显了它在网络编程方面游刃有余的功力。随着时间的推移，Swing 经过不断的发展和更新，使 Swing 成为一个带有丰富组件的 GUI 工具包，因此它组成了 JFC 的用户界面功能的核心部分。尽管 Swing 可以替代 AWT 的一些组件，但实际上，

Swing 与 AWT 核心组件的配合为 Java 程序提供了一个更加强大的 GUI。AWT 组件通常称为重型组件，因为它在运行时需要一个与平台相关的本地组件为之服务；而 Swing 组件是纯 Java 编写的，不直接使用本地组件，所以通常称为轻型组件。为了区别 Swing 组件类和 AWT 组件类，Swing 组件类的名字开头都有前缀字母"J"，尽管 Java 目前仍支持 AWT 组件，但最好是学习使用 Swing 组件编程，因为 AWT 用户界面组件终究会被淘汰。

11.2 图形用户界面工具包——Swing

设计 Java 图形用户界面的基本元素主要由图形用户界面工具包 Swing 提供，包括用户面组件、事件处理模型、图形和图像工具、布局管理器等，它们主要都在 javax.swing 包中。Swing 是 Java 包的一部分，它为大规模的 GUI 开发提供了丰富的基础结构。javax.swing 包主要由组件类、事件类、接口、布局类、菜单类等组成。

11.2.1 Swing 组件分类

Java 语言中构成图形用户界面（GUI）的各种元素称为组件（Componet）。构建图形用户界面的类可以分为三组：容器类（Container Class）、辅助类（Helper Class）和组件类（Component Class）。

容器类是用来包含其他组件的类，容器又分为两种：顶层容器和非顶层容器。顶层容器可以独立存在，Swing 的顶层容器主要有 JFrame、JApplet 和 JDialog 等，它们都是重型组件。顶层容器大都是含有边框，并且具有可以移动、放大、缩小、关闭等较强功能的容器。非顶层容器不能独立存在，主要有 JPanel、JScrollPane 和 JToolBar 等，非顶层容器必须放入窗口之内才能显示，并且可以有自己的布局管理器。

辅助类是用来描述组件属性的，例如，绘图类 Graphics、颜色类 Color、字体类 Font、字体属性类 FontMetrics 和布局管理器类 LayoutManager 等，辅助类都不是 Componet 类的子类，通常包含在 java.awt 包中。

Swing 组件不能取代 AWT 的全部类，只能替代 AWT 的 GUI 组件类（如 Button、TextField、TextArea 等），AWT 辅助类保持不变。

所有 Swing GUI 组件类（除了 JFrame、JApplet 和 JDialog）都是 JComponent 类的子类，例如 JButton、JTextField、JTextArea、JComboBox、JList、JRadioButton 和 JMenu 等。Component 类是所有 GUI 组件类和容器类的根，而 JComponent 类是所有 Swing 组件类的父类（除了 JFrame、JApplet 和 JDialog）。由于 JComponent 类是一个抽象类，所以不能用 new JComponent() 创建 JComponent 类的对象，但是可以用 JComponent 类具体子类的实例来搭建用户界面。Swing 组件分类如表 11.1 所示。

表 11.1 Swing 组件分类

组件类别	组件名称	类名
基本组件	按钮	JButton、JCheckBox、JRadioButton
	组合框	JComboBox
	列表框	JList
	菜单	JMenu、JMenuBar、JMenuItem

续表

组件类别	组件名称	类名
	滑动条	JSlider
	工具栏	JToolBar
	文本区	JTextField、JPasswordField、JTextArea、JFormattedField
不可编辑的显示组件	标签	JLabel
	工具提示	JToolTip
	进度条	JProgressBar
可编辑的显示组件	表格	JTable
	文本	JTextPane、JTextArea、JEditorPane
	树	JTress
	颜色选择窗格	JColorChooser
	文件选择框	JFileChoose
	数值选择器	JSpinner
节省空间的容器	滚动窗格	JScrollPane、JScrollBar
	拆分窗格	JSplitPane
	选项卡窗格	JTabbedPane
顶层容器	框架	JFrame
	Applet	JApplet
	对话框	JDialog、JOptionPane
其他容器	面板	JPanel
	内部框架	JInternalFrame
	分层窗格	JLayeredPane
	根窗格	JRootPane

Window 类是可以自由移动的、不依赖其他容器而存在的窗口。Window 类有两个主要子孙类：窗口框架 JFrame 和对话框 JDialog。JFrame 是一种带标题栏并且可以改变大小的窗口，而 JDialog 则是在一种带有标题栏但不能改变其大小的窗口。JPanel 类与窗口类似，但它是一种没有标题栏的容器，且不能独立存在，必须包含在另一个容器之中，如包含在 JFrame 或 Web 浏览器窗口中。

在 Java 应用程序中，一般独立应用程序主要使用框架 JFrame 作为容器，在 JFrame 上通过放置 JPanel 面板来控制图形界面的布局；如果应用到浏览器中，则主要使用 JApplet 来做容器。JApplet 是一个能够嵌入到浏览器中运行的特殊容器。

1. Swing 容器的层次关系

JFrame、JApplet 和 JDialog 继承其重型组件的所有功能，具有更为复杂的结构。一般的 Swing 窗口实际上包含几个"层次"，各个层次的关系叙述如下。

（1）顶层容器（Top Lever Container）

顶层容器是一个窗口容器对象，该对象中包含了 Swing 窗口的各个层次，在该对象中可以加入其他窗口对象。JFrame 便是一个顶层容器，其他类似 JFrame 的顶层容器还有 JApplet、JDialog 等。

（2）根窗格（Root Pane）

根窗格是一个轻型容器，它是在创建顶层容器后自动创建的，供 Swing 顶层容器在后台使用，它是顶层容器中所包含的最内层，通常无法在这一层上做任何操作与处理。

（3）分层窗格（Layered Pane）

加入分层窗格的组件可以设置其图层层次，且不会被内容窗格中的对象屏蔽。在分层窗格中的对象还可以设置其图层层次高低，图层层次较高的对象和图层层次较低的对象重叠时，层次低的对象会被屏蔽。这一层主要用于管理菜单栏和内容窗格。菜单栏是可选的，若没有则内容窗格就会充满整个顶层窗格。

（4）内容窗格

内容窗格是 Container 类的一个实例，默认状态下它是一个具有 BorderLayout 布局管理器的 JPanel 对象。大部分的可见组件都放在内容窗格中，要想获取 JFrame 和 JApplet 中的内容窗格，必须使用 getContentPane()方法来取得，然后利用 add()方法将组件加入这一层中。

（5）玻璃窗格（Glass Pane）

玻璃窗格这一层次主要是用来产生绘图效果以及触发窗口程序的各种事件。玻璃窗格浮在最上层，默认情况下是隐蔽的。如果玻璃窗格可见，那么它就像放在根窗格所有其他部分之上的一块玻璃。除非实现玻璃窗格的 paint()方法做一些事情，否则它是完全透明的。一般来说，根窗格、分层窗格和玻璃窗格都不直接使用。

2. 框架类 JFrame

JFrame 类的许多方法是从它的父类 Frame 或更上层的 Window 类、Container 类和 Component 类继承过来的，它是 Java 应用程序的顶层容器。JFrame 类具有以下特点：

- JFrame 类的内容窗格是利用 getContentPane()方法获取的 Container 类的对象。
- JFrame 对象显示效果是一个带有标题栏和尺寸重置角标的"窗口"。

iconImage 是表示框架的图像图标，该图像图标代替窗框架标题栏中默认的图标，框架最小化时也能显示出来。可以使用 ImageIcon 类获得一个图像图标，图标的图像是 Image 类型，可使用如下语句获取图标的图像：

```
Imange iconImage=(new ImangIcon(filename)).getImage();
```

JMenuBar 是框架的可选菜单，默认初始化为不可见的，可以使用 setVisible(true)方法使之变为可见。

默认的布局管理器是 BorderLayout，可使用 setLayout()方法改变其默认布局管理器。组件的位置和大小由布局管理器决定。如果要人工控制组件在容器中的大小和位置，可取消容器的布局管理器，即调用方法 setLayout(null)，然后使用 Component 类的 setLocation()、setSize()、setBounds()等方法设立其大小位置。

下面介绍 JFrame 类的构造方法和常用方法。表 11.2 给出的是 JFrame 类的构造方法，表 11.3 给出的是 JFrame 类的常用方法，表 11.4 给出的是 JFrame 类的关闭按钮处理方法的静态数据成员，表 11.5、表 11.6 和表 11.7 给出的是的 JFrame 类和父类及祖先类的常用方法。由于多层次的继承关系，使得 JFrame 类产生的对象可以使用其父类或祖先类所提供的方法。

表 11.2　JFrame 类的构造方法

构造方法	功能说明
public JFrame()	创建一个没有标题的窗口
public JFrame(String title)	创建一个标题为 title 的窗口

表 11.3　JFrame 类的常用方法

方法	功能说明
public Container getContentPane()	返回此窗口的内容窗格
public int getDefaultOperation()	返回单击窗口上的关闭按钮时执行的操作
public void setDefaultCloseOperation(int operation)	设置单击窗口上的关闭按钮时处理方式为 operation。operation 取值为定义在 WindowConstants 接口（JFrame 实现了该接口）的 4 个常量
public void setIconImage(Image image)	将 image 设置成窗口图标显示的图像
public void setJMenuBar(JMenuBar menubar)	设置窗口的菜单栏
public JMenuBar getJMenuBar()	返回窗口的菜单栏对象
public void remove(Component comp)	从该窗口中删除指定组件
public Graphics getGraphics()	为组件创建一个画笔

表 11.4　JFrame 类的关闭按钮处理方法的静态数据成员

数据成员	功能说明
JFrame.DO_NOTHING_ON_CLOSE	关闭窗口按钮失效，不执行任何操作
JFrame.HIDE_ON_CLOSE	隐蔽窗口，但没有关闭窗口
JFrame.DISPOSE_ON_CLOSE	隐蔽窗口，释放窗口占用的其他资源
JFrame.EXIT_ON_CLOSE	结束程序运行

表 11.5　Frame 类的常用方法

方法	功能说明
public void setTitle(String title)	设置或修改窗口的标题
public String getTitle()	返回窗口的标题
public void setBackground(Color c)	设置窗口的背景颜色
public void remove(MenuComponent mc)	从窗口删除给定的菜单项
public void setResizable(boolean resizable)	设置窗口大小是否可以改变
public boolean isResizable()	判断窗口是否可以调节大小

表 11.6　容器类 Container 的常用方法

方法	功能说明
public Component add(Component comp)	在容器中添加一个组件 comp
public void setLayout(LayoutManager mgr)	设置容器组件使用 mgr 页面布局设置
public void setFont(Font f)	设置容器组件的字体
public void remove(Component comp)	删除容器组件里指定的组件
public void paint(Graphics g)	重绘容器组件
public void paintComponents(Graphics g)	重绘容器组件里的所有组件

表 11.7　组件类 Component 的常用方法

方法	功能说明
public void setBounds(int x,int y,int w,ing h)	以(x,y)为对象的左上角，以 w 为宽、h 为高设置对象的显示区域
public void setSzie(int width,int height)	设置组件的宽度和高度
public void setFont(Font font)	设置对象的字体样式为 font
public void setForeground(Color c)	设置对象的前景色为 c
public void setBackground(Color c)	设置对象的背景设为 c
public void setVisible(boolean b)	设置主键是否显示
public void setLocation(int x,int y)	设置组件显示位置的左上角坐标为(x,y)
public String getName()	返回对象的名称

【例 11.1】框架窗口的创建。

```java
//filename: app11_1.java
import java.awt.Color;
import java.awt.Image;
import javax.swing.*;
public class app11_1
{
    static JFrame jfrm=new JFrame("这是个 Swing 程序");
    public static void main(String[] args)
    {
        JLabel lab=new JLabel("我是一个标签");
        Image im=(new ImageIcon("中国心.jpg")).getImage();
        jfrm.setIconImage(im);
        jfrm.setSize(250,140);
        jfrm.setBackground(Color.YELLOW);
        jfrm.setLocation(260,150);
        jfrm.add(lab);
        jfrm.setDefaultCloseOperation(JFrame.EXIT_ON_CLOSE);
        jfrm.setVisible(true);
    }
}
```

程序运行结果如图 11.1 所示。

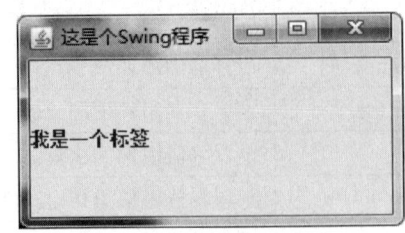

图 11.1　程序运行结果

该程序的运行结果中，窗口可以移动、改变大小、最大化、最小化，单击窗口的"关闭"按钮时，结束程序。

该程序一开始就加载了 java.awt 包中的颜色类 Color 和 Image 类，程序中用到的 YELLOW 是 Color 类里的一个静态数据成员；用 Image 类创建了图像对象 im，将 im 设置为窗口的显示图标，导入了 javax.swing 包，事实上 JFrame 和 JLabel 均是定义在该包里的类。静态变量 jfrm 会在程序的一开始就被用到，然后进入到主方法 main()中，但由于 main()是静态方法，且静态方法中只能访问静态成员，所以须将变量 jfrm 前面加上 static 使之成为静态变量。其实也可以不把 jfrm 声明为 static，这时只需要把这个变量的声明放在主方法 main()之内，该变量就不用声明成静态变量，而变成了方法中的一般变量了。

说明：

（1）setLocation(x,y)方法的参数 x 与 y 是组件左上角相对于包含它的容器（包括屏幕）的左上角的坐标；而 setSize(w,h)中的参数表示组件的宽度为 w、高度为 h。

（2）每个 JFrame 对象都包含一个内容窗格，每个内容窗格都是 java.awt.Container 的一个对象，标签、按钮、面板等组件就放在这个框架的内容窗格之中。在 JDK5 之前，必须使用 JFrame 类的 getContentPane()方法返回框架的内容窗格，然后调用窗格的 add()方法将一个组件放入到内容窗格中，这样操作有点麻烦，所以在 JDK5 之后允许调用框架的 add()方法将组件放置到内容窗格中去，这种新特性被称为内容窗格委托。严格地讲，是将一个组件添加到一个内容窗格中，为简单起见，称为组件添加到框架中。

3. 面板类 JPanel

面板是一种没有标题栏、没有边框的中间层容器，当然可以利用相应的方法为它添加边框。面板在 Swing 中用 JPanel 类实现。面板不是顶层容器，必须放在其他容器内，也可以放入另一个面板内。在默认情况下，面板是透明的，但可以调用 JComponent 包中的 setOpaque(true)方法将其设置为不透明。若面板透明，就没有背景，这样就会让位于面板覆盖区域下面的组件全部显示出来。在进行界面设计时，通常将用户界面划分为若干区域，每个区域用一个面板。将所有组件分别放在不同的面板中，然后再使用 add()方法将这些面板加入到顶层窗口的内容窗格中。这样处理的好处是将窗口内容结构化，有利于管理、更换、调试。JPanel 类具有如下特点：

- JPanel 不是顶层容器，它必须放入窗口或其他容器之内。
- JPanel 提供可以容纳其他组件的支持，在程序中经常用于布局和定位。
- 默认的布局管理器是 FlowLayout，可使用 setLayout()方法改变其默认布局管理器。

- JPanel 可以采用与包含它的容器不同的布局管理器。
- 作为 JComponent 的子类，JPanel 可以使用 JComponent 的优点，如双缓存技术和边框等。最好在 JPanel 上绘制图形，而不要在 JFrame 和 JApplet 上绘制，因为 JPanel 支持双缓冲技术（一种使频繁变动的组件看起来更平滑而少有闪烁的技术），可以消除闪烁。

面板类 JPanel 的构造方法如表 11.8 所示。

表 11.8　JPanel 类的构造方法

构造方法	功能说明
public JPanel()	以默认的布局管理器创建一个面板对象
pbulic JPanel(LayotManager layout)	以 layout 为布局管理器创建面板对象

面板类 JPanel 的主要方法都是从 JComponen 类、Container 类和 Component 类继承来的，表 11.9 给出了其父类 JComponent 的常用方法。

表 11.9　组件类 JComponent 的常用方法

方法	功能说明
public void setForeground(Color fg)	设置组件的前景色，即字符色为 fg
public void setBackground(Color bg)	设置组件的背景色为 bg
public void setFont(Font font)	设置组件的字体为 font
public int getX()	返回组件左上角在父组件中的 x 坐标
public in getY()	返回组件左上角在父组件中的 y 坐标
public int getWidth()	返回组件的当前宽度
public int getHeight()	返回组件的当前高度
public boolean requestFocusInWindow()	请求组件获得焦点
public void setEnabled(boolean enabled)	设置组件是否禁用
public void setToolTipText(String text)	设置当前光标置于该组件上但未单击时显示的文本
public void setBorder(Border border)	设置组件的边框
public void setOpaque(boolean isOpaque)	设置组件是否是透明，isOpaque 为 true 时不透明。默认值是 false
public void setVisible(boolean aFlag)	设置该组件是否可见

【例 11.2】在框架窗口中加入面板。

```
//filename：app11_2.java
import javax.swing.*;
import javax.swing.border.TitledBorder;
public class app11_2
{
    public static void main(String[] args)
    {
        JFrame jfrm=new JFrame("我的框架");
```

```
        jfrm.setSize(210,180);
        jfrm.setLocation(500,400);
        JPanel jpan=new JPanel();
        jpan.setSize(120,90);
        jpan.setLocation(40,30);
        JButton bun=new JButton("单击我");
        bun.setSize(80,20);
        bun.setLocation(20,30);
        jfrm.setLayout(null);
        jpan.setLayout(null);
        jpan.add(bun);
        jpan.setBorder(new TitledBorder("面板区"));
        jfrm.add(jpan);
        jfrm.setDefaultCloseOperation(JFrame.EXIT_ON_CLOSE);
        jfrm.setVisible(true);
    }
}
```

该程序导入 javax.swing.border 包中的 TitledBorder 类，运行结果如图 11.2 所示。

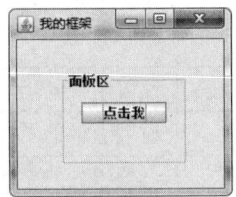

图 11.2　在 JFrame 中加入 JPanel

4．组件类

组件又称为控制组件，简称控件。与容器不同，组件类对象中不能再包含其他组件。组件的作用是完成与用户的交互，包括接收用户的命令、接收用户输入的文本或用户的选择、向用户显示文本和图形等。

5．图形用户界面设计的步骤

设计和实现图形用户界面的工作主要有以下几点：

（1）创建组件（Component）：创建组成图形界面的各种元素，如按钮、文本框等。

（2）指定布局（Layout）：根据具体需要排列图形界面上各元素的位置。

（3）响应事件（Event）：定义图形用户界面的事件和各界面元素对不同事件的响应，从而实现图形用户界面与用户的交互功能。

11.2.2　颜色类 Color、字体类 Font 与图像图标类 ImageIcon

1．颜色类 Color

颜色类 Color 是 java.awt 包中常用的类之一，在 Java 语言中每一种颜色都被看成是由红（R）、绿（G）、蓝（B）三原色组成，因此 Color 类的构造方法采用如下格式：

```
Color(int r,int g,int b)
```

其中每个参数的取值都在 0～255 之间，若参数值超过这个范围，则抛出 IllegalArgumentException 异常。参数值越大就表明这种颜色的成分越重。另外，Color 类中还定义了 13 种标准的存储在静态变量中的 Color 对象，使得对这些标准颜色的引用更为方便，如前面例子中用到的 YELLOW 等。表 11.10 给出了 Color 类中的颜色变量。

表 11.10 Color 类中设置颜色的静态成员变量

变量名	代表颜色
black 或 BLACK	黑色
blue 或 BLUE	蓝色
cyan 或 CYAN	蓝青色
darkGray 或 DARK_GRAY	深灰色
gray 或 GRAY	灰色
green 或 GREEN	绿色
lightGray 或 LIGHT_GRAY	浅灰色
magenta 或 MAGENTA	红紫色
orange 或 ORANGE	桔黄色
pink 或 PINK	粉红色
red 或 RED	红色
white 或 WHITE	白色
yellow 或 YELLOW	黄色

2. 字体类 Font

字体类 Font 是 java.awt 包中的类，用来设置组件所用字体的样式、大小与字形等属性。许多方法都需要将 Font 类所创建的对象作为它的参数，用来设置组件的字体。要创建字体类对象，可以使用字体类的构造方法，其格式如下：

Font(String font_name,int style,int size)

其中第一个参数 font_name 表示字体的名称，如 Times New Roman、宋体、楷体等；第二个参数 style 表示字形的样式，该值可以通过 Font 类提供的静态常量 Font.PLAIN（普通）、Font.BOLD（粗体）与 Font.ITALIC（斜体）进行设置，如同时设置粗体与斜体可用语句"Font.BOLD+Font.ITALIC"来指定；第三个参数 size 用来设置字号的大小，单位是磅值（point），一个 point 是 1/72 英寸，若要设置组件的字体，可以使用 Component 类中的 setFont()方法完成。表 11.11 给出了字体类 Font 的常用方法。

表 11.11 字体类 Font 的常用方法

方法	功能说明
public int getStyle()	返回字体的样式，样式可以为 PLAIN、BOLD、ITALIC 或 BOLD+ITALIC
public int getSize()	返回字体的字号，单位为磅值，1 磅值约为 1/72 英寸
public String getFontName()	返回字体外观的名称
public String getName()	返回字体的逻辑名称，逻辑名称只是用来描述字体的名称
public String getFamily()	返回自己的系列名称

提示：如果系统支持其他字体，例如 TimesNew Roman，那么可以创建一个字体对象。为了找到系统上的可用字体，需要使用 java.awt.GraphicsEnvironment 类的静态方法 public static GraphicsEnvironment getLocalGraphicsEnvironment()来创建一个对象。GraphicsEnvironment 是描述具体系统中图形环境的一个抽象类，可以使用它的方法 Font[]getAllFonts()来获取系统中的所有可用字体，也可以使用它的方法 String[] getAvailableFontFamilyNames()来获得可用字体的名字。

例如下面的程序可以输出系统中所有用可用字体的名字。

```
GraphicsEnvironment e=GraphicsEnvironment.getLocalGraphicsEnvironment();
String[] fontName=e.getAvailableFontFamilyNames();
For(int i=0;i<fontName.length;i++)
    System.out.println(fontName[i]);
```

3. 图像图标类 ImageIcon

图标是大小固定的图像，Java 语言使用 javax.swing.ImageIcon 类来表示图标。通常情况下，图标比较小而且用来装饰组件。图像通常存储在图像文件中，可以使用 new ImageIcon(filename) 创建一个图像图标。Java 语言当前支持三种图像格式：GIF、JPEF 和 PNG，这三种图像文件的扩展名分别为 gif、jpg 和 png。表 11.12 给出了 ImageIcon 类的常用构造方法，表 11.13 给出了 ImageIcon 类的常用方法。

表 11.12 图像图标类 ImageIcon 的常用构造方法

构造方法	功能说明
public ImageIcon()	创建一个没有图像的图标
public ImageIcon(String filename)	以文件名 filename 为图像文件创建一个图标对象
public ImageIcon(Image image)	以图像对象 image 为图像创建一个图标对象

表 11.13 图像图标类 ImageIcon 的常用方法

方法	功能说明
public int getIconHeight()	返回图标的高度
public int getIconWidth()	返回图标的宽度
public void setImage(Image image)	用图像对象 image 设置图标上显示的图像
public Image getImage()	返回图标的图像

提示：若使用其他格式的图像文件，可以使用图像处理工具将它转换为 gif、jpg 或 png 格式的图像文件，以便在 Java 程序中使用。

11.3 创建组件

有了窗口之后，还要创建其他组件，然后将其添加到窗口中。

11.3.1 标签 JLabel

标签是用来在窗口中显示文字或图像的控件，它可以用 javax.swing 包中的 JLabel 类来创建。表 11.14 给出了 JLabel 类的构造方法，表 11.15 列出了以 JLabel 类的常用方法。

表 11.14 JLabel 类的构造方法

构造方法	功能说明
public JLabel()	创建一个没有文字和图像的图标标签
public JLabel(String text)	创建标签，并以 text 为标签上的文字
public JLabel(Icon image)	以 image 为图像创建标签对象
public JLabel(String text,int horizontalAlignment)	创建具有指定文本和水平对齐方式的图标对象，其中对齐方式参数 horizontalAlignment 的常见取值为 JLabel.LEFT、JLabel.CENTER 或 JLabel.RIGHT，分别表示左对齐、居中对齐或右对齐
public JLabel(Icon image,int horizontalAlignment)	创建具有指定图像和水平对齐方式的标签对象，对齐方式参数 horizontalAlignment 的意义同上
public JLabel(String text,Icon icon,int horizontalAlignment)	创建具有指定文本、图像和水平对齐方式的标签对象，对齐方式参数 horizontalAlignment 的意义同上

表 11.15 JLabel 类的常用方法

方法	功能说明
public String getText()	返回标签上显示的文字
public void setText(String text)	将标签上的文字设置为 text
public void setIcon(Icon icon)	设置标签上显示的图标为 icon
public void setDisabledIcon(Icon disabledIcon)	设置标签被禁用时所使用的图标为 disabledIcon
public void setHorizontalAlignment(int alignment)	设置标签文字与图标沿水平方向的对齐方式，对齐方式参数 alignment 常见取值为 JLabel.LEFT、JLabel.CENTER 或 JLabel.RIGHT，分别表示左对齐、居中对齐和右对齐
public void setVerticalAlignment(int alignment)	设置标签文字与图标沿垂直方向的对齐方式，对齐方式参数 alignment 取值为 JLabel.TOP、JLabel.CENTER 或 JLabel.BOTTOM。分别表示上对齐、居中对齐和下对齐
public void setHorizontalTextPosition(int textPosition)	设置标签上的文字与图标之间在水平方向上的相对位置关系。当参数 textPosition 为常量 JLabel.LEFT 或 JLabel.RIGHT 时，分别表示文字位于图标的左侧或右侧；当参数 textPosition 为常量 JLabel.CENTER 时，表示文字与图标在水平方向上居中对齐
public void setVerticalTextPosition(int textPosition)	设置标签上的文字与图标之间在垂直方向上的相对位置关系。当参数 textPosition 为常量 JLabel.TOP 或 JLabel.BOTTOM 时，分别表示文字位于图标的上方或下方；当参数 textPosition 为取值为 JLabel.CENTER 时，表示文字和图标在垂直水平方向上居中对齐

【例 11.3】在框架窗口中加入标签并设置框架的背景色及标签上文字的颜色和字体。

//filename: app11_3.java   在窗口中加入标签对象，并设置标签对象的大小

```java
import java.awt.*;
import javax.swing.*;
public class app11_3
{
    public static void main(String[] args)
    {
        JFrame jfrm=new JFrame("标签类窗口");
        JLabel jlab=new JLabel("我是一个标签",JLabel.CENTER);
        jfrm.setLayout(null);
        jfrm.setSize(300,200);
        jfrm.setBackground(Color.PINK);
        jlab.setOpaque(true);
        jlab.setBackground(Color.YELLOW);
        jlab.setForeground(Color.RED);
        jlab.setLocation(80,60);
        jlab.setSize(130,30);
        Font fnt=new Font("Serief",Font.BOLD+Font.ITALIC,20);
        jlab.setFont(fnt);
        jfrm.add(jlab);
        jfrm.setDefaultCloseOperation(JFrame.EXIT_ON_CLOSE);
        jfrm.setVisible(true);
    }
}
```

程序运行结果如图 11.3 所示。

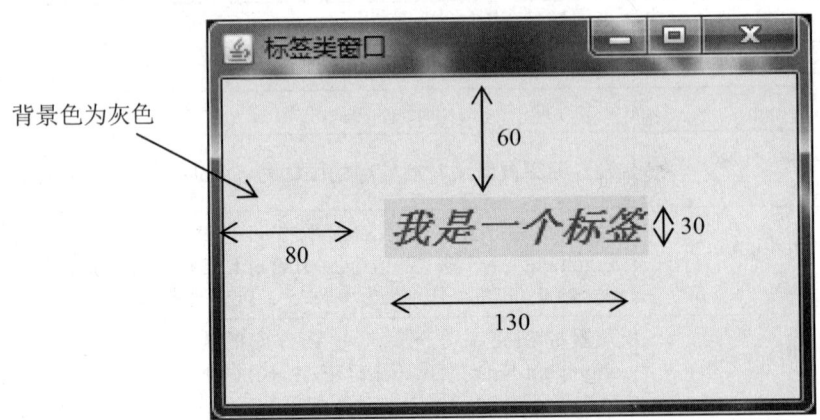

图 11.3　控件位置的设定

该程序创建了一个框架 jfrm，然后取消了该框架的默认布局管理器，利用框架的 setSize() 方法设置了窗口的大小，同时将窗口的背景色设置为粉红色，并创建了一个具有字符"我是一个标签"且居中对齐的标签对象 jlab。利用标签组件中的方法对标签背景颜色和前景颜色进行了设置；设置标签为不透明状态，因为只有设置为不透明状态才能将标签的背景色显示出来；设置了标签文字的字体为 Serief，字形为粗体加斜体，字号为 20。运行后发现，标签正常显示出来，但设置的窗口背景色没有显示出来，为什么窗口背景色不是粉红色呢？这是因为 JFrame 的框架一旦被创建，其中就已经包含了一个内容窗格，所以程序代码设置的 JFrame 背景颜色仍然会被内容窗格遮盖。由框架内容窗格的委托特性可知,在向 JFrame 中添加组件时,组件都加在了内容窗格中。内容窗格可以通过调用 JFrame 的成员方法 getContentPane()获得,然后再设置内容窗格的背景色,这样才能显示出窗口的背景色(其实是内容窗格的背景色)。当然,如果框架中还加有其他面板,内容窗格的颜色还会被其他面板遮盖,所以要注意面板的布局情况。先将该例修改如下,并对标签添加工具提示信息。

【例 11.4】在框架窗口中加入指定大小的标签并设置当鼠标悬停在标签上时给出相应的提示信息。

```java
//filename: app11_4.java
import java.awt.*;
import javax.swing.*;
public class app11_4
{
    public static void main(String[] args)
    {
        JFrame jfrm=new JFrame("标签类窗口");
        JLabel jlab=new JLabel("我是一个标签",JLabel.CENTER);
        jfrm.setLayout(null);
        jfrm.setSize(300,200);
        jfrm.setBackground(Color.PINK);
        Container c=jfrm.getContentPane();
        c.setBackground(Color.PINK);
        jlab.setOpaque(true);
        jlab.setBackground(Color.YELLOW);
        jlab.setForeground(Color.RED);
        jlab.setLocation(80,60);
        jlab.setSize(130,30);
        jlab.setToolTipText("我被设置为不透明状态");
        Font fnt=new Font("Serief",Font.BOLD+Font.ITALIC,20);
        jlab.setFont(fnt);
        jfrm.add(jlab);
        jfrm.setDefaultCloseOperation(JFrame.EXIT_ON_CLOSE);
        jfrm.setVisible(true);
    }
}
```

该程序中,"Container c=jfrm.getContentPane();"获取了窗口 jfrm 的内容窗格,然后将内容窗格的背景色设置为粉红色,设置了标签的提示信息"我被设置为不透明状态"。程序运行结果如图 11.4 所示。

11.3.2 命令按钮、复选框和单选按钮

1. 命令按钮 JButton

命令按钮是窗口程序设计中最常用的控件之一,用户可以单击它来控制程序运行的流程。javax.swing 包提供了 JButton 类,用来处理按钮控件的相关操作。按钮创建之后通过容器的 add()方法将其放入到容器中。表 11.16 给出按钮类的构造方法,JButton 类的方法大部分都是从其父类 javax.swing.AbstractButton 继承而来的。表 11.17 给出的是 AbstractButton 类的常用方法。

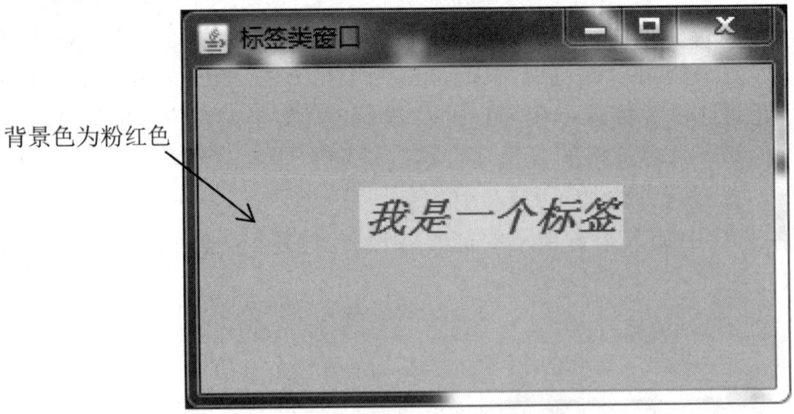

图 11.4 程序运行结果

表 11.16 JButton 类的构造方法

构造方法	功能说明
public JButton()	创建一个没有文字的按钮
public JButton(String label)	创建一个以 label 为其上文字的按钮
public JButton(Icon icon)	创建一个带有图标 icon 的按钮
public JButton(String text,Icon icon)	创建一个其上文字为 text，图标为 icon 的按钮

表 11.17 AbstractButton 类的常用方法

方法	功能说明
public void doClick()	仿真用户按下按钮的操作，即以编程方式执行"单击"操作
public void setText(String text)	设置按钮上的文字为 text
public String getText()	返回按钮上的文字
public void setIcon(Icon defaultIcon)	设置按钮上的图标
public Icon getIcon()	返回按钮上的图标
public void setDisabledIcon(Icon disabledIcon)	设置按钮被禁用时使用的图标
public void getDisabledIcon()	返回按钮被禁用时所使用的图标
public void setSelected(boolean b)	设置按钮是否被选中
public boid setMnemonic(int mnemonic)	设置按钮的热键，mnemonci 应为 java.awt.event.KeyEvent 中定义的形如 VK_X 的字符
public boolean isSelected()	判断按钮是否被选中，若选中返回 true，否则返回 false
public int getHorizontalAlignment()	返回按钮上文字和图标的水平对齐方式，主要返回值有 LEFT（左）、CENTER（中）、RIGHT（右）
public void setHorizontalAlignment(int alignment)	设置按钮上文字和图标的水平对齐方式为 alignment。alignment 的主要值为 LEFT（左）、CENTER（中）、RIGHT（右）
public void setVerticalAlignment(int alignment)	设置按钮上文字和图标的垂直对齐方式为 alignment。alignment 的取值为 TOP（上）、CENTER（中）、BOTTOM（下）

续表

方法	功能说明
public String getActionCommand()	返回此按钮的动作命令
public Icon getPressedIcon()	返回按钮被按下时的图标
public void setPressedIcon(Icon pressedIcon)	设置按钮被按下时的图标
public Icon getRooloverIcon()	返回鼠标经过按钮时的图标
public void setRolloverIcon(Icon rolloverIcon)	设置鼠标经过按钮时的图标

【例 11.5】在框架窗口中加入按钮。

```
//filename: app11_5.java        设置命令按钮
import javax.swing.*;
public class app11_5 extends JFrame
{
  public static void main(String[] args)
  {
    app10_5 jfrm=new app10_5();
    jfrm.setDefaultCloseOperation(JFrame.EXIT_ON_CLOSE);
    ImageIcon ic=new ImageIcon("中国灯笼.jpg");
    JButton btn=new JButton("灯笼",ic);
    jfrm.setLayout(null);
    jfrm.setSize(200,180);
    jfrm.setTitle("按钮类窗口");
    btn.setBounds(50,45,100,40);
    btn.setToolTipText("我是按钮");
    jfrm.add(btn);
    jfrm.setVisible(true);
  }
}
```

该程序定义的类继承自 JFrame 类，因此可以把 app11_5 类当成是 JFrame 类来使用，调用 APP11_5 类的构造方法创建窗口对象 jfrm 并设置了窗口的标题。

说明：图像文件"中国灯笼.jpg"要与程序文件 app11_5.java 放在同一个文件夹下，否则必须指出图像文件所在的文件夹。

2. 复选框 JCheckBox 和单选按钮 JRadioButton

复选框和单选按钮是让用户选取项目的组件，用户利用该组件来获得相应的输入。它具有状态属性，用户可以通过鼠标单击操作来设置其状态为"选中（true）"或"非选中（false）"。Java 语言提供了 JCheckBox 类来创建复选框，JRadioButton 类来创建单选按钮。其中复选框 JCheckBox 可以单独使用，而单选按钮必须配合 javax.swing 包中的 ButtonGroup 类将其组成单选按钮组件来使用。所有隶属于同一 ButtonGroup 组的 JRadioButton 组件具有互斥属性，即当选中其中一个单选按钮时，同一组中的其他按钮则变成非选中的状态。JCheckBox 类和 JRadioButton 类都是双态切换按钮类 JToggleButton 的子类，而 JToggleButton 类又是 AbstractButtton 类的子类。所以它们所使用的方法大部分是从其父类和祖先类中继承而来的。表 11.18 给出了复选框 JCheckBox 类的构造方法。

表 11.18 复选框 JCheckBox 类的构造方法

构造方法	功能说明
public JCheckBox()	创建一个没有文字与图标、初始状态未被选中的复选框
public JCheckBox(String text)	创建一个以 text 为其上文字、初始状态未被选中的复选框
public JCheckBox(Icon icon)	创建以 icon 为图标、初始状态未被选中的复选框
public JCheckBox(String text,boolean selected)	创建以 text 为其上文字的复选框并设置初始状态是否被选中
public JCheckBox(Icon icon,boolean selected)	创建以 icon 为图标的复选框并设置初始状态是否被选中
public JCheckBox(String text,Icon icon, boolean selected)	创建一个以 text 为其上文字、以 icon 为图标的复选框，并设置初始状态是否为被选中

单选按钮类 JRadioButton()的构造方法的参数与 JCheckBox 类的参数相同。

【例 11.6】在框架窗口内加入复选框和单选按钮。

```java
//filename: app11_6.java        设置复选框和单选按钮组
import javax.swing.*;
public class app11_6 extends JFrame
{
    static JFrame frm=new JFrame("复选框和单选按钮组选取框");
    static JCheckBox jchk1=new JCheckBox("粗体",true);
    static JCheckBox jchk2=new JCheckBox("斜体");
    static JCheckBox jchk3=new JCheckBox("下划线");
    static JRadioButton jrb1=new JRadioButton("红色");
    static JRadioButton jrb2=new JRadioButton("绿色", true);
    static JRadioButton jrb3=new JRadioButton("蓝色");
    public static void main(String[] args)
    {
        ButtonGroup grp=new ButtonGroup();
        frm.setLocation(200,150);
        frm.setSize(300,220);
        frm.setLayout(null);
        jchk1.setBounds(20,20,150,20);
        jchk2.setBounds(20,40,150,20);
        jchk3.setBounds(20,60,150,20);
        jrb1.setBounds(20,80,150,20);
        jrb2.setBounds(20,100,150,20);
        jrb3.setBounds(20,120,150,20);
        grp.add(jrb1);
        grp.add(jrb2);
        grp.add(jrb3);
        frm.add(jchk1);
        frm.add(jchk2);
        frm.add(jchk3);
        frm.add(jrb1);
        frm.add(jrb2);
        frm.add(jrb3);
        frm.setDefaultCloseOperation(JFrame.EXIT_ON_CLOSE);
        frm.setVisible(true);
    }
}
```

该程序分别创建了三个 JCheckBox 对象，其中的 jchk1 的初始状态设置为选中；分别创建了三个 JRadioButton 对象，其中的 jrb2 初始状态设置为选中；设置了对象的大小和位置。语句"ButtonGroup grp=new ButtonGroup();"利用 ButtonGroup 构造方法创建了一个单选按钮组件对象 grp。将单选按钮添加到单选按钮组 grp 中，即将这三个对象设置为单选按钮组的成员。将复选框和单选按钮对象加入窗口中，最后将组件显示出来，其运行结果如图 11.5 所示。

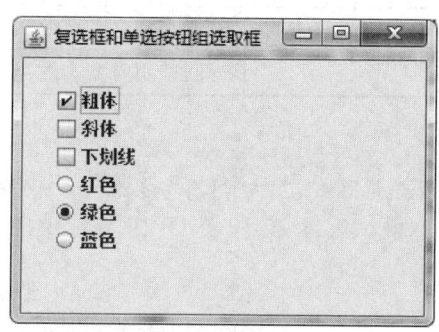

图 11.5　复选框和单选按钮

注意：因为 ButtonGroup 不是 java.awt.Component 的子类，所以 ButtonGroup 对象不能添加到容器中。

11.3.3　文本编辑组件与滚动窗格

文本编辑组件是可以接收用户的文本输入并具有一定编辑功能的界面元素。编辑功能包括修改、删除、复制、粘贴等。文本编辑组件分为三种：第一种是单行文本编辑组件，简称文本行，也称文本框，是通过 JTextField 类实现的；第二种是密码文本行编辑组件，是通过 JPasswordField 类实现的；第三种是多行文本编辑组件，简称文本区，是通过 JTextArea 类实现的。文本行组件中只有一行文本，即使文本内容超出了文本框的宽度也不会折行；密码文本行具有文本行的所有功能，但与文本行不同的是，当在其中输入字符时，所输入的字符被显示成"*"号，这样可以避免将输入的实际内容显示在屏幕上；而文本区可以实现多行文本的输入，且可以设置是否折行。

JPasswordField 类是 JTextField 的子类，而 JTextField 类和 JTextArea 类是 JTextComponent 类的子类。类 JTextField、JPasswordField 和 JTextArea 所使用的方法大多数继承自其父类或祖先类，表 11.19 列出了 JTextComponent 类的常用方法。

表 11.19　JTextComponent 类的常用方法

方法	功能说明
public void setText(String t)	设置组件中的文本为 t
public String getText()	返回组件中所包含的所有文本
public String getText(int offs,int len)	返回文本组件中 offs 位置、长度为 len 的文本
public void select(int selectionStart,int selectionEnd)	选中位置中 selectionStart 与 selectionEnd 之间的文本
public void selectAll()	选择文本组件中的所有文本

续表

方法	功能说明
public String getSelectedText()	返回组件中被选中的文本
public void setSelectionColor(Color c)	将选择的文本颜色设置为 c
public void setDisabledTextColor(Color c)	设置禁用时文本的颜色
public void setEditable(boolean b)	设置组件是否可编辑
public Color getDisabledTextColor()	返回禁用时文本的当前颜色

1. 文本行组件 JTextField

文本行组件习惯上也称为文本框，是一个能够接收用户键盘输入的文本编辑组件。Java 语言用 JTextField 类来创建文本框，表 11.20 和表 11.21 分别给出了 JTextField 类的构造方法和常用方法。

表 11.20　JTextField 类的构造方法

构造方法	功能说明
public JTextField()	创建文本框
public JTextField(int columens)	创建文本框，并设置文本框的宽度可以容纳 columens 个字符
public JTextField(String text)	创建并以 text 为默认文本的文本框
public JTextField(String text,int columns)	创建以 text 为默认文本、宽度为可以容纳 columens 个字符的文本框

表 11.21　JTextField 类的常用方法

方法	功能说明
public int getColumns()	返回以字符为单位的文本框的宽度
public void setColumns(int columns)	设置文本框的宽度为 columns 个字符
public void setHorizontalAlignment (int alignment)	设置文本的水平对齐方式。对齐参数 alignment 的主要取值为：LEFT（左）、CENTER（中）、RIGHT（右）
public int getHorizontalAlignment()	设置文本的水平对齐方式。返回值主要有：LEFT（左）CENTER（中）、RIGHT（右）

2. 密码文本行组件 JPasswordField

密码文本行组件 JPasswordField 类的构造方法与 JTextField 的构造方法基本相同，只是密码文本行类的构造方法名为 JPasswordField。表 11.22 给出了密码文本行组件类的常用方法。

表 11.22　JPasswordField 类的常用方法

方法	功能说明
public char getEchoChar()	返回回显的字符，默认值为"*"
public void setEchoChar(char c)	设置密码文本行组件的回显字符
public char[] getPassword()	返回密码文本行组件中所包含的文本

3. 文本区组件 JTextArea 与滚动窗格 JScrollPane

文本区实际上是多行文本输入框，因为文本行只能输入一行文字，所以在需要输入和显示较多的文字时就可使用文本区。文本区是由 JTextArea 类来实现的。表 11.23 和表 11.24 分别给出了 JTextArea 类的构造方法和常用方法。

表 11.23　JTextArea 类的构造方法

构造方法	功能说明
public JTextArea()	创建一个文本区
public JTextArea(int rows,int cols)	创建一个行数为 rows、列数为 cols 的文本区
public JTextArea(String text)	创建一个默认文本为 text 的文本区
public JTextArea(String text,int rows,int cols)	创建一个文本区，设置默认文本并指定行数和列数

表 11.24　JTextArea 类的常用方法

方法	功能说明
public void append(String str)	将文本 str 追加到文本区中文本的末尾
public void replaceRange(String str,int start,int end)	把位置从 start 开始到 end 结束的字符串用 str 代替
public int getRows()	返回文本区的行数
public int getColumns()	返回文本区的列数
public void setRows(int rows)	设置文本区可显示的行数为 rows
public void setColumns(int columns)	设置文本区可显示的列数为 columns
public void setLineWrap(boolean wrap)	若 wrap 为 true，则当行的长度大于文本区的宽度时将换行；若 wrap 为 false，则始终不换行。默认为 false
public void setWrapStyleWord(boolean word)	若 word 为 true，则当行的长度大于文本区宽度时，超长部分将会转一下行；若 word 为 false，则超长部分被截断。默认为 false

文本区中显示的文本行数和列数都有可能超出文本区的范围，这时就需要使用滚动条来进行滚动。在 Swing 中文本区没有集成滚动条，如果需要滚动条，必须将文本区放入滚动窗格中。Swing 中专门提供了一个用来处理滚动功能的滚动窗格 JScrollPane 类。不单是文本区，众多的 Swing 组件都必须借助滚动窗格 JScrollPane 实现滚动功能，如 JList、JTable、JTree 等。应用滚动窗格非常简单，只要创建一个 JScrollPane 对象，并为其指定一个要显示的组件即可。

【例 11.7】在框架窗口中加入文本编辑组件，并利用滚动窗格实现文本区的滚动功能。

```
//filename：app11_7.java       设置文本行、密码文本行和文本区组件
import javax.swing.*;
public class app11_7 extends JFrame
{
  JTextField jtf=new JTextField("该文本框不可编辑",30);
  static JPasswordField jpf=new JPasswordField ("太空人 3 号",30);
  public a(String str)
  {
    super(str);
```

```
        jtf.setBounds(20,40,140,20);
        jtf.setEditable(false);
        add(jtf);
    }
    public static void main(String[] args)
    {
        app11_7 frm=new app11_7("文本编辑功能窗口");
        JTextArea jta=new JTextArea ("您好",10,30);
        JScrollPane jsp=new JScrollPane(jta);
        frm.setLocation(200,150);
        frm.setSize(240,220);
        frm.setLayout(null);
        jsp.setBounds(20,70,160,100);
        jpf.setBounds(20,10,140,20);
        frm.add(jpf);
        frm.add(jsp);
        char[] password=jpf.getPassword();
        String str=new String(password);
        System.out.println("今天口令是："+ password +"   转换成文本后是："+str);
        frm.setVisible(true);
        frm.setResizable(false);
        frm.setDefaultCloseOperation(JFrame.EXIT_ON_CLOSE);
    }
}
```

该程序的运行结果如图 11.6 所示。

图 11.6　文本对象的运行结果

11.3.4　选项卡窗格 JTabbedPand

选项卡窗格在 Swing 中是由 JTabbedPand 类实现的,选项卡窗格中允许包含有多个选项卡,可以把多个组件放在多个不同选项卡中,从而使页面不拥挤,且选项卡的形式也能为程序界面增色不少。用户只需单击每个选项卡的标题,就可以切换到不同的选项卡。选项卡窗格创建后,需要添加到设置好布局的窗口或面板中,通常可以添加到布局设置为 1*1 的网格布局或是边界布局中。选项卡窗格中的每个选项卡都可以容纳一个 JPanel 作为子组件,用户只要设计好需要添加到选项卡的面板即可。表 11.25 给出了选项卡窗格类 JTabbedPane 的构造方法。

JTabbedPane 类定义的多数方法都是用来设置选项卡的各种属性的，如标题名称、标题图标和外观颜色等，而用在建立与使用选项卡对象上的方法却是相当简单的。表 11.26 给出了选项卡窗格类 JTabbedPane 的常用方法。

表 11.25　选项卡窗格类 JTabbedPane 的构造方法

构造方法	功能说明
public JTabbedPane()	创建一个不含选项卡的选项卡窗格对象，选项卡标题默认显示在上方
public JTabbedPane(int tabPlacement)	创建一个空的选项卡窗格对象，标题显示位置参数 tabPlacement 的取值为 JTabbedPane 类的静态变量：TOP、BOTTOM、LEFT 或 RIGHT
public JTabbedPane(int tabPlacement, int tabLayoutPolicy)	功能同上，布局策略参数 tabLayoutPolicy 表示当在一次运行中不能放入所有的选项卡时放置选项卡的策略。取值为 JTabbedPane 类的静态变量：WRAP_TAB_LAYOUT 或 SCROLL_TAB_LAYOUT

表 11.26　选项卡窗格类 JTabbedPane 的常用方法

方法	功能说明
public Component add(Component component)	添加组件 component，其选项卡的默认标题为调用 component.getName() 方法返回的组件名称
public Component add(Component component, int inde x)	在指定的选项卡索引位置添加组件 component，默认的选项卡标题为组件名称
public Component add(String title, Component component)	添加选项卡标题为 title 的组件 component
public void addTab(String title, Icon icon,Component component)	添加标题为 title、图标为 icon 的组件 component
public String getTitleAt(int index)	返回 index 位置的选项卡标题
public void setTitleAt(int index,String title)	将 index 位置的选项卡标题设置为 title
public void setIconAt(int index,Icon icon)	将 index 位置的选项卡标题图标设置为 icon
public void setToolTipAt(int index, String toolTipText)	将 index 位置的工具提示文本设置为 toolTipText
public void removeTabAt(int index)	删除 index 位置的选项卡
public void setForegroundAt(int index, Color foreground)	设置 index 位置选项卡的前景色
public void setBackgroundAt(int index, Color background)	设置 index 位置选项卡的背景色

【例 11.8】在窗口中放置一个选项卡窗格，并在选项卡窗格中添加若干个选项卡，每个选项卡中放置一个带有图形的标签组件。

```
//filename：app11_8.java
import javax.swing.*;
public class app11_8 extends JFrame
{
    JTabbedPane jtab=new JTabbedPane(JTabbedPane.TOP);
```

```
    public app11_8()
    {
        JLabel[] lab=new JLabel[6];
        Icon pic;
        String title;
        for(int i=1;i<=5;i++)
        {
            pic=new ImageIcon("t"+i+".jpg");
            lab[i]=new JLabel();
            lab[i].setIcon(pic);
            title="第"+i+"页";
            jtab.add(title,lab[i]);
        }
        this.add(jtab);
    }
    public static void main(String[] args)
    {
        app11_8 frm=new app11_8();
        frm.setTitle("选项卡的应用");
        frm.setSize(300,300);
        frm.setDefaultCloseOperation(JFrame.EXIT_ON_CLOSE);
        frm.setVisible(true);
    }
}
```

该程序创建了一个选项卡窗格对象 jtab，并设置选项卡标题的显示位置在上方。在构造方法中利用循环语句设置标签数组元素上的图标。

11.4 布局管理器

布局管理也就是页面设置，所谓"页面设置"是指窗口上的组件遵循一定的规则来排列，并会随着窗口大小的变化来改变组件大小与位置的一种布局方式。用方法 setLayout(null)将一个容器的布局管理器置为 null，然后调用 xxx.setBounds()方法设定容器中每个对象 xxx 的大小和位置。但如果你用 Java 语言的布局管理器所提供的自动布局功能来进行页面设置，则可以自动排列与管理窗口中的组件。也就是说，当我们为一个容器指定一个布局管理器后，每当将一个组件加入该容器中时，布局管理器就能自动设置该组件的大小和位置；当容器改变大小时，布局管理器能自动调整其中组件的大小和位置。用户可以为容器指定不同的布局管理器，在不同的布局管理器下，同一组件将会有不同的显示效果。

java.awt 包中共定义了五种布局管理器，每个布局管理器对应一种布局策略，分别是流式布局管理器 FlowLayout、边界式布局管理器 BorderLayout、网格式布局管理器 GridLayout、卡片式布局管理器 CardLayout 和网格包布局管理器 GridBagLayout。

javax.swing 包中提供的布局管理器有盒式布局管理器 BoxLayout、重叠布局管理器 OverlayLayout 和弹簧布局管理器 SpringLayout 等。

11.4.1　流式布局管理器 FlowLayout

流式布局是一种最基本的布局，它是一种流式页面设计。流式布局管理器 FlowLayout 的布局策略是：

- 组件按照加入容器的先后顺序从左向右排列。
- 一行排满之后就自动地转到下一行继续从左向右排列。
- 每一行中的组件默认设置为居中排列。

FlowLayout 布局管理器是 JPanel 默认的布局管理方法。

当容器中的组件不多时，使用这种布局策略非常方便，但是当容器内的组件增加时，就显得参差不齐。

表 11.27 给出的是 FlowLayout 类的构造方法，表 11.28 给出的是 FlowLayout 类的主要数据成员，表 11.29 给出的是 FlowLayout 类的常用方法。

表 11.27　FlowLayout 类的构造方法

构造方法	功能说明
public FlowLayout()	创建 FlowLayout 布局管理器，容器中的对象居中对齐，对象的垂直和水平间距均默认为 5 个像素
public FlowLayout(int align)	创建同上功能的布局管理器，使用指定对齐方式 align，对齐方式见表 11.28
public FlowLayout(int align,int hgap,int vgap)	创建同上具有对齐功能的布局管理器，但对象的水平间距为 hgap 个像素，垂直间距为 vgap 个像素

表 11.28　FlowLayout 类的主要数据成员

数据成员	功能说明
FlowLayout.LEFT	每行的组件靠左对齐
FlowLayout.CENTER	每行的组件居中排列
FlowLayout.RIGHT	每行的组件靠右对齐

表 11.29　FlowLayout 类的常用方法

方法	功能说明
public int getHgap()	返回该布局管理器中各组件之间水平间距的像素数
public int getVgap()	返回该布局管理器中各组件之间垂直间距的像素数
public void setHgap(int hgap)	设置该布局管理器中各组件之间水平间距的像素数
public void setVgap(int vgap)	设置该布局管理器中各组件之间垂直间距的像素数
public int getAlignment()	返回该布局管理器的对齐方式
public void setAlignment(int align)	设置该布局管理器的对齐方式
public void layoutContainer(Container target)	设置 target 容器组件的页面布局方法为 FlowLayout
public void addLayoutComponent (String name,Component comp)	将指定的组件加入到该布局管理器中，使用指定的名称

续表

方法	功能说明
public void removeLayoutComponent (Component comp)	将指定组件从该布局管理器中删除

【例 11.9】 流式布局管理器 FlowLayout 类的应用。

```java
//filename: app11_9.java          FlowLayout 类的使用
import java.awt.*;
import javax.swing.*;
public class app11_9 extends JFrame
{
  static JFrame frm=new JFrame("流式布局设置管理器 FlowLayout");
  public static void main(String[] args)
  {
    FlowLayout flow=new FlowLayout (FlowLayout.CENTER,5,10);
    JButton but=new JButton("按钮");
    JLabel lab=new JLabel("我是一个标签");
    frm.setLayout(flow);
    frm.setSize(260,150);
    frm.add(but);
    frm.add(lab);
    frm.add(new JTextField("流式布局策略 FlowLayout",18));
    frm.setDefaultCloseOperation(JFrame.EXIT_ON_CLOSE);
    frm.setVisible(true);
  }
}
```

该例中创建了一个 FlowLayout 类的对象 flow，并指定容器中的组件是居中对齐，组件的水平间距为 5 个像素、垂直间距为 10 个像素。语句"frm.setLayout(flow);"将窗口 frm 的页面布局设置为 flow，这样窗口内的组件就会以"流式布局"的方式来排列。该程序创建了命令按钮、标签和文本框三个组件，并调用 add()方法将其添加到窗口容器中。该程序的运行结果如图 11.7 所示。

图 11.7　例 11.9 程序运行结果

11.4.2　边界式布局管理器 BorderLayout

边界式布局管理器 BorderLayout 将显示区域按地理位置分为东（East）、西（West）、南（South）、北（North）、中（Center）五个区域。在将组件加入容器时，都应该指出把这个组件放到哪个区域中，若没有指定区域，则默认为中间。若将新组件放到已被其他组件占用的区域，新组件将会取代原先的组件。BorderLayout 是容器 JFrame、JAapplet 和对话框组件 JDoalog 默认使用的布局管理器。

分布在北部和南部区域的组件将横向扩展至占据整个容器的长度，分布在东部和西部区域的组件将伸展至占据容器剩余部分的全部高度，最后剩余的部分将被分配给位于中央区域的组件。如果某个区域没有分配组件，则其他组件可以占据它。例如，若北部区域没有分配组件，则西部和东部区域的组件将向上扩展到容器的最上方，如果西部和东部区域没有分配组件，则位于中央区域的组件将横向扩展到容器的左右边界。

表 11.30 给出了 BorderLayout 类的构造方法，表 11.31 给出了 BorderLayout 类的常用方法。

表 11.30 BorderLayout 类的构造方法

构造方法	功能说明
public BorderLayout()	创建 BorderLayout 布局管理器，容器中的各对象之间没有间隔
public BorderLayout(int hgap,int vgap)	创建 BorderLayout 布局管理器，容器中各组件之间的水平间隔为 hgap 个像素、垂直间隔为 vgap 个像素

表 11.31 BorderLayout 类的常用方法

方法	功能说明
public int getHgap()	返回该布局管理器中各组件之间的水平间距
public int Vgap()	返回该布局管理器中各组件之间的垂直间距
public void setHgap(int hgap)	设置该布局管理器中各组件之间的水平间距
public void setVgap(jint vgap)	设置该布局管理器中各组件之间的垂直间距
public void addLayoutComponent(String name,Component comp)	将指定的组件使用指定的名称加入到该布局管理器中
public void removeLayoutComponent(Component comp)	将指定组件从该布局管理器中删除

在使用边界式布局管理器 BorderLayout 时，利用 add()方法向容器中添加组件时必须指出组件的摆放区域，表 11.32 给出了 BorderLayout 类中的表示组件摆放区域的数据成员。

表 11.32 BorderLayout 类中表示组件摆放区域的数据成员

数据成员	功能说明	代表字符串
BorderLayout.EAST	将组件放置在容器的右方	"East"
BorderLayout.WEST	将组件放置在容器的左方	"West"
BorderLayout.SOUTH	将组件放置在容器的下方	"South"
BorderLayout.NORTH	将组件放置在容器的上方	"North"
BorderLayout.CENTER	将组件放置在容器的中央	"Center"

【例 11.10】边界式布局管理器 BorderLayout 类的应用。

```
//filename：app11_10.java      BorderLayout 类的使用
import java.awt.*;
import javax.swing.*;
```

```java
public class app11_10 extends JFrame
{
    static JFrame frm=new JFrame("边界式布局管理器 BorderLayout");
    public static void main(String[] args)
    {
        BorderLayout border=new BorderLayout (5,10);
        frm.setLayout(border);
        frm.setSize(330,200);
        frm.add(new JButton("上北"), BorderLayout.NORTH);
        frm.add(new JButton("下南"), BorderLayout.SOUTH);
        frm.add(new JButton("左西"), BorderLayout.WEST);
        frm.add(new JButton("右东"), BorderLayout.EAST);
        frm.add(new JButton("中央"), BorderLayout.CENTER);
        frm.setDefaultCloseOperation(JFrame.EXIT_ON_CLOSE);
        frm.setVisible(true);
    }
}
```

该程序创建了一个 BorderLayout 类的对象 border，并设定组件的水平间距为 5 个像素，垂直间距为 10 个像素。将窗口 frm 布局设置为 botder，因此窗口内的组件便会以"边界式布局"的方式来排列；调用 add()方法将产生的命令按钮添加到窗口中，同时指定了该按钮在窗口中的摆放区域。其运行结果如图 11.8 所示。

图 11.8　边界布局管理器的页面设计方式

11.4.3　网格式布局管理器 GridLayout

网格式布局管理器 GridLayout 提供的页面布局规则是将容器的空间划分成若干行与列的网格形式，每个网格称为单元格。在容器上添加组件时，它们会按从左到右、从上到下的顺序在网格中排列。网格的行数和列数可以在创建 GridLayout 对象的构造方法中指定。利用 GridLayout 布局策略时，容器中各组件各占用一个单元格，所以各组件的宽度相同，同样，所有组件的高度也是相同的。当容器的尺寸发生变化时，各组件的相对位置不变，但各自的尺寸会发生变化。

表 11.33 给出了 GridLayout 类的构造方法，表 11.34 给出了 GridLayout 类的常用方法。

说明：在网格布局管理器的构造方法中，若表示行的参数 rows 为 0，则表示可以是任意数目的行，若表示列的参数 cols 取 0，则表示是任意数目的列，但行数和列数不能同时为 0。

表 11.33　GridLayout 类的构造方法

构造方法	功能说明
public GridLayout()	创建一个网格布局管理器，使用默认值，每行只有一个组件
public GridLayout(int rows,int cols)	创建一个包含 rows 行、cols 列的网格布局管理器
public GridLayout(int rows,int cols, int hgap,int vgap)	创建一个 rows 行、cols 列的网格布局管理器，水平间距为 hgap 个像素、垂直间距为 vgap 个像素

表 11.34　GridLayout 类的常用方法

方法	功能说明
public void setRows(int rows)	设置该布局管理器的行数
public void setColumns(int cols)	设置该布局管理器的列数
public void setHgap(int hgap)	设置组件间的水平间距
public void setVgap(int vgap)	设置组件间的垂直间距
public void removeLayoutComponent (Component comp)	将指定组件从该布局管理器中删除

下面结合面板对象来说明网格式布局管理器的应用。

【例 11.11】利用网格布局管理器 GridLayout 设计一个简单的计算器。本例的思想是创建两个容器：一个是面板，另一个是窗口。首先把命令按钮摆放在面板中，然后再把文本框和面板放入窗口中。

```
//filename：app11_11.java          GridLayout 类的使用
import java.awt.*;
import javax.swing.*;
public class app11_11 extends JFrame
{
  static JPanel pan=new JPanel();
  static JTextField tf=new JTextField("0. ");
  static JButton[] b=new JButton[10] ;
  static JButton bp,ba,bs,bm,bd,be;
  public static void main(String[] args)
  {
    app11_11 frm=new app11_11();
    for(int i=0;i<=9;i++)
       b[i] =new JButton(""+i);
    bp=new JButton("."); ba=new JButton("+");bs=new JButton("-");
    bm=new JButton("*"); bd=new JButton("/"); be=new JButton("=");
    frm.setTitle("网格式布局管理器 GridLayout");
    frm.setLayout(null);
    frm.setSize(300,220);
    frm.setResizable(false);
    GridLayout grid=new GridLayout (4,4);
    pan.setLayout(grid);
    tf.setBounds(35,15,200,25);
    pan.setBounds(35,50,200,120);
    tf.setBackground(Color.CYAN);
    tf.setHorizontalAlignment(JTextField.RIGHT);
```

```
            pan.add(b[7]);   pan.add(b[8]);   pan.add(b[9]);   pan.add(bd);
            pan.add(b[4]);   pan.add(b[5]);   pan.add(b[6]);   pan.add(bm);
            pan.add(b[1]);   pan.add(b[2]);   pan.add(b[3]);   pan.add(bs);
            pan.add(b[0]);   pan.add(bp);     pan.add(be);     pan.add(ba);
            frm.add(tf);
            frm.add(pan);
            frm.setDefaultCloseOperation(JFrame.EXIT_ON_CLOSE);
            frm.setVisible(true);
        }
    }
```

该程序创建了两个容器对象：一个是面板 pan，一个是窗口 frm。利用 GridLayout 构造方法创建一个 4 行 4 列的网格布局对象 grid，并设置面板 pan 以网格布局方式来摆放组件的位置。语句"frm.setLayout(null);"取消了窗口 frm 的页面布局设计，这个设置比较重要，若无此项设置则文本框 tf 和面板 pan 将无法利用 setBounds()方法设置它们在窗口中的位置。该程序运行结果如图 11.9 所示。

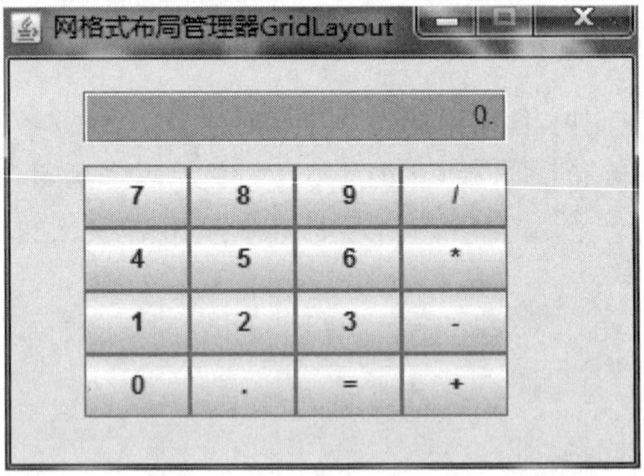

图 11.9 网格布局和面板结合对组件的摆放

11.4.4 卡片式布局管理器 CardLayout

卡片式布局管理器 CardLayout 的页面布局方式是把"容器"中的所有组件摆放成如同堆叠起来的一副"扑克"那样，每次只能显示最上面的一张，这个被显示的组件将占据所有的容器空间。在使用 add()方法往容器中加入组件时应对每个组件赋予一个名字，然后依据这个名字利用 CardLayout 类所提供的方法来控制其他组件是否显示。"容器"有可能只是一个 JFrame，或者是将 JFrame 细分为数个"容器"，每个"容器"可拥有自己的窗口对象以及布局管理器。所有基于 CardLayout 的布局方式所进行的组件布局，在显示区域内每次只有一个组件是可见的。

表 11.35 给出的是 CardLayout 类的构造方法，表 11.36 给出的是 CardLayout 类的常用方法。

表 11.35 CardLayout 类的构造方法

构造方法	功能说明
public CardLayout()	创建 CardLayout 布局管理器，容器中的对象没有间距
public CardLayout(int hgap,int vgap)	创建 CardLayout 布局管理器，并设置组件与容器边缘的水平间距为 hgap、垂直间距为 vgap 个像素

表 11.36　CardLayout 类的常用方法

方法	功能说明
public void first(Container parent)	显示容器 parent 中的第一组件
public void next(Container parent)	显示容器 parent 中的下一个组件
public void previous(Container parent)	显示容器 parent 中的前一个组件
public void last(Container parent)	显示容器 parent 中的最后一个组件
public void show(Container parent,String name)	显示容器 parent 中名称为 name 的组件
public void setHgap(int hgap)	设置组件与容器边缘的水平间距
public void setVgap(int vgap)	设置组件与容器边缘的垂直间距
public void removeLayoutComponent (Component comp)	将指定组件从该布局管理器中删除

利用卡片布局管理器时，通常要用到多个容器，其中一个容器使用卡片布局管理器，而另外的容器使用其他布局管理器。

【例 11.12】卡片式布局管理器 CardLayout 类的应用。

```java
//filename：app11_12.java        CardLayout 类的使用
import java.awt.*;
import javax.swing.*;
public class app11_12 extends JFrame
{
  static JFrame frm=new JFrame("卡片式布局设置管理器 CardLayout");
  static JPanel pan1=new JPanel();
  static JPanel pan2=new JPanel();
  public static void main(String[] args)
  {
    frm.setLayout(null);
    pan2.setLayout(new GridLayout(1,4));
    CardLayout crd=new CardLayout (5,10);
    pan1.setLayout(crd);
    frm.setSize(350,300);
    frm.setResizable(false);
    pan1.setBounds(10,10,320,200);
    pan2.setBounds(10,220,320, 25);
    frm.add(pan1);
    frm.add(pan2) ;
    JLabel lab1=new JLabel("我是第一页", JLabel.CENTER);
    JLabel lab2=new JLabel("我是第二页", JLabel.CENTER);
    JTextField tex=new JTextField("卡片式布局策略 CardLayout",18);
    pan1.add(lab1, "c1");
    pan1.add(lab2, "c2");
    pan1.add(tex, "t1");
    crd.show(pan1, "t1");
    pan2.add(new JButton("第一页"));
    pan2.add(new JButton("上一页"));
    pan2.add(new JButton("下一页"));
    pan2.add(new JButton("最后页"));
```

```
        frm.setDefaultCloseOperation(JFrame.EXIT_ON_CLOSE);
        frm.setVisible(true);
    }
}
```

该程序创建一个窗口对象 frm，创建了两个面板对象 pan1 和 pan2。将面板 pan2 设置成 1 行 4 列的网格式页面布局，将面板 pan1 的页面布局设置为卡片式。调用 add()方法将两个面板添加到窗口 frm 中。调用 add()方法将三个对象添加到面板 pan1 中，并分别为对象命名为 c1、c2 和 t1。该程序运行结果如图 11.10 所示。

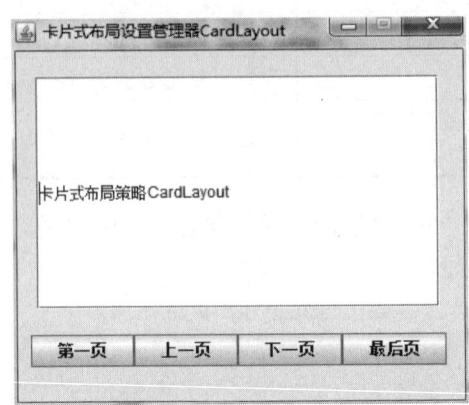

图 11.10　卡片式布局与面板、窗口结合摆放组件

11.4.5　网格包布局管理器 GridBagLayout

　　网格包布局管理器 GridBagLayout 是在网格布局管理器 GridLayout 的基础上发展而来的，所以它与 GridLayout 类似，都是用网格的形式来组织组件的。使用 GridBagLayout 布局比较复杂，但其功能比较强大。

　　由于 GridLayout 中每个网格的大小相同，并且强制组件与网格大小相同，从而使得容器中的每个组件也都是相同的大小，显得很不自然，而且组件加入容器也必须按照固定的排列顺序，因此不够灵活。

　　GridBagLayout 布局管理器也是将容器中的组件按行、列的位置摆放，但在 GridBagLayout 布局管理器中允许组件占用不同行或者不同列的多个单元格，这些被占用的单元格称为组件的显示区域。GridBagLayout 管理的每个组件都要与一个网格包约束条件 GridBagConstraints 的实例对象配合使用，该实例对象指定组件如何放置在它的显示区域内。表 11.37 给出了 GridBagLayout 类的构造方法，表 11.38 给出了 GridBagLayout 类的常用方法，表 11.39 给出了网格包约束条件 GridBagConstraints 的构造方法。

表 11.37　GridBagLayout 类的构造方法

构造方法	功能说明
public GridBagLayout()	创建网格包布局管理器

　　在网格包布局管理器中，网格的行数和列数不能在构造方法中指定，网格的实际行数和列数由添加到具有网格包布局策略的容器中的组件动态决定。

表 11.38　GridBagLayout 类的常用方法

方法	功能说明
public void setConstraints(Component comp, GridBagConstraints constraints)	设置此布局中指定组件的约束条件
public void removeLayoutComponent(Component comp)	从此布局中移除指定组件
public void layoutContainer(Container parent)	使用此网格包布局设置指定容器
public GridBagConstraints getConstraints(Component comp)	获取指定组件的约束条件

表 11.39　GridBagConstraints 类的构造方法

构造方法	功能说明
public GridBagConstraints()	创建一个网格包约束条件对象，将其所有字段都设置为默认值

创建了网格包约束条件对象之后，就可以通过该对象的一些成员变量来设置网格包约束条件的具体数值。表 11.40 列出了网格包约束条件 GridBagConstrains 类中表示组件摆放属性的数据成员。

表 11.40　GridBagConstraints 类中表示组件摆放属性的数据成员

数据成员	功能说明
public int anchor	当组件小于其显示区域时，该变量可以定义组件在显示区域中的显示位置。可用的值有：CENTER（默认）、NORTH、NORTHEAST、EAST、SOUTHEAST、SOUTH、SOUTHWEST、WEST 和 NORTHWEST
public int gridx	表示组件放置在第（gridx+1）列，每行的第一个单元格为 gridx=0
public int gridy	表示组件放置在第（gridy+1）列，其中最上边的单元格为 gridy=0
public int gridwidth	指定组件在显示区域的一行中所占用的单元格数
public int gridheight	指定组件在显示区域的一列中所占用的单元格数
public double weightx	当容器扩大时，该变量指定如何分配多余的水平空间
public double weighty	当容器扩大时，该变量指定如何分配多余的垂直空间
public int fill	当组件小于其显示区域时，该变量指定组件在显示区域的填充模式。其取值为：NONE 表示不调整组件大小；HORIZONTAL 表示加宽组件，使它在水平方向上填满其显示区域，但不改变高度；VERTICAL 表示加高组件，使它在垂直方向上填满其显示区域，但不改变宽度；BOTH 使组件完全填满其显示区域。默认值为 NONE
public int ipadx	设置组件的左右边缘与其显示区域的左右边缘之间的空白距离
public int ipady	设置组件的上下边缘与其显示区域的上下边缘之间的空白距离
public int Insets insets	指定组件的外部填充，即显示区域边缘之外的距离。insets 是 Inscts(int top,int left,int bottom,int right)的对象，默认值为 new Insets(0,0,0,0)
public static final int EAST	将组件置于其显示区域的右部，并在垂直方向上居中
public static final int SOUTH	将组件置于其显示区域的底部，并在水平方向上居中
public static final int WEST	将组件置于其显示区域的左部，并在垂直方向上居中
public static final int NORTH	将组件置于其显示区域的顶部，并在水平方向上居中
public static final int CENTER	将组件置于其显示区域的中心

续表

数据成员	功能说明
public static final int RELATIVE	对于 gridwidth、gridheight 成员变量，该常量表示此组件占据其行或列中从当前单元格到该行或列的倒数第二个单元格的位置；对于 gridx、gridy 成员变量，该常量表示让此组件紧跟在前一添加的组件之后
public static final int REMAINDER	指定此组件是其行或列中的最后一个组件
public static final int HORIZONTAL	在水平方向而不是垂直向上调整组件大小
public static final int VERTICAL	在垂直方向而不是水平方向上调整组件大小
public static final int BOTH	在水平方向和垂直方向上同时调整组件大小
public static final int NONE	不重新调整组件大小

位置变量 gridx 和 gridy 指定组件显示区域左上角的单元格，网格最左上角单元格的位置为 gridx=0 与 gridy=0。

注意：gridx 指定组件放在哪一列，gridy 指定组件放在哪一行。例如，若 gridx=GridBagConstraints.RELATIVE，则表示将组件放置到刚添加到容器中的组件之后；若 gridy=GridBagConstraints.RELATIVE，则表示将组件放置到刚添加到容器中的组件的下面。

大小变量 gridwidth 表示组件在显示区域中每行所占用的单元格数；变量 gridheigh 表示组件在显示区域中每列所占用的单元格数。这两个变量的默认值均为 1。若设置 gridwidth=GridBagConstraints.RELATIVE，表示将组件放置到从当前单元格到当前行的倒数第二个单元格的位置；若 gridheight=GridBagConstraints.REMAINDER，则表示将组件放置到从当前单元格到当前列的最后一个单元格的位置，使之成为该列的最后一个组件。

【例 11.13】网格包布局管理器 GridBagLayout 的应用。

```java
//filename: app11_13.java         GridBagLayout 布局管理器的使用
import java.awt.*;
import javax.swing.*;
import java.awt.GridBagConstraints.*;
public class app11_13 extends JFrame
{
    static app11_13 frm=new app11_13();
    static JLabel jlab=new JLabel("标签：调整窗口的大小来理解 GridBagLayout",JLabel.CENTER);
    static JTextArea jta1=new JTextArea("文本区 1",5,15);
    static JTextArea jta2=new JTextArea("文本区 2",5,15);
    static JTextField jtf=new JTextField("文本框");
    static JPanel jp=new JPanel();
    static JButton jbt1=new JButton("按钮 1");
    static JButton jbt2=new JButton("按钮 2");
    public static void main(String[] args)
    {
        frm.setDefaultCloseOperation(JFrame.EXIT_ON_CLOSE);
        frm.setTitle("网格包布局设置管理器 GridBagLayout");
        frm.setSize(350,130);
```

```java
        frm.setLayout(new GridBagLayout());
        GridBagConstraints gbc=new GridBagConstraints();
        gbc.fill=GridBagConstraints.BOTH;
        gbc.anchor=GridBagConstraints.CENTER;
        Container conta=frm.getContentPane();
        frm.addCom(jlab,conta,gbc,0,0,1,4,0,0);
        frm.addCom(jta1,conta,gbc,1,0,2,1,5,1);
        frm.addCom(jta2,conta,gbc,1,3,1,1,5,1);
        frm.addCom(jtf,conta,gbc,2,3,1,1,5,0);
        frm.addCom(jbt1,conta,gbc,3,1,1,1,5,0);
        frm.addCom(jbt2,conta,gbc,3,2,1,1,5,0);

        jp.setBackground(Color.CYAN);

        jp.setBorder(new javax.swing.border.LineBorder(Color.RED));
        gbc.insets=new Insets(10,10,10,10);
        frm.addCom(jp,conta,gbc,1,1,2,2,10,1);
        frm.setVisible(true);
    }
    private void addCom(Component c,Container con,GridBagConstraints gbcon,
                        int row,int col,int numberOfRow,int numberOfCol,
                        double weightX,double weightY)
    {
        gbcon.gridx=col;
        gbcon.gridy=row;
        gbcon.gridwidth=numberOfCol;
        gbcon.gridheight=numberOfRow;
        gbcon.weightx=weightX;
        gbcon.weighty=weightY;
        con.add(c,gbcon);
    }
}
```

该程序的运行结果如图 11.11 所示。程序中定义的 addCom()方法用于向具有指定约束参数的网格布局器的容器中添加组件；网格包约束条件 GridBagConstraints 的对象 gbc 用来对每个组件指定布局约束参数。在向容器添加组件之前，先在 gbc 中设置约束参数，然后把组件添加到容器中。

图 11.11　网格布局设置管理器 GridBagLayout

11.4.6　盒式布局管理器 BoxLayout

　　BoxLayout 是一种 Swing 布局管理器，这种布局策略是在一行或一列中摆放组件。如果采用沿水平方向排列组件方式，当组件的总宽度超出容器的宽度时，组件也不会换行，而是沿同一行继续排列组件。如果采用竖直方向排列组件的方式，当组件的总高度超出容器的高度时，组件也不会换列，而是沿同一列继续排列组件。这时需要改变容器的大小才能见到所有的组件，即有些组件可能处于不可见状态。表 11.41 和表 11.42 分别给出了盒式布局管理器 BoxLayout 的构造方法和常用方法。

表 11.41　BoxLayout 类的构造方法

构造方法	功能说明
public BoxLayout(Container target, int axis)	创建一个将沿给定方向放置组件的盒式布局管理器，参数 target 是使用该布局的容器，axis 指定组件排列方向，其取值为该布局管理器的主要成员变量：X_AXIS（水平）、Y_AXIS（竖直）

BoxLayout 的构造方法不同于其他布局管理器的构造方法，它创建的布局管理器要求指明目标容器。

表 11.42　BoxLayout 类的常用方法

方法	功能说明
public final Container getTarget()	返回使用此布局管理器的容器
public final int getAxis()	返回用于布局组件的排列方向。主要返回值为 X_AXIS、Y_AXIS

【例 11.14】盒式布局管理器 BoxLayout 的应用。

```
//filename: app11_14.java          BoxLayout 布局管理器的使用
import java.awt.Container;
import javax.swing.*;
public class app11_14
{
  public static void main(String[] args)
  {
    JFrame frm=new JFrame("盒式布局管理器");
    frm.setDefaultCloseOperation(JFrame.EXIT_ON_CLOSE);
    frm.setSize(220,130);
    Container app=frm.getContentPane();
    BoxLayout bl=new BoxLayout(app,BoxLayout.X_AXIS);
    frm.setLayout(bl);
    JButton but;
    for(int i=1;i<4;i++)
    {
      but=new JButton("按钮"+i);
      frm.add(but);
    }
    frm.setVisible(true);
  }
}
```

该程序的运行结果如图 11.12（a）所示。若把"BoxLayout bl=new BoxLayout(app, BoxLayout.X_AXIS);"语句中的成员变量 X_AXIS 改为 Y_AXIS，则程序的运行结果如图 11.12（b）所示。

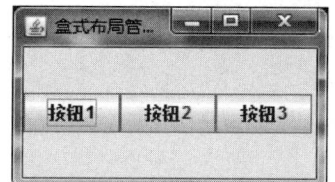
（a）组件沿水平方向排列

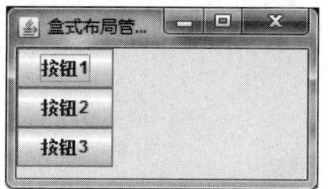
（b）组件沿竖直方向排列

图 11.12　盒式布局管理器

11.4.7　重叠布局管理器 OverlayLayout 和弹簧布局管理器 SpringLayout 简介

重叠布局管理器 OverlayLayout 和弹簧布局管理器 SpringLayout 均是 Swing 中定义的布局管理器。具有 OverlayLayout 布局管理策略的容器将加入该容器的所有组件叠放在一起，第一个被加入容器的组件会放在容器的最前面，这样后加入容器的组件会被先加入的组件遮盖住。这时可利用 JComponent.setOpaque(false)方法将前面组件设置为透明的，则下面组件被遮盖部分就能显示出来。弹簧布局管理器 SpringLayout 的主要思想是在组件的周围放置一个灵活的弹簧（Spring），这种弹簧可以压缩或伸长，把组件堆放到要求的位置。

本章小结

- Java 语言提供了两个处理图形用户界面的包：java.awt 包和 javax.swing 包。
- java.awt 包和 javax.swing 包是用来处理图形（包括窗口与绘图）的最基本的类，它可用来创建 Java 的应用程序及小程序。
- 构建图形用户界面的类可以分为三组：容器类（Container Class）、辅助类（Helper Class）和组件类（Component Class）。
- 创建的 Swing 窗口实际包含了几个"层次"：顶层容器（Top Lever Container）、根窗格（Root Pane）、分层窗格（Layered Pane）、内容窗格（Content Pane）和玻璃窗格（Glass Pane）。
- JFrame 是一种带标题栏并且可以改变大小的窗口，JPanel 类与窗口类似，但它是一种没有标题栏的容器，且不能独立存在，必须包含在另外一个容器之中。
- Color 类是 java.awt 包中常用的类之一，可以利用它来设置组件的颜色。
- Font 类用来设置组件所用字体的样式、大小和字形等。
- 图标类 ImageIcon 通常用来设置组件上的图标。
- 因为 ButtonGroup 不是 java.awt.Component 的子类，所以 ButtonGroup 对象不能添加到容器中。
- Swing 中提供了一个滚动窗格类 JScrollPane，它是专门用来处理具有滚动功能的组件。应用滚动窗格非常简单，只要创建一个 JScrollPane 对象，并为其指定一个要显示的组件即可。
- 布局管理器是指窗口中的组件按照一定的规则来排列,组件大小与位置会随着窗口大小的变化来改变。

12 小程序设计

Java 语言的程序有两种基本形式：应用程序 Application 和小程序 Applet。前面介绍的都是应用程序，但是 Java 语言真正变得热门的原因在于 Java 小程序具有让"Internet 动起来"的能力。具备 Java 能力的 Web 浏览器可以从网上下载这种 Java 小程序，然后运行它。本章讲述小程序的基本工作原理和相应的编程技术。

12.1 小程序的基本工作原理

作为解释型语言，Java 语言的字节码程序需要一个专门的解释器来执行它，对于 Java 应用程序来说，这个解释器是独立的软件，如 JDK 的 java.exe。但对于 Java 小程序来说，这个解释器就是 Internet 的浏览器软件，或者更确切地说，就是兼容 Java 语言的 Internet 浏览器。

在知道了 Java 小程序的解释器就是 Internet 的浏览器之后，下面就来讨论小程序的基本工作原理。将编译好的小程序字节码文件，即 .class 文件保存在特定的 WWW 服务器上，在同一个或另一个 WWW 服务器上保存着嵌入有该字节码文件的 HTML 文件。当某一浏览器向服务器请求下载嵌入了小程序的 HTML 文件时，该文件从 WWW 服务器上下载到客户端，由 WWW 浏览器解释 HTML 文件中的各种标记，将文件中的信息以一定的格式显示在用户屏幕上。当浏览器遇到 HTML 文件中嵌有小程序的标记时，浏览器会根据这个小程序的名字和位置自动把字节码文件从 WWW 服务器上下载到本地，并利用浏览器本身拥有的 Java 解释器直接执行该字节码文件。

从某种意义上说，小程序有些类似于组件。与独立的应用程序不同，小程序所实现的功能是不完全的，需要与浏览器中已经预先实现好的功能结合在一起才能构成一个完整的程序。例如，小程序不需要建立自己的主流程框架，因为浏览器会自动为它建立和维护主流程；小程序不一定要有自己专门的图形界面，因为它可以直接借用浏览器已有的图形界面。小程序所需要做的就是接收浏览器发送给它的消息或事件，如鼠标移动、单击等，并做出及时的响应。

12.2 JApplet 类

JApplet 类是一个特殊的图形类，它包含在 javax.swing 类库中。JApplet 类直接继承自 Applet

类，而 Applet 类又继承自 Panel 类，因此它具有其父类和祖先类的特性，如可以使用布局管理器并向其添加其他组件等。但与 Panel 类不同的是，JApplet 类是一个可独立运行的类，所以创建 JApplet 的一个子类就可以运行一个小程序。

JApplet 类只有一种形式的构造方法：public JApplet()。利用这个构造方法即可创建一个小程序的实例，通常此构造方法为浏览器所调用。由于 JApplet 是 Applet 的子类，因而 JApplet 所用的方法大多是从其父类 Applet 或祖先类继承来的。Applet 类提供了许多编程使用的方法，表 12.1 列出了 Applet 类的常用方法，表 12.2 列出了 JApplet 类的常用方法。

表 12.1 Applet 类的常用方法

方法	功能说明
public void init()	在小程序被浏览器下载时调用，完成小程序的一些初始化操作
public void start()	开始执行小程序，在小程序开始运行或被重新访问时被调用
public void stop()	停止运行小程序，当小程序所在的网页被切换到其他网页或最小化时被调用的方法
public void destroy()	销毁 Applet 对象，释放小程序所占用的资源，该方法通常在浏览器关闭时被系统自动调用，调用此方法之前会先调用 stop()方法
public String getAppletInfo()	返回小程序组件的信息，如作者、版权、版本等，若没有这些信息则返回 null
public AudioClip getAudioClip(URL url)	返回网址为 url 的 AudioClip 对象的音频文件
public AudioClip getAudioClip(URL url,String name)	返回网址为 url、文件名为 name 的音频文件
public URL getCodeBase()	返回小程序自己的 URL
public URL getDocumentBase()	返回嵌入小程序的 HTML 文档的 URL 地址
public Image getImage(URL url)	返回网址为 url 图像文件
public Image getImage(URL url,String name)	返回网址为 url、名为 name 的图形文件
public String getParameter(String name)	取得在 HTML 文档中设置的 name 参数值，该参数是 HTML 文档用于传递给小程序的值
public String[][] getParameter(String name)	返回一个二维数组，它包含小程序的参数信息，包括参数名称、类型、描述等
public boolean isActive()	测试小程序是否正在运行
public void play(URL url)	播放由 url 网址所指定的音频文件
public void paly(URL url,String name)	播放网址为 url、名称为 name 的音频文件
public void resize(int width,int height)	将小程序界面的宽设为 width、高设为 height
public void showStatus(String msg)	在浏览器的状态栏上显示信息 msg

Applet 类中的 init()、start()、stop()和 destroy()这 4 个方法是非常重要的，它们会在小程序运行的不同时机被系统自动调用。用户可以根据需要在这些方法内编写相应的程序代码，以便在适当的时机做一些特定的处理，当然也可以不为这些方法编写任何程序代码。

表 12.2 JApplet 类的常用方法

方法	功能说明
public void setJMenuBar(JMenuBar menuBar)	将菜单栏添加到小程序中
public void repaint(long time,int x,int y,int width, int height)	在 time 毫秒内重绘此组件的指定矩形区域
public void update(Graphics g)	调用 paint(g)方法

一个小程序的执行过程称为这个小程序的生命周期。在一个完整的生命周期中涉及 init()、start()、stop()、destroy()这 4 个方法，用于控制 Java 小程序的初始化、运行、终止、消亡等状态。由这 4 个方法构成了小程序的结构，在此结构上可以建立任何一个功能完整的小程序。下面介绍这 4 个方法的功能和运行的时机。

（1）init()方法：该方法是在小程序被创建时第一个调用的方法，它只运行一次，主要是用来对小程序设置初值。它的原理和一个构造方法差不多。一般进行的操作是：设置初始状态和参数值，添加用户接口组件以及装载图像等。

（2）start()方法：调用完 init()方法之后，就立即调用 start()方法。只要小程序画面出现一次，start()方法就会被调用一次。当切换到其他网页浏览再返回到本页面时或用户使用了浏览器的 Reload（刷新）操作等，start()方法都会再运行一次。因此，对于只打算使用一次的代码可以放在 init()方法中，不必定义在 start()方法内；而需要经常重复启动的操作则应放在 start()方法中。在多线程的程序设计中，start()方法主要用于编写启动线程的代码，如动画、音频的启动运行等。

（3）stop()方法：stop()方法近似于 start()方法的逆操作，当浏览器窗口失去焦点变为不活动状态、切换到其他网页浏览或是关闭浏览器时，需要停止小程序的运行，此时系统会自动调用 stop()方法以暂停小程序的运行。因此，stop()方法也可以被重复调用。stop()方法常常用于完成暂停小程序运行并暂时释放小程序所占用的资源的功能。

（4）destroy()方法：当用户退出浏览器时，浏览器运行的小程序也将停止运行并释放内存。此时浏览器会自动调用小程序对象的 destroy()方法来完成一些释放资源、关闭连接之类的操作。但在关闭浏览器时会先调用 stop()方法暂时停止运行小程序，然后再调用 destroy()方法来释放被小程序所占用的资源。

这 4 个方法在实际程序设计中使用较多的是 init()方法，可以将 GUI 设计放到这个方法中，然后在小程序创建时被系统自动调用，而其他 3 个方法也将在特定的时机由 Java 系统自动调用执行。

从激活小程序调用 init()方法开始到结束小程序调用 destroy()方法为止，这一整个过程就是小程序的生命周期。

12.3　Java 小程序编程实例

从编程的角度来看，小程序并没有新的内容，它只是对 javax.swing.JApplet 类进行了扩展的 Java 类。但要注意 JApplet 与 Applet 的一些区别。JApplet 是 Swing 包中的类，它是 Applet 类的子类，JApplet 容器与 Applet 容器有如下的不同点：

（1）JApplet 可以使用 setJMenuBar()方法为其添加菜单栏，而 Applet 是不能使用菜单的。

（2）容器 JApplet 的默认布局管理器是 BorderLayout，而容器 Applet 的默认布局管理器是 FlowLayout。

（3）向其添加组件的方式不同。向 Applet 容器添加组件可以使用其 add()方法进行，其格式如下：

awtApplet.add(awtComponent)

其中 awtApplet 是 Applet 类型的变量。而向 JApplet 容器添加组件最好是使用内容窗格，其语句格式为：

swingJApplet.getContentPane().add(swingComponent)

即先要获得容器的内容窗格，再向该窗格添加组件，其中 swingJApplet 是 JApplet 类型的变量。但不使用内容窗格直接添加组件也是可以的。

对于编写小程序的代码与编写应用程序代码相似，但编写小程序时要注意以下几个问题。

1. 编写小程序的规则

由于每个小程序都派生于 javax.swing 类库中的 JApplet 类，所以编写小程序只需做以下几点：

- 必须用 import 命令导入 javax.swing.JApplet 类。
- 定义一个继承自 JApplet 类的子类，并把相关的程序代码编写在这个子类内即可。该子类必须是 public 类型的，类名与文件名要一致。
- 由于小程序是可以直接运行的，所以不需要 main()方法。
- 由于 JApplet 类的实例是容器类对象，所以在编写小程序时不需要创建窗口对象，可以直接向本容器类对象中添加组件。
- 由于小程序具有图形界面，所以在小程序中通常用 paint()方法在界面中显示文字、图形和其他界面元素。

【例 12.1】小程序中的邮箱登录界面设计。本例以 JApplet 作为容器，在 init()方法中向该容器中添加若干个邮箱登录用到的 Swing 组件。事件的响应及处理方法与应用程序相同。

```
//filename: app12_1.java          小程序的应用
import java.awt.*;
import java.awt.event.*;
import javax.swing.*;
import javax.swing.JApplet;
public class app12_1 extends JApplet implements ActionListener
{
    private JTextField name;                //用户名文本框
    private JPasswordField password;        //口令文本框
    private JComboBox<String> mailBox;      //邮箱组合框
    private JButton login;                  //登录按钮
    public void init()                      //初始化方法
    {
        Container c=getContentPane();       //获取内容窗格
        c.setBackground(Color.WHITE);       //设置内容窗格的背景为白色
        c.setLayout(new FlowLayout(FlowLayout.LEFT));
        c.add(new JLabel("邮箱"));
        name=new JTextField("用户名",10);
        name.addActionListener(this);       //设置小程序本身为文本框的监听者
```

```
        c.add(name);
        c.add(new JLabel("@"));
        String[] box={"tom.com","263.net"};
        mailBox=new JComboBox<String>(box);
        c.add(mailBox);
        c.add(new JLabel("密码"));
        password=new JPasswordField("*",10);
        c.add(password);
        login=new JButton("登录");
        c.add(login);
        login.addActionListener(this);
    }
    public void actionPerformed(ActionEvent e)
    {
        if(e.getSource()==login||e.getSource()==password)
        {}    //用户可以自己根据需要添加代码
    }
}
```

由于小程序没有主方法 main()，所以程序中用到的变量、组件等都不用声明成 static 型。

另外本例中是利用小程序窗口来产生动作事件的，且设置了类 app12_1 来实现 ActionListener 接口，所以在 init()方法中，分别设置以小程序本身 this 作为文本框组件 name 和登录按钮 login 的监听者。

将该文件编辑之后，会产生 app12_1.class 这个字节码文件，然后再编写一个 HTML 文件，将 app12_1.class 文件嵌入其中，并将其与 app12_1.class 文件存放在同一文件夹内，之后可利用浏览器或 appletviewer 来解释执行。

本例中创建的 HTML 文件（app12_1.html）如下：

```
1    <app12_1.html>
2    <html>
3    <applet
4    code="app12_1.class"
5    height=100
6    width=500
7    alt="很抱歉，您的浏览器不支持 Java applet."
8    align="Middle"
9    vspace=25>
10   </applet>
11   </html>
```

该程序中的第 4～6 行分别指定了加载的小程序文件名为 app12_1.class、高度为 100 像素、宽度为 500 像素。这 3 个参数 code、height 和 width 必须给定，否则小程序无法运行。第 7 行用 alt 参数设置了当浏览器不支持 Java 小程序时出现在浏览器中的文字；第 8 行设置了小程序居中摆放；第 9 行设置小程序与其他组件相距 25 像素。

2. 向小程序传递参数

Java 应用程序是通过命令行来接受用户参数的，在小程序中这个任务是通过 HTML 文件的一个专门标记<Param>来完成的。在 HTML 文件和小程序之间进行参数传递需要注意以下几点：

（1）在 HTML 文件中通过 Patam 标记来设置要向小程序进行传递的参数。

（2）小程序中只能在 init()方法中调用 getParameter()方法来接收 HTML 文件传递来的参数。

（3）在 HTML 文件中由 Param 设置的参数名称必须与 getParameter()方法中接收到的参数名称匹配，两者均是区别大小写的。

（4）HTML 文件中的每个 Param 标记只能传递一个且为字符串型的参数，小程序中接收参数的 getParameter()方法的返回值也是字符串型。所以如果需要的是其他类型的数据，则还需要将字符串转换成相应的类型。

采用传递参数的方法可以通过 HTML 文件来修改参数，而不必修改小程序源文件。HTML 文件相对简单明了，尤其是在小程序的源文件比较复杂、变动较多的情形时，这种方法有可取之处。下面举例来说明参数是如何传递的。

【例 12.2】由 HTML 文件向小程序传递参数。在 app12_2.html 文件中向小程序文件 app12_2.class 传递两个参数：姓名和年龄。app12_2.html 文件内容如下：

```
<app12_2.html>
<html>
<applet code="app12_2.class" height=150 width=300>
<Param    name=vname value="刘洋">
<Param    name=age value=24 >
</applet>
</html>
```

该 HTML 文件中嵌入一个名为 app12_2.class 的小程序，在小程序运行时向小程序传递两个字符串参数：一个参数名为 vname，其值为"刘洋"；另一个参数名为 age，其值为 24。以 Param 标记的每行只能传递一个参数，参数的名称用 name 指定，该参数的取值用 value 设定。

app12_2.java 文件的代码如下：

```
//app12_2.java           小程序接收 HTML 文件传递进来的参数
import java.awt.*;
import javax.swing.JApplet;
public class app12_2 extends JApplet
{
   private String v_name;
   private int v_age;
   public void init()
   {
     v_name=getParameter("vname");
     v_age=Integer.parseInt(getParameter("age"));
   }
   public void paint(Graphics g)
   {
     g.drawString("姓名："+ v_name+"  ；年龄："+ v_age,10,20);
     System.out.println("计算机系");
   }
}
```

小程序利用 getParameter()方法接收 HTML 文件传进来的参数，该方法有一个 String 型参数，表明它所希望接收的 HTML 文件传入参数的名字，即 name 指定的参数名。该方法的返回值是一个字符串，即 HTML 文件中 value 指定的字符串。如果希望这个参数是其他类型，则要进行参数类型的转换。

说明：在图形窗口中只能使用 drawString()方法才能在图形窗口中输出文字，而不能使用 System.out.println()语句输出文本字符，因为在程序中使用 System.out.println()语句输出的字符串会显示在命令行窗口中。

12.4 将应用程序转换成小程序及小程序的安全性

对于小程序的功能，主要地体现在网络中的应用，但也正是由于小程序对运行环境的要求，使得 Java 语言对小程序的功能进行了一些必要的限制，其主要原因是考虑到网络上运行的安全性问题。对于 Java 的应用程序和小程序，除了前面介绍的不同之处外，二者所有的用户接口代码均可保持不变，所以可以把应用程序转换为小程序。

1. 将应用程序转换成小程序

将应用程序转换成小程序的转换步骤如下：

（1）制作一个 HTML 网页文件，带有相应的标记，从而能够下载小程序的代码。

（2）声明一个类，使其继承 Applet 或 JApplet 类。若使用 Swing 组件，则必须继承 JApplet 类（用 Applet 或 JApplet 类替换 JFrame 类），并使其为 public 类型，否则这个小程序不能被下载。

（3）在应用程序中去掉 main()方法。将 main()方法中所完成的任务分配给其他方法完成，如将对小程序进行设置初始状态和参数值、添加组件及装载图像等操作的代码编写在 init()方法中，因此方法是小程序在创建时被系统自动调用且最先执行的。原来在 main()方法中创建一个类的对象的任务，现在由浏览器自动创建一个小程序对象。

（4）在应用程序中，设置窗口的大小是通过调用 setSize()方法来实现的；在小程序中设定它的大小是通过在 HTML 文件中设置 width 和 height 两个参数来实现。

（5）小程序在浏览器退出时会终止。

（6）如果在应用程序中使用 setTitle()为窗口设置标题，那么在转换成小程序时此方法不能使用，因为小程序没有标题栏，只能为 Web 页本身加上标题。

（7）用 init()方法替换构造方法，在浏览器创建这个小程序类的一个对象时，它调用了 init()方法。所以这里的 init()方法相当于应用程序中的 main()方法，是程序执行的入口点。

2. 小程序的安全性问题

作为一个可以在网络上随便利用 Web 浏览器将小程序送到世界各地去执行的程序而言，不能不考虑小程序在执行上的安全性。将应用程序与小程序进行一下比较，可以发现 Java 语言对小程序的限制要比对应用程序严格许多。Java 语言不允许一个小程序做下面的事情。

（1）小程序不可以直接调用其他的函数库（如 DLL 等），或是调用其他程序语言编写的程序。

（2）小程序不可以读或写本地机中的系统文件，除非是在使用者特别指定的文件夹下通信。

（3）除了小程序所在的位置之外，小程序通常不能通过网络和其他 WWW 服务器通信。

（4）在小程序的执行过程中，它不能再通过本地机的操作系统去执行新的程序，如执行一个新的窗口程序。

（5）小程序不能访问有关系统设置的任何信息，如使用者的密码文件等。

正是由于种种安全管理上的限制，对于 Java 小程序执行时的窗口或是小程序本身弹出的窗口，系统为了提醒使用者它们和原本系统执行的窗口程序不是同一个，常以不同的颜色以及带警告性意味的文字来标示出这是小程序的执行窗口。

12.5　图像文件处理

在进行图形、图像文件处理过程中，要区分图形和图像的概念。一幅图形的每个像素一般只有"黑"和"白"两种颜色取值，即使有其他颜色，同一幅图形中共存的颜色种类也是有限的，主要以线条和色块为主；而图像则不同，图像是由一组像素构成，一幅图像中的色彩或灰度十分丰富，每个像素点都有 4～16 位二进制数据表示其颜色，如.gif、.jpeg、.bmp 和.jpg 等格式的文件都是图像。在 Java 语言中 java.awt、java.awt.image 和 java.applet 包中都提供了支持图像操作的类和方法，对图像的处理包括载入、生成、显示和处理。在 Java 语言中，图像信息是封装在抽象类 Image 中的，由于 Image 是一个抽象类，因此不能直接生成一个图像对象，需要采用特殊的方法载入或生成图像对象。

对于.gif、.png 和.jpg 等格式的图像文件，往往是通过外部手段获取，然后使用 paint()方法将其显示出来，该方法与 paintComponent()方法有相似的功能。下面介绍两个比较重要的方法。

（1）getImage(getDocumentBase(),imagename)方法。该方法用于获取图像文件，其中参数 getDoumentBase()是一个方法，该方法返回当前小程序的 HTML 文件所在的文件夹。有时，也可以使用 getCodeBase()来代替此方法。方法 getCodeBase()返回的是当前执行小程序的.class 文件所在的文件夹；第二个参数指明图像文件的相对位置和名称。getImage()方法是获得一个 Image 对象，但是它不检查图像数据是否存在，也不进行图像加载，实际上图像加载通常是在程序第一次绘制图像时才进行。一般来讲，为了方便起见，通常将图像文件与 HTML 文件放在同一文件夹下。

（2）drawImage(Image picture,int x,int y,int width,int height,ImageObserver observer)方法。该方法的功能是在指定的矩形内绘制加载的图像 picture。drawImage()方法返回一个 boolean 值，如果图像已经被完全加载并且被完全绘制，返回值是 true，否则，返回值是 false。实际上在第一次执行此方法时，如果图像比较大，则需要在"后台"进行加载，因此该方法在第一次执行时返回值为 false，也就是说第一次执行该方法时，界面上并没有显示出图像。这时它调用 repaint()方法重新绘制图像。而 repaint()方法实际上是调用 paint()方法的自动运行特性（如改变窗口大小、移动窗口等）自动调用 paint()方法，使得图像依然可以被绘制出来。使用该方法时，不管原始图像的高和宽是多少，该图像会自动按比例调整自身大小以便适应目标区域的尺寸，或可以使用下面两个方法来获取参数 width 和 height 的值：

picture.getHeight(this)
picture.getWidth(this)

总之，加载与显示图像需要进行下面三个操作。

（1）声明 Image 类型的对象。

（2）利用 getImage()方法加载图像。

（3）利用 drawImage()方法绘出图像。

【例 12.3】 在 Web 页中显示图像和文字信息。

```java
//filename: app12_3.java          在小程序里显示图像
import java.awt.*;
import javax.swing.JApplet;
public class app12_3 extends JApplet
{
   Image img;
   public void init()
   {
      img=getImage(getCodeBase(),"黄山.jpg");
   }
   public void paint(Graphics g)
   {
      g.drawString("黄山风景",50,15);
      g.drawImage(img,30,30,200,150,this);
      play(getDocumentBase(),"二泉吟.mid");
   }
}
```

相应的 HTML 文件如下：

```
<app12_3.html>
<html>
<applet code="app12_3.class"
width=300
height=250>
</apple>
</html>
```

在 app12_3.java 中声明了 Image 类型的变量 img，用它来存放图像。利用 getImage (getCodeBase(),"黄山.jpe")方法来加载图像文件"黄山.jpg"，并将该图像文件存放在 img 中。由于 getCodeBase()方法是用来取得小程序文件所在的文件夹，因此本例中必须将图像文件"黄山.jpg"与 app12_3.class 放在同一文件夹中才能运行。在 paint()方法中将图像显示在左上角为 (30,30)、长为 200 像素、宽为 150 像素的区域内，其中的 this 表示图像所显示的区域为目前这个小程序。

12.6 播放音乐

在例 12.3 中 app12_3.java 的第 15 行使用 play()方法直接播放音频文件，虽然此方法简单，但只能播放一次，而且不能停止。目前 Java 语言支持多种音频格式文件，例如后缀为.mid、.rmf、.au、.wav、.aiff 的文件等。为了能实现对音频文件的控制播放，需要使用 java.applet 类库中的接口 AudioClip，即利用接口类型的音频对象来实现对音频文件的播放。表 12.3 给出了 java.applet.AudioClip 接口的三个常用方法。

表 12.3 AudioClip 接口的常用方法

方法	功能说明
public void play()	播放音频文件
public void loop()	循环播放音频文件
public void stop()	停止播放音频文件

【例 12.4】 在 Web 页中播放音乐。

```java
// filename: app12_4.java          在小程序里播放音频
import java.awt.*;
import java.awt.event.*;
import javax.swing.*;
import java.applet.AudioClip;
public class app12_4 extends JApplet implements ItemListener
{
   AudioClip[] midi=new AudioClip[3];    //定义 AudioClip 接口类型的数组
   AudioClip song;                        //目前选取的音频
   JComboBox<String> coi;                 //创建下拉列表对象
   JButton bntLoop=new JButton("循环");
   JButton bntStop=new JButton("停止");
   public void init()
   {
      String num;
      String[] musical={"天路","上海滩","爱你多年"};
      coi=new JComboBox<String>(musical);
      for(int i=0;i<midi.length;i++)
      {
         num=String.valueOf(i+1);
         midi[i]=getAudioClip(getCodeBase(),num+".mid");   //取得音频来源
      }
      Container c=getContentPane();                         //获取内容窗格
      c.setLayout(new FlowLayout(FlowLayout.LEFT));
      c.add(coi);
      c.add(bntLoop);
      c.add(bntStop);
      coi.addItemListener(this);                //将小程序本身设置为 coi 的监听者
      bntLoop.addActionListener(new MyActLit()); //设置监听者
      bntStop.addActionListener(new MyActLit());
      song=midi[0];        //设置启动小程序时播放的音频
      song.play();         //播放音频
   }
   public void itemStateChanged(ItemEvent e)
   {
      song.stop();                       //停止正在播放的音频
      int i=coi.getSelectedIndex();      //在下拉列表中选择播放音频的序号
      song=midi[i];                      //设置待播放的音频
      song.play();                       //播放音频
   }
   class MyActLit implements ActionListener    //定义内部类
   {
      public void actionPerformed(ActionEvent e)     //处理按钮事件的程序代码
      {
         JButton bnt=(JButton) e.getSource();    //取得被选中的按钮
         if(bnt==bntLoop) song.loop();           //若选择"循环"按钮,则循环播放
         else song.stop();                       //若选择"停止"按钮,则停止播放
```

```
            }
        }
}
```

相应的 HTML 文件如下：

```
<app12_4.html>
<html>
<applet code="app12_4.class"
    width=300
    height=100>
</applet>
</html>
```

在 app12_4.java 中主类定义的类中实现了 ItemListener 接口，用于实现对下拉列表的选择操作。加载 java.applet.AudioClip 接口，并定义了包含 3 个元素的 AudioClip 接口类型的数组 midi，用于记录要播放的所有音频。也声明了一个 AudioClip 接口类型对象 song，用来记录当前用户选择播放的音频。声明了两个按钮用于对选中的音频进行循环播放或停止播放操作。在 init()方法中用一个 for 循环将音频文件装入到数组 midi 的各元素中，同时将组合框和按钮等添加到小程序窗口中。当用户在组合框中选择选项时，定义的方法 itemStateChanged()将被执行，首先停止目前正在播放的音频，然后播放用户在下拉列表中选择的音频。当用户单击命令按钮时，内部类 MyActLit 中定义的 actionPerformed()方法被执行，即根据单击按钮的不同进行循环播放音频或停止播放音频。

说明：AudioClip 具有混声的功能，即可以同时播放若干首音频，因此若要只播放一首音频，必须先停止目前正在播放的音频，然后才能播放其他音频，否则将会有两首以上的音频同时播放。

12.7 动画程序设计

动画程序设计是 Java 语言最吸引人的特点之一，用 Java 语言实现动画的原理与放映动画片类似，就是取若干个相关的图形或图片、顺序、连续地在屏幕上先显示、后擦除，循环往复就可以获得动画的效果。在动画设计中，一般会用 paintComponent()和 repaint()方法，但有时会存在抖动问题，一般来说，浏览器能够很好地解决显示和刷新问题。在图形设计中，若重写 paintComponent()方法可以自动绘制所需要的图形。在需要更新图形时可调用 repaint()方法，而不需要重写 repaint()方法。只是在动画设计中，如果仅重写 paintComponent()方法，会产生抖动现象，为了消除抖动现象，需要调用父类的 paintComponent()方法来清除背景，然后重新绘图。

在网页中经常会看到卡通似的动画效果，制作这种动画的原理也是很简单，就是通过快速地放映许多张图片，利用人眼的视觉暂留特性来达到动画的效果。动画的质量除了取决于图片的好坏之外，动画的平滑速度也是非常关键的。下面通过一个放映卡通片人物的例子来介绍这种动画制作的方法。

【例 12.5】卡通片的动画制作。

```
//filename: app12_5
import java.awt.*;
import java.awt.event.*;
```

```java
import javax.swing.*;
public class app12_5 extends JApplet
{
    JLabel label=new JLabel(new ImageIcon("d0.gif"));
    JButton bPlay=new JButton("播放");
    JButton bStop=new JButton("停止");
    Timer timer=new Timer(50,new ActionLis());
    ImageIcon[] img=new ImageIcon[10];
    int num=0;
    public void init()
    {
        JPanel p1=new JPanel();
        JPanel p2=new JPanel();
        add(p1,BorderLayout.CENTER);
        add(p2,BorderLayout.SOUTH);
        p1.add(label);
        p2.add(bPlay);
        p2.add(bStop);
        bPlay.addActionListener(new ActionLis());
        bStop.addActionListener(new ActionLis());
        for(int i=0;i<=9;i++)
        {
            img[i]=new ImageIcon("d"+num+".gif");
            num++;
        }
    }
    class ActionLis implements ActionListener
    {
        public void actionPerformed(ActionEvent e)
        {
            if(e.getSource()==bPlay)
                timer.start();
            else if(e.getSource()==bStop)
                timer.stop();
            else if(e.getSource()==timer)
            {
                num=num==10 ? 0 : num;
                label.setIcon(img[num]);
                num++;
            }
        }
    }
}
```

相应的 app12_5.html 文件，可参考之前的各个程序，由读者自己写出。

该程序中的代码很好理解，主要是利用计时器来设置调用 ActionEvent 事件的时间间隔。所以在程序中创建了计时器对象 timer，自动调用 ActionEvent 的时间间隔是 0.2 秒，其监听者为内部类 ActionLis 的对象。动画设计的基本思想是每隔 0.2 秒在标签上显示一幅图片，图片从第 1 张到第 10 张循环显示。程序中创建了标签对象 label，并设置标签上初始显示的图片为

d0.gif；创建了两个面板对象 p1、p2，并分别将其添加到窗口的中间和上面。内部类 ActionLis 实现了 ActionListener 接口，其中的 actionPerformed()方法对发生的 ActionEvent 事件进行处理。若单击的是"播放"按钮，则调用计时器对象的 start()方法开始循环播放图片；若单击的是"停止"按钮，则调用计时器对象的 stop()方法停止播放。若 ActionEvent 事件是由计时器触发的则每间隔 0.2 秒就在标签上显示一张不同的图片，以达到动画的效果。

本章小结

- 编写 Java 小程序时要遵守一定的规则。
- 小程序经编译后会产生.class 文件。把.class 文件嵌在 HTML 的网页中，只要用户连到这个网页里，小程序便会随着网页下载到用户的计算机上运行。
- 当下列三种情况发生时，AWT 组件的 paint()和 Swing 组件的 paintComponent()方法会自动被调用：①新建的窗口显示在显示器或从隐藏变成显示时；②从缩小图标还原之后；③正在改变窗口大小时。
- 每一个 Java 小程序均派生自 javax.swing 类库中的 JApplet 类，因此编写小程序时必须做下列两件事情：①加载 javax.swing .JApplet 类；②定义一个继承自 JApplet 类的类，并把相关的程序代码编写在这个类中。
- Applet 类里定义的 init()、start()、stop()与 destroy()这 4 个方法，它们会配合小程序的运行而自动被调用。可以在这些方法内加上程序代码，以便在适当的时机做一些特定的处理。
- 为了安全起见，Java 对小程序的限制要比对应用程序严格许多。
- 要加载与显示图像,可利用下列三个操作：①声明 Image 类型的变量；②利用 getImage()方法加载图像；③利用 drawImage()方法绘出图像。
- 编写一个具有动态效果的 Java 程序，通常都利用线程技术。

13 数据库程序设计

数据库系统无处不在，例如，如果你在网上购物，你的购物信息就存储在网上商店的数据库中；如果你上大学，你的学籍信息就存储在学校的数据库中等。由于数据库系统不仅存储数据，还提供访问、更新、处理和分析数据的方法，所以数据库系统在社会的各个领域中都起着重要的作用。

13.1 关系数据库系统

数据库是按照一定的数据结构来组织、存储和管理数据的仓库；数据库管理系统（Data Base Managemeng System，DBMS）是一张操纵和管理数据库的大型软件，用于建立、使用和维护数据库；而数据库系统（Database System）由数据库、数据库管理系统以及应用程序组成。为了能够使用户访问和更新数据库，需要在 DBMS 之上建立应用程序。因此，可以把应用程序视为用户与数据库之间的接口。应用程序可以是单机上的应用程序也可以是 Web 应用程序，而且可以在网络上访问多个不同的数据库系统。

目前，大多数数据库系统都是关系数据库系统。它们都是基于关系数据模型，这种模型有三个要素：结构、完整性和语言。结构定义了数据的表示；完整性是一些对数据的约束，所谓约束就是当向数据库中输入数据时所必须遵守的规则，所以约束也称为限制条件；语言则提供了访问和操作数据的手段。

13.1.1 数据库和数据库表

一个关系型数据库通常是由一个或多个二维数据库表组成，数据库中的二维数据库表简称表。数据库中的所有数据和信息都被保存在这些表中。数据库中的每个表都具有唯一的表名称，表中的行称为记录，列称为字段。表中的每一列包括了字段名称、数据类型、宽度以及列的其他属性等信息，而每行则是包含这些字段的具体数据的记录。

本章为了讲述的方便，表 13.1 至表 13.3 分别给出了 Student（学生表）、Course（课程表）和 Score（成绩表）三个表，表的栏目相当于表的结构。本章的数据库编程就是基于这三个表。

表 13.1 Student（学生表）

sNo（学号）	sName（姓名）	sex（性别）	age（年龄）	dept（系别）
201201001	钱静	女	19	计算机
201201002	刘韵	女	18	会计
201201003	周武	男	19	计算机
201201004	潘悦	女	18	金融
201201005	李俊	男	20	计算机
201201006	肖健	男	19	金融

表 13.2 Course（课程表）

cNo（课程号）	cName（课程名）	credit（学分）
c001	大学英语	4
c002	高等数学	6
c003	线性代数	3
c004	概率论	3
c005	大学语文	2
c006	统计学	3

表 13.3 Score（成绩表）

sNo（学号）	cNo（课程号）	grade（成绩）
201201001	c001	90
201201001	c002	85
201201002	c002	57
201201002	c004	80
201201002	c005	68
201201002	c006	70
201201003	c001	75
201201003	c002	70
201201003	c004	85
201201004	c001	93
201201004	c002	85
201201004	c003	83
201201005	c004	89

说明：上述三个表在后面的举例中，表名和表栏目中的字段名采用英文符号，其中括号里的中文是为了帮助理解而给出的。

13.1.2 完整性约束

完整性约束是对表强加一个限制条件，表中的所有合法值都必须满足该条件。例如在成绩表 13.3 中成绩字段 grade 中的每个值都必须大于或等于 0 且小于或等于 100，而学号字段 sNo 和课程号字段 cNo 中的每个值，都必须与学生表 13.1 中的学号字段 sNo 和课程表 13.2 中的课程号字段 cNo 相匹配。

一般来说，完整性约束有三种类型：域约束、主码约束和外码约束。域约束和主码约束只涉及一个表，而外码约束则涉及多个表。

1. 域约束

域就是字段的取值范围，域约束就是规定一个表的字段的允许取值。域可以使用标准数据类型来指定，例如，整数、浮点数、字符串等。当标准数据类型所指定的取值范围较大时，就可以指定附加的约束来缩小这个范围。例如，可以指定成绩表 13.3 中的成绩字段 grade 的值必须大于等于 0 且小于等于 100。也可以指定一个字段的值能否为空值（NULL），空值是数据库中的特殊值，表示未知或不可用。例如，表 13.1 中系别字段 dept 的值可以为 NULL。

2. 主码约束

主码也称为主键，是表中用于唯一确定一条记录的一个字段或最小的字段组。主码可以由一个字段组成，也可以是由多个字段共同组成的主码（称为复合主码）。若一个表中存在多个可以作为主码的字段，则称这些字段为候选码或候选键。主码是由数据库设计者指定的候选码之一，通常用来标识一个表中的记录。例如在表 13.1 中，学号字段 sNo 是学生表 Student 的主码。

说明：主码的值不能为 NULL（空），否则无法区分和识别表中的记录。

3. 外码约束

若一个表的某个字段（或字段组合）不是该表的主码，却是另一个表的主码，则称这样的字段为该表的外码或外键。外码是表与表之间的纽带。

例如，在成绩表 Score 中，学号字段 sNo 不是成绩表 Score 的主码，却是学生表 Student 的主码，因此学号字段 sNo 是成绩表 Score 的一个外码，通过 sNo 可以使成绩表 Score 和学生表 Student 建立联系。

注意：所有关系数据库系统都支持主码约束和外码约束，但不是所有数据库系统都支持域约束。

13.2 SQL

结构化查询语言（Structured Query Language，SQL）是用来定义表和完整性约束以及访问和操纵数据库的语言，它是访问关系数据库的通用语言。本节介绍的一些基本 SQL 命令是所有系统都支持的标准 SQL 语言。

SQL 可以用于 SQL Server、MySQL、Oracle、Sybase、IBM DB2、MS Access 或者任何其他关系数据库管理系统。本章使用 MySQL 为例来讲述 SQL，并且使用它来进行 JDBC 程序设计。

注意：因为关系数据库管理系统有很多种，它们共享相同的 SQL 语言，但是不一定支持 SQL 的每个特征，因为一些数据库管理系统对 SQL 语言进行了扩展。

在描述 SQL 有关语句格式时，常常用到一些符号，下面给出常见符号的含义。

[ ]：表示可选项，即方括号中的内容可以根据需要进行选择。不选用时，则使用系统的默认值。方括号本身不是 SQL 语句的一部分，所以输入时不要输入方括号本身。

{ }：表示必选项，即大括号中的内容必须要提供。在实际操作时不要输入大括号本身。

< >：表示尖括号中的内容是用户必须提供的参数。输入时不要输入尖括号本身。

|：表示只能选一项，竖线分割多个选择项，用户必须选择其中之一。

[,...n]：表示前面的项可重复 n 次，相互之间以逗号隔开。

说明：SQL 的关键字不区分大小写。但本节中采用如下的命名规则：SQL 的关键字均采用大写；数据库和表的命名方式与 Java 类的命名方式相同；字段的命名与 Java 变量的命名方式相同。另外 SQL 中不区分字符型和字符串型量，而且统一定义为字符串型量，字符串型常量的定界符既可使用单引号，也可使用双引号。

13.2.1 创建数据库

在 MySQL 中可以使用 CREATE DATABASE 语句创建数据库。

命令格式：

CREATE DATABASE <数据库名>;

参数说明：

<数据库名>——新数据库的名称，数据库名称在数据库系统中必须是唯一的。

【例 13.1】使用 SQL 语句创建一个名为 StudentScore 的数据库。

CREATE DATABASE StudentScore;

因为数据库是由表所构成的集合，所以可将表 13.1 至表 13.3 建立在数据库 StudentScore 中。

13.2.2 表操作

表是数据库中必不可少的对象。表的数据组织形式是行、列结构。表中每一行代表一条记录，每一列代表记录的一个字段。没有记录的表称为空表。

1. 创建表

创建完数据库之后，数据库是空的，只有在其中放入数据后才成为真正的数据库。数据库中用于存储数据的是表，所以需要在数据库中先创建表。SQL 提供创建表的语句为 CREATE TABLE。

命令格式：

CREATE TABLE <表名> (<字段名> <数据类型> [<字段级完整性约束>]
[,<字段名> <数据类型>[<字段级完整性约束>]]…[,<表级完整性约束>]);

参数说明：

<表名>——要创建的表的名字，是合法的标识符，表名在同一数据库中不允许重名。

<字段名>——字段名字。

<数据类型>——指定字段的数据类型，对有些数据类型还需同时给出其长度、小数位数。

<字段级完整性约束>——字段完整性约束条件。主要有：

- NULL 和 NOT NULL——限制字段可以为 NULL（空），或者不能为 NULL。

- PRIMARY KEY——设置字段为主码。
- UNIQUE——设置字段值具有唯一性。

<表级完整性约束>——表完整性约束条件所使用的关键字与字段级完整性约束相似。

【例 13.2】以表 13.1 至表 13.3 的数据为例，用 SQL 语句在数据库 StudentScore 中创建学生表 Student、课程表 Course 和成绩表 Score。

```
CREATE TABLE Student (sNo CHAR(9) NOT NULL PRIMARY KEY,sName CHAR(12)
NOT NULL,sex CHAR(2),age INT,dept CHAR(50));    //创建表 Student，sNo 为主码
CREATE TABLE Course(cNo CHAR(9) NOT NUL L PRIMARY KEY, cName CHAR(30) NOT NULL,credit INT);
        //创建表 Course，cNo 为主码
CREATE TABLE Score(sNo CHAR(9) NOT NULL,cNo CHAR(6) NOT NULL, grade FLOAT, PRIMARY KEY(sNo,cNo));
        //创建表 Score，字段组 sNo 和 cNo 为复合主码
```

2. 删除表

命令格式：

DROP TABLE<表名>;

参数说明：

<表名>——要删除的表的名字。

说明：数据库中的表一旦被删除，表中的一切数据均不能再恢复，因此执行删除表操作时要特别小心。

【例 13.3】利用 SQL 语句删除学生表 Student。

```
DROP TABLE Student;
```

3. 修改表结构

命令格式：

ALTER TABLE<表名>[ALTER COLUMN<字段名><数据类型>]|

[ADD COLUMN <字段名><数据类型>[<字段级完整性约束>]]|

[DROP COLUMN<字段名>]|[DROP CONSTRAINT<完整性约束>]

参数说明：

ALTER COLUMN 子句——修改表中已有字段的定义。

ADD COLUMN 子句——增加新字段及相应的完整性约束条件。

DROP COLUMN 子句——在该表中删除该子句中给出的字段。

DROP CONSTRAINT 子句——删除指定的完整性约束条件。

【例 13.4】利用 SQL 语句给 Student 表添加一个字符型的电话号码字段 phone，长度为 11 个字符。

```
ALTER TABLE Student ADD COLUMN phone CHAR(11);
```

13.2.3 表数据操作

操作数据库中的数据实际上就是使用表来管理数据的过程，这是创建表的根本目的。操作数据需要使用 SQL 的数据操作语言（Data Manipulation Language，DML）功能，通过该功能可对数据表进行操作，如插入数据、修改数据、删除数据和查询数据等，对应这些操作所使用的命令为 INSERT（插入）、UPDATE（修改）、DELETE（删除）和 SELECT（查询）等。

1. 插入数据

使用 CREATE TABLE 命令所创建的数据表是一个只有结构的空表，因此向表中插入数据

是在表结构创建之后首先需要执行的操作。SQL 提供向表中插入数据的语句为 INSERT。

命令格式：

INSERT INTO<表名>[(<字段名>[,<字段名>]…)] VALUES (<值>[,<值>]…);

参数说明：

<表名>——要添加新记录的表。

<字段名>——可选项，指定待添加数据的字段。

VALUES 子句——指定待添加数据的具体值。当指定字段名时，VALUES 子句中值的排列顺序必须和字段名的排列顺序一致；若不指定字段名时，则 VALUES 子句中值的排列顺序必须与创建表字段时排列顺序一致。

注意：在表定义时指定了 NOT NULL 约束的字段不能取空值，否则会出错。

【例 13.5】在学生表 Student 中插入一条学生记录，学号为 201201009，姓名为王毅，性别为男，年龄为 18，系别为外语。其命令如下：

INSERT INTO Student(sNo,sName,sex,age,dept) VALUES('201201009','王毅','男',18,'外语');

2. 修改数据

UPDATE 语句用于更新表中的记录。

命令格式：

UPDATE<表名>SET<字段名>=<表达式>[,<字段名>=<表达式>[WHERE<条件>]];

参数说明：

<表名>——要修改记录的表。

SET 子句——给出要修改的字段及其修改后的值。

WHERE 子句——指定待修改的记录应当满足的条件，WHERE 子句省略时，则修改表的所有记录。

【例 13.6】将学生表 Student 中的学号为 201201009 的学生的系别改为"金融"。

UPDATE   Student   SET dept='金融' WHERE   sNo='201201009';

3. 删除数据

DELETE 语句用来从表中删除一条或多条记录。

命令格式：

DELETE FROM<表名> [WHERE<条件>];

参数说明：

<表名>——要删除记录的表。

WHERE 子句——指定待删除的记录应当满足的条件，WHERE 子句省略时，则删除表中所有记录。

【例 13.7】在学生表 Student 中删除学号为 2012001009 的学生记录。

DELETE FROM Student WHERE sNo='201201009';

13.2.4 数据查询

数据查询是指把数据库中存储的数据根据用户的需要提取出来，所提取出来的数据称为结果集。由于数据库查询语句 SELECT 是 SQL 的核心，所以在 SQL 命令中用得最多的就是 SELECT 语句。

命令格式：
SELECT [ALL|DISTINCT][TOP n [PERCENT]]{*|{<字段名>|<表达式>|}
[[AS]<别名>]|<字段名>[[AS]<别名>]}[…]}
FROM <表名>[WHERE<查询条件表达式>]
[GROUP BY<字段名表>[HAVING<分组条件>]]
[ORDER BY<次序表达式>[ASC|DESC]];

参数说明：

ALL——指定在结果集中显示所有记录，包括重复行。ALL 是默认设置。

DISTINCT——指定在结果集中显示所有记录，但不包括重复行。

TOP n[PERCENT]——指定从结果集中输出前 n 行，如果指定了 PERCENT，表示从结果集中输出前百分之 n 行。

*——指定返回查询表中的所有字段。

<字段名>——指定要返回的字段。

<表达式>——返回由字段名、常量、函数以及运算符连接起来的表达式的值。

<别名>——指定在结果集中用"别名"来替换字段名或表达式进行显示。

FROM 子句——用于指定查询的表或视图。

WHERE 子句——用于设置查询条件。

GROUP BY 子句——指明按照<字段名表>中的值进行分组，该字段值相同的记录为一个组。分组后每个组只返回一行结果。如果 GROUP 子句带 HAVING 子句，则只有满足 HAVING 指定条件的组才予输出。如果 GROUP BY 后有多个字段名，则先按第一个字段分组，再按第二个字段分组，依次类推。

HAVING 子句——HAVING 子句用来指定每一个分组内应该满足的条件，即对每个分组内的记录进行再筛选，它通常与 GROUP BY 子句一起使用。HAVING 子句中的分组条件格式与 WHERE 子句中的条件格式类似。

说明：HAVING 与 WHERE 子句的区别是：WHERE 子句是对整个表中的数据筛选出满足条件的记录；而 HAVING 子句是对 GROUP BY 分组查询后产生的组设置的条件，所以是筛选出满足条件的组。另外在 HAVING 子句中可以使用统计函数，而在 WHERE 子句中则不可以。

ORDER BY 子句——将查询结果按指定的次序表达式的值升序或降序排列。次序表达式可以是字段名、字段的别名或表达式。ASC 指定升序排列，DESC 指定降序排列。默认排序方式为 ASC。

注意：ORDER BY 子句需放在 SQL 命令中的最后。

1. 简单查询

使用 SELECT 语句可以选择查询表中的任意字段，其中<字段名>指出要查询字段的名字，可以是一个或多个。当字段名为多个时，中间要用","分隔。如果要查询表中的所有字段，则用"*"替代字段名。

【例 13.8】在学生表 Student 中只查询学生的学号 sNo 和姓名 sName 两个字段，并且字段名分别以别名"学号"和"姓名"进行显示。

```
SELECT sNo AS 学号,sName AS 姓名 FROM Student;
```

2. 条件查询

当要在表中找出满足某些条件的记录时,则需要使用 WHERE 子句设置查询条件。WHERE 子句的查询条件是一个逻辑表达式,它是由各种运算符连接构成,表 13.4 给出了 WHERE 常用的运算符及相应的功能。

表 13.4 WHERE 常用的运算符及功能

运算符	功能
=、>、<、>=、<=、! =、<>	比较大小
BETWEEN AND、NOT BETWEEN AND	确定范围
IN、NOT IN	确定集合
LIKE、NOT LIKE	字符匹配
IS NULL、IS NOT NULL	判断空值
AND、OR、NOT	逻辑运算(多重条件查询)

其中确定范围运算符的使用格式如下:

"v BETWEEN v1 AND v2"等价于"v>=v1 AND v<=v2"

"v NOT BETWEEN v1 AND v2"等价于"v<v1 OR v>v2"

【例 13.9】在学生表 Student 中查找计算机系的所有同学。

SELECT * FROM Student WHERE 系别='计算机';

3. 多重条件查询

当查询需要指定一个以上的查询条件时,这种条件称为多重条件或复合条件,此时需要使用逻辑运算符 AND、NOT 或 OR 将其连接成复合的逻辑表达式。逻辑运算符的优先级由高到低为 NOT、AND、OR,当然可以使用括号改变其优先级。

【例 13.10】在学生表 Student 中查找计算机系所有男同学。

SELECT * FROM Student WHERE dept='计算机' AND sex='男';

4. 模糊查询

当查询条件不能确定完全精确的值时,还可以使用 LIKE 或 NOT LIKE 进行模糊查询,模糊查询也称为部分匹配查询。模糊查询的一般格式为:

<字段名> [NOT] LIKE <匹配串>

其中,<字段名>必须是字符型的字段,<匹配串>可以是一个完整的字符串,也可以是包含通配符的字符串。字符串中的通配符及其功能如表 13.5 所示。

表 13.5 模糊查询时<匹配串>中可以含有的通配符

通配符	功能	实例
%	代表 0 个或多个字符	ab%表示 ab 后可接任意字符串
_(下划线)	代表一个字符	a_b 表示 a 与 b 之间可为任意单个字符
[ ]	表示在某一范围的字符	[0-9]表示 0~9 之间的字符
[^]	表示不在某一范围的字符	[^0-9]表示不在 0~9 之间的字符

【例 13.11】在学生表 Student 中查找所有姓李的同学。

```
SELECT * FROM Student WHERE sName LIKE '李%';
```

5. 常用的统计函数及统计汇总查询

在 SQL 中除了可以使用算术运算符*（乘法）、/（除法）、+（加法）和-（减法）外，SQL 还提供了一系列统计函数。使用这些函数可以实现对表中的数据进行汇总或求平均值等各种运算。常用的统计函数如表 13.6 所示。

表 13.6 常用的统计函数及功能

函数名称	功能
AVG(<字段名>)	求字段名所在的列的平均值（必须是数值型列）
SUM(<字段名>)	求字段名所在列的总和（必须是数值型列）
MAX(<字段名>)	求字段名所在列的最大值
MIN(<字段名>)	求字段名所在列的最小值
COUNT(*)	统计表中记录的个数
COUNT([DISTINCT]<字段名>)	统计字段名所在列非空值的个数，DISTINCT 表示不包括字段的重复值

说明：上述函数中除 COUNT(*)外，其他函数在计算过程中均忽略 NULL 值。

【例 13.12】在成绩表 Score 中统计所有成绩 grade 的平均值。

```
SELECT AVG(grade) AS 平均成绩 FROM Score;    //"平均成绩"是表达式 AVG(grade)的别名
```

6. ORDER BY 子句

ORDER BY 是一个可选的子句，它允许根据指定字段的值按照升序或者降序的顺序显示查询结果。其中默认值为升序排列，用 ASC 表示，降序排列用 DESC 表示。

【例 13.13】在成绩表 Score 中查询课程号为 c001 的学生的学号 sNo 和成绩 grade，并按成绩降序排列。

```
SELECT sNo，grade FROM Score WHERE cNo='c001' ORDER BY grade DESC
```

7. 分组数据

统计函数只能产生单一的汇总数据，使用 GROUP BY 子句则可以生成分组的汇总数据。GROUP BY 子句可以按关键字段的值来组织数据，关键字段值相同的为一组。一般情况下，可以根据表中的某一字段进行分组，并且要求使用统计函数，这样每一组只能产生一个记录。

【例 13.14】在成绩表 Score 中查询每门课程的课程号和学生人数。

```
SELECT cNo，COUNT(*) AS 人数 FROM Score GROUP BY cNo;    //"人数"是用于显示的别名
```

13.3 JDBC

JDBC 是为在 Java 程序中访问数据库而设计的一组 Java API，是 Java 数据库应用程序开发中的一项核心技术。

13.3.1 JDBC 概述

JDBC 的含义是 Java Database Connectivity，JDBC 并不只是这些英文单词的首字母组合，而是商标名，但是常被认为是 Java 数据库链接。JDBC 是 Java 程序中访问数据库的标准 API。

JDBC 给 Java 程序员提供访问和操纵众多关系数据库的一个统一接口。通过 JDBC API，用 Java 语言编写的应用程序能够执行 SQL 语句、获取结果、显示数据等，并且可以将所做的修改传回数据库。一般来说 JDBC 做三件事：与数据库建立连接；发送 SQL 语句；处理 SQL 语句执行的结果。

JDBC API 是一个 Java 接口和类的集合，用于编写访问和操纵关系数据库的 Java 程序。JDBC 驱动程序起着接口的作用，但对不同的数据库需使用不同的 JDBC 驱动程序。访问 SQL Server 的数据库需要使用 SQL Server JDBC 驱动程序；访问 MySQL 数据库需要使用 MySQL JDBC 驱动程序；而访问 Oracle 数据库需要使用 Oracle JDBC 驱动程序；对于 Access 数据库，需要使用包含在 JDK 中的 JDBC-ODBC 桥式驱动程序。ODBC 是 Microsoft 开发的一种技术，用于访问 Windows 平台的数据库。Windows 中预装了 ODBC 驱动程序。JDBC-ODBC 桥式驱动程序与 Java 程序结合可以访问任何 ODBC 数据源。

13.3.2 JDBC 类型

JDBC 不能直接访问数据库，必须依赖于数据库厂商或第三方提供的 JDBC 驱动程序来访问数据库。JDBC 驱动程序共分四种类型：

（1）JDBC-ODBC 桥加 ODBC 驱动程序

JDBC-ODBC 桥由 Sun 公司开发，是 JDK 提供的标准 API。这种类型的驱动程序把 JDBC 的调用翻译成 ODBC 的调用，再让 ODBC 调用数据库本地驱动程序代码。由于 JDBC-ODBC 桥先调用 ODBC 再由 ODBC 去调用本地数据库接口访问数据库，所以执行效率比较低。而且由于需要客户端预装对应的 ODBC 驱动程序，所以不适合 Internet/Intranet 应用。

（2）本地 API 的部分用 Java 编写的驱动程序

这种类型的驱动程序是部分使用 Java 语言编写和部分使用本机代码编写的驱动程序，它将 JDBC 的调用直接翻译成对特定 DBMS（如 MySQL、SQL Server、Oracle 等）客户端 API 的调用后再去访问数据库。这与 JDBC-ODBC 桥相同，也需要调用本地驱动程序代码，是用特定的 DBMS 客户端取代 JDBC-ODBC 桥和 ODBC，因此也具有 JDBC-ODBC 桥相似的局限性。

（3）JDBC 网络协议的纯 Java 驱动程序

这种驱动程序是纯 Java 语言编写的，它将 JDBC 的调用转换成与 DBMS 无关的网络协议命令，之后发送给一个网络服务器中的数据库中间件，该中间件进一步将网络协议命令转换成某种 DBMS 所能理解的操作命令。这种数据库中间件往往被捆绑在网络服务器软件中，并且支持多种 DBMS。由于网络协议是平台无关的，使用这种类型驱动程序的 Java 应该程序可以与服务器端完全分离，具有相当大的灵活性。同时，由于这种驱动程序不调用任何本地代码，所以在执行效率和可升级性方面是比较好的。但是，需要在服务器上配置数据库驱动程序，并且由于多了一个中间件传递数据，它的执行效率还不是最好。

（4）本地协议的纯 Java 驱动程序

这种驱动程序是纯 Java 语言编写的，它将 JDBC 调用直接转换成特定 DBMS 所使用的网络协议，这将允许从客户机上直接调用 DBMS 服务器，因此访问速度快。这种类型的驱动程序完全由 Java 语言实现，实现了平台的独立性。对于不同的数据库需要下载不同的驱动程序。这种驱动程序在 Intranet 环境中是一种很实用的方式。

13.3.3 使用 JDBC 开发数据库应用程序

JDBC API 主要位于 Java 的 java.sql 包与 javax.sql 包中，表 13.7 给出了其主要的类与接口。

表 13.7 JDBC API 中主要的类与接口

类与接口	功能说明
DriverManager	负责加载各种不同驱动程序（Driver），并根据不同的请求，向调用者返回相应的数据库链接（Connection）
Connection	数据库链接，负责与数据库进行通信。SQL 执行以及事务处理都是在某个特定 Connection 环境中进行的。可以产生用以执行 SQL 的 Statement 对象
Statement	用来执行不含参数的静态 SQL 查询和更新，并返回执行结果
PreparedStatement	用来执行包含参数的动态 SQL 查询和更新（在服务器端编译，允许重复执行以提高效率）
CallableStatement	用来调用数据库中的存储过程
ResultSet	用来获得 SQL 查询结果
SQLException	代表在数据库连接的建立、关闭或 SQL 语句的执行过程中发生了异常

说明：JDBC 驱动程序开发商已提供了对这些接口实现，所以使用这些接口中的方法实际上是调用这些接口实现类中的方法。

使用 JDBC 访问数据库的基本步骤为：加载驱动程序、建立与数据库的连接、创建执行方式语句、执行 SQL 语句、处理返回结果和关闭创建的各种对象。

1. 建立与数据库的连接

数据库连接的建立包括两个步骤：一是加载相应数据库的 JDBC 驱动程序；二是建立与数据库的连接。

（1）加载 JDBC 驱动程序

在与某一特定数据库建立连接前，首先应加载一种可用的 JDBC 驱动程序。加载驱动程序的一种简单方法是使用 Class.forName()方式显式加载，语句如下：

Java.lang.Class.forName("JDBCDriverClass");

该方法是 Class 类的静态方法，参数 JDBCDriverClass 是要加载的 JDBC 驱动程序类的名称，它是以字符串形式表达的类名。该方法可能抛出 ClassNotFoundException 异常，所以在调用该方法时要注意进行异常处理。表 13.8 列出了 Access、SQL Server、MySQL 和 Oracle 四种数据库常见的驱动程序类。

表 13.8 数据库的常见驱动程序类

数据库	驱动程序类
Access	sun.jdbc.odbc.JdbcDriver
SQL Server	com.microsoft.sqlserver.jdbc.SQLServerDriver
MySQL	com.mysql.jdbc.Driver
Oracle	oracle.jdbc.driver.OracleDriver

Access 的 JDBC-ODBC 驱动程序捆绑在 JDK 中；SQL Server 的 JDBC 驱动程序是 sqljdbc.jar 文件中的一个类；MySQL 的 JDBC 驱动程序是 mysql-connector-java.jar 文件中的一个类；Oracle 的 JDBC 驱动程序是 ojdbc6.jar 文件中的一个类。这些 jar 文件可以到各个相应数据库的官方网站上下载。为了使用 SQL Server、MySQL 和 Oracle 的驱动程序，还必须将它们的 jar 文件添加到类路径 ClassPath 中。

注意：自 JDK6 开始，Java 支持驱动程序的自动加载，因此不需要显式地加载它们。但是，并不是所有的驱动程序都有这个特性，为安全起见，本教材使用显式方式加载驱动程序。

（2）创建数据库连接

由于 JDBC 驱动程序与数据库的连接是以对象的形式表示的，所以创建数据库连接也称为创建数据库连接对象。要想将 JDBC 驱动程序连接到一个数据库，需要使用 DriverManager 类中的静态方法来创建连接。DriverManager 类的常用方法如表 13.9 所示。

表 13.9 DriverManager 类的常用方法

方法名称	功能说明
public static Connection getConnection (String url,String user,String password)	建立 JDBC 驱动程序到指定数据库 URL 的连接。其中 url 提供了一种标识数据库的方法，user 为用户名，password 为密码
public static Driver getDriver(String url)	返回 url 所指定的数据库连接的驱动程序

DriverManager 类的 getConnection()是实现建立 JDBC 驱动程序到数据库连接的方法。其一般使用格式如下：

Connection conn=DriverManager.getConnection(String url,String user,String password);

这里的 url 提供了一种标识数据库位置的方式。JDBC URL 由三个部分组成，各个部分之间用冒号分隔，格式如下：

jdbc:<subprotocol>:<subname>

其中，<subprotocol>是子协议，指数据库连接的方式；<subname>是子名称，是一种标识数据库的方法。表 13.10 列出了数据库 Access、SQL Server、MySQL 和 Oracle 的 URL。

表 13.10 JDBC 的 URL

数据库	URL 模式
Access	jdbc.odbc:dataSource
SQL Server	jdbc:sqlserver://hostname:port#;DatabaseName=dbname
MySQL	jdbc:mysql://hostname/dbname
Oracle	jdbc:oracle:thin:@hostname:port#:oracleDBSID

1）Access 数据库的 URL 是 jdbc:odbc:dataSource。ODBC 数据源可以使用 Windows 下的 ODBC 数据源管理器（Data Source Administrator）来创建。关于如何创建 Access 数据库的 ODBC 数据源，参见 Microsoft Access 的有关教程。

2）SQL Server 数据库的 URL 指定包含数据库的主机名、数据库监听输入连接请求的端口号（port#）和数据库名。例如，下面的语句以主机名为 localhost、用户名为 sa、密码为 123456、数据库的默认端口号为 1433 来为本地 SQL Server 数据库 StudentScore 创建一个

Connection 对象。

```
Connection conn= DriverManager.getConnection ("jdbc:sqlserver: //localhost:1433; DatabaseName =StudentScore","sa", "123456");
```

3）MySQL 数据库的 URL 指定包含数据库的主机名和数据库名。例如，下面的语句以主机名为 localhost、用户名为 root 和密码为 123456 为本地 MySQL 数据库 StudentScore 创建一个 Connection 对象。

```
Connection conn=DriverManager.getConnection("jdbc:mysql:// localhost/ StudentScore", "root","123456");
```

4）Oracle 数据库的 URL 指定主机名（hostname）、数据库监听输入连接请求的端口号（port#），以及数据库名（oracleDBSID）。下面的语句为 Oracle 数据库 StudentScore 创建一个 Connection 对象，主机名为 localhost、数据库的端口号为 1521、数据库 SID 为 StudentScore、用户名为 root、口令为 123456。

```
Connection conn=DriverManager.getConnection("jdbc:oracle:thin: @localhost: 1521: StudentScore", "root","123456");
```

DriverManager 类的 getConnection()方法返回一个 Connection 对象。Connection 是一个接口，表示与数据库的连接，并拥有创建 SQL 语句的方法以完成对表的 SQL 操作，同时还为数据库事务处理提供提交和回滚的方法。表 13.11 列出了 Connection 接口的常用方法及功能说明。

表 13.11 Connection 接口的常用方法及功能说明

方法名称	功能说明
public Statement createStatement()	创建一个 Statement 对象用来将 SQL 语句发送到数据库
public Statement createStatement(int resultSetType,int resultSet-Concurrency)	功能同上，参数 resultSetType 指定结果集类型，有三个取值：TYPE_FORWORD_ONLY 表示只可向前移动记录指针；TYPE_SCROLL_INSENSITIVE 表示可双向移动记录指针，但不及时更新。也就是如果数据库里的数据修改过，并不在 ResultSet 中反映出来；TYPE_SCROLL_SENSITIVE 表示可双向移动记录指针，并及时跟踪数据库的更新，以便更改 ResultSet 中的数据。参数 resultSetConcurrency 指定结果集的并发模式，有两个取值：CONCUR_READ_ONLY 表示不能用结果集更新数据库中的表；CONCUR_UPDATABLE 表示能用结果集更新数据库中的表
public PreparedStatement prepareStatement(String sql)	创建一个 PreparedStatement 对象来将具有参数的动态 SQL 语句发送到数据库
public CallableStatement prepareCall(String sql)	创建一个 CallableStatement 对象来调用数据库的存储过程
public void close()	断开连接，释放此 Connection 对象的数据库和 JDBC 资源
public boolean isClosed()	用于判断 Connection 对象是否已经关闭
public void setAutoCommit (boolean autoCommit)	设置是否关闭自动提交模式
public void commit()	提交 SQL 语句，使从上一次提交/回滚以来进行的所有更改生效
public void rollback()	取消 SQL 语句的执行，撤销在当前事务中进行的所有更改

2．执行 SQL 语句

执行 SQL 语句包括两个步骤：一是创建 Statement 对象；二是通过调用该对象的相应方法将 SQL 语句发送到所连接的数据库去执行。

（1）创建 Statement 对象

创建完连接之后，在所建立的数据库连接上必须创建一个 Statement 接口对象，该对象将各种 SQL 语句发送到所连接的数据库中执行。如果把一个 Connection 对象想像成是一条连接程序和数据库的索道，那么 Statement 对象或它的子类就可以看作是索道上的一辆缆车，它为数据库传输 SQL 语句，并把执行结果返回。对于已创建的数据库连接对象，调用 createStatement() 方法就可以得到一个 Statement 对象。例如，对所创建的连接对象 conn，可使用下列语句创建一个 conn 上的 Statement 对象。

```
Statement stmt=conn.createStatement();
```

（2）执行 SQL 语句

创建了 Statement 对象后，就可以通过该对象发送 SQL 语句。如果 SQL 语句运行后产生结果集，Statement 对象会将结果集封装成 ReasultSet 对象并返回。表 13.12 给出了 Statement 接口的常用方法。

表 13.12　Statement 接口的常用方法

方法名称	功能说明
public ResultSet executeQuery(String sql)	执行给定的 SQL 语句，并将结果封装在结果集对象 ResultSet 中返回
public int executeUpdate(String sql)	执行给定 SQL 语句，该语句可能是 INSERT、UPDATE 或 DELETE，或是不返回任何内容的 SQL 语句（如 DDL 语句）。该语句的返回值是一个整数，表示受影响的行数（即更新计数）
public Boolean execute(String sql)	执行 SQL 语句并指示第一个结果的形式（在某些情形下，单个 SQL 语句可能返回多个结果集或更新计数）。然后必须使用方法 getResultSet() 或 getUpdateCount() 方法来获取结果，使用 getMoreResults() 方法来移动后续结果。如果第一个结果为 ResultSet 对象，则返回 true；如果其为更新计数或者不存在任何结果，则返回 false
public ResultSet getResultSet()	以更新计数的形式返回当前结果。如果结果为 ResultSet 对象或没有更多结果，则返回-1。每个结果只应调用一次该方法
public Boolean getMoreResults()	移动到 Statement 对象的下一个结果，如果其为 ResultSet 对象，则返回 true；如果其为更新计数或不存在更多结果，则返回 false
public void close()	释放此 Statement 对象的数据库和 JDBC 资源

说明：在 executeQuery() 和 executeUpdate() 方法中的字符串参数 aql，如果超出一行将出现编译错误，所以在构造 sql 参数时，需要将表达多行的字符串加上双引号并将各行用加号"+"连接起来。

例如，执行下面的代码进行 SQL 查询操作。

```
String sqlStr="SELECT sNo,sName,sex,age FROM Student WHERE dept='计算机'";
ResultSet rs=stmt.executeQuery(sqlStr);    //执行查询操作并将查询结果存放到 ResultSet 对象 rs 中
```

而下面的代码是执行更新操作。

```
String sqlStr="INSERT INTO Student(sNo,sName,sex,age,dept)"+"VALUES('201201009','王毅','男','18','外语')";
stmt.executeUpdate(sqlStr);
```

3. 处理返回结果

结果集是包含 SQL 的 SELECT 语句中符合条件的所有行，这些行的全体称为结果集，返回的结果集是一个表，而这个表就是 ResultSet 接口的对象。在结果集中通过记录指针（也称为游标）控制具体记录的访问，记录指针指向结果集的当前记录。在结果集中可以使用 gerXXX() 方法从当前行获取值。ResultSet 接口的常用方法及使用说明如表 13.13 所示。

表 13.13 ResultSet 接口的常用方法

方法名称	功能说明
public Boolean absolute(int row)	将记录指针移动到结果集的第 row 条记录
public boolean relative(int row)	按相对行数（正或负）移动记录指针
public void beforFirst()	将记录指针移动到结果集的头（第一条记录之前）
public boolean first()	将记录指针移动到结果集的第一条记录
public boolean previous( )	将记录指针从结果集的当前位置移到上一条记录
public boolean next()	将记录指针从结果集的当前位置移到下一条记录
public boolean last()	将记录指针移动到结果集的最后一条记录
public void afterLast()	将记录指针移动到结果集的尾（最后一条记录之后）
public boolean isAfterLast()	判断记录指针是否位于结果集的尾（最后一条记录之后）
public boolean isBeforeFirst()	判断记录指针是否位于结果集的头（最后一条记录之后）
public boolean isFirst()	判断记录指针是否位于结果集的第一条记录
public boolean isLast()	判断记录指针是否位于结果集的最后一条记录
public int getRow()	返回当前记录的行号
public String getString(int columnIndex)	返回当前行第 columnIndex 列的值，类型为 String
public int getInt(int columnIndex)	返回当前行第 columnIndex 列的值，类型为 int
public Statement getStatement()	返回生成结果集的 Statement 对象
Public void close()	释放此 ResultSet 对象的数据库和 JDBC 资源
public ResdtSetMetaData getMetaData()	返回结果集的列的编号、类型和属性

记录指针的最初始位置位于第一条记录之前，即结果集的头。第一次调用 next() 方法使记录指针移到第一条记录，当记录指针移动到结果集的尾时其返回 false。在使用 ResultSet 对象的 getXXX() 方法对结果集中的数据进行访问时，一定要使数据库中字段的数据类型与 Java 的数据类型相匹配。例如，对于数据库中的 CHAR 或者 VARCHAR 类型的字段，对应的 Java 的数据类型是 String，因此在 ResultSet 对象中应该使用 getString() 方法。

需要强调指出，使用"Statement stmt=conn.createStatement();"语句，虽然可以得到 Statement 类的对象 stmt，通过语句 "ResultSet rs=stmt.executeQuert("SELECT * FROM Student");" 也可以得到相应的结果集 rs，但这种类型的结果集 rs 不能来回移动记录指针读取记录。例如，现在记录指针指向到第十条记录，不能使用 rs.absolute(5) 语句再回去读取第五条记录。如果需要来回移动记录指针读取结果集，创建 Statement 语句的时候需要使用如下带参数的方法定义：

Statement   createStatement(int ResultSetType, int resultSetConcurrency);

例如：
conn.createStatement(ResultSet.TYPE_SCROLL_INSENSITIVE,ResultSet.COUCUR_READ_ONLY);

常用的 SQL 数据类型与 Java 数据类型之间的对应关系如表 13.14 所示。

表 13.14 SQL 数据类型与 Java 数据类型之间的对应关系

SQL 数据类型	Java 数据类型	结果集中对应的方法
integer/int	int	getInt()
smallint	short	getShort()
float	double	getDouble()
double	double	getDouble()
real	float	getFloat()
varchar/char/varchar2	java.lang.String	getString()
boolean	boolean	getBoolean()
date	java.sql.Date	getDate()
time	java.sql.Time	getTime()
blob	java.sql.Blob	getBlob()
clob	java.sql.Clob	getClob()

例如，下面给出的代码显示前面 SQL 语句查询的所有结果。

```
while(rs.next())
{
    String no=rs.getString("sNo");
    String name=rs.getString("sName");
    String sex=rs.getString("sex");
    int age=rs.getInt("age");
    System.out.println(no+" "+name+" "+sex+" "+age);
}
```

在使用 getXXX()方法进行取值时，可以通过字段名或列号来标识要获取数据的列。例如，下面两条语句的作用是一样的，都是读取当前行中 sNo 字段的内容。

String no=rs.getString("sNo");
String no=rs.getString(1);

说明：在 ResultSet 中，字段是从左至右编号的，并且从 1 开始。

4. 关闭创建的各种对象

当对数据库的操作执行完毕或退出应用程序前，需将数据库访问过程中建立的各个对象按顺序关闭，防止系统资源浪费。关闭的次序是：第一，关闭结果集对象；第二，关闭 Statement 对象；第三，关闭连接对象。

注意：在任一时间内，一个给定的 Statement 对象只能打开一个结果集。当重新使用同一个 Statement 对象时，将会关闭先前生成的任何结果集。这意味着，如果想对先前的结果集继续进行处理，其他的查询语句就必须使用另外的 Statement 对象，否则，第二个查询语句将会使尚在继续处理的结果集丢失。也就是说，执行 SQL 语句时将关闭所调用的 Statement 对象当前打开的结果集，所以，在重新执行 Statement 对象之前需要完成对当前 ReaultSet 对象的处理。

例如，下面给出的代码关闭前面所创建的对象。

```
try
{
    if(rs !=null)      rs.close();        //关闭结果集对象
    if(stmt !=null)    stmt.close();      //关闭结果集对象
    if(conn !=null)    conn.close();      //关闭 JDBC 与数据库的连接
}
catch (Exception  e)
{   e.printStackTrace(); }
```

13.3.4　数据库的进一步操作

JDBC 中执行 SQL 对表的查询有三种方式：不含参数的静态查询（静态 SQL 语句）、含有参数的动态查询（动态 SQL 语句）和存储过程。这三种方式分别对应 Statement、PreparedStatement 和 CallableStatement 接口。

（1）Statement 接口

前面介绍过 Statement 接口。Statement 对象用于将 SQL 语句发送到数据库中去执行，并从数据库中读取结果。但 Statement 接口用于执行不带参数的静态 SQL 语句。所谓静态 SQL 语句是指在执行 executeQuery()、executeUpdate()等方法时，作为参数的 SQL 语句的内容固定不变，也就是 SQL 语句中没有参数。

（2）PreparedStatement 接口

PreparedStatement 是处理预编译语句的一个接口。PreparedStatement 接口的特点是它可用于执行动态的 SQL 语句。所谓动态 SQL 语句就是可以在 SQL 语句中提供参数，这使得我们可以对相同的 SQL 语句替换参数，从而多次使用。因此，当一个 SQL 语句需要执行多次时，使用预编译语句可以减少执行时间。如果不采用预编译机制，则数据库管理系统每次执行这些 SQL 语句时都需要将它编译成内部指令然后执行。预编译语句的机制就是先让数据库管理系统在内部通过预先编译形成带参数的内部指令，并保存在接口 PreparedStatement 的对象中。这样以后在执行这类 SQL 语句时，只需修改该对象中的参数值，再由数据库管理系统直接修改内部指令并执行，这样就可节省数据库管理系统编译 SQL 语句的时间，从而提高程序的执行效率。一般在需要反复使用一个 SQL 语句时使用预编译语句，因此预编译语句常常被放在一个 for 或 while 循环中使用，通过反复设置参数从而多次使用该 SQL 语句。由于 SQL 语句是预编译的，所以其执行速度要快于 Statement 对象，因此使用该功能时必须利用 PreparedStatement 接口对象，而不能使用 Statement 对象。

由于 PreparedStatement 是 Statement 的子接口，所以 PreparedStatement 对象也可用于执行不带参数的预编译的 SQL 语句。PreparedStatement 接口的常用方法如表 13.15 所示。

表 13.15　PreparedStatement 接口的常用方法

方法名称	功能说明
public boolean execute()	执行任何种类的 SQL 的语句，可能会产生多个结果集
public ResultSet executeQuery()	执行 SQL 查询指令 SELECT 并返回结果集
public intexecuteUpdate()	执行具有修改功能的 SQL 指令，如 INSERT、DELETE、UPDATE 等

续表

方法名称	功能说明
public ResultSetMetaData getMetaData()	返回结果集 ResultSet 的有关字段的信息
public void clearParameters()	清除当前所有参数的值
public void setBoolean(int parameterIndex, boolean x)	给第 parameterIndex 个参数设置 boolean 型值 x
public void setInt(int parameteIndex,int x)	给第 parameterIndex 个参数设置 int 型值 x
public void setDouble(int parameteIndex,double x)	给第 parameterIndex 个参数设置 double 型值 x
public void setString(int parameteIndex,String x)	给第 parameterIndex 个参数设置 String 型值 x
public void setDate(int parameteIndex,date x)	给第 parameterIndex 个参数设置 date 型值 x
public void setObject(int parameteIndex,Object x)	给第 parameterIndex 个参数设置 Object 型值 x

从表 13.15 中可以看出，PreparedStatement 的三个方法 execute()、executeQuery()和 executeUpdate()已被更改为不再需要参数，这是因为在创建 PreparedStatement 对象时，已经在 prepareStatement()方法中指定了 SQL 语句。

可通过 Connection 的 prepareStatement()方法创建 PreparedStatement 对象。在创建用于 PreparedStatement 对象的动态 SQL 语句时，可使用 "?" 作为动态参数的占位符，如：

```
String insertSql="INSERT INTO Student(sNo,sex,age,dept)VALUES(?,?,?,?)";
PreparedStatement ps=conn.prepareStatement(insertSql);
```

上面的 INSERT 语句中有 5 个问号用作参数的占位符，它们分别表示 Student 表中一条记录的 sNo、sName、sex、age 和 dept 字段的值。

在执行带参数的 SQL 语句前，必须对 "?" 进行赋值。这可以通过使用 setXXX()方法，通过占位符的下标完成对输入参数的赋值（下标是从 1 开始的），XXX 根据不同的数据类型进行选择。

（3）CallableStatement 接口

CallableStatement 接口是为执行 SQL 的存储过程而设计的。存储过程是一组 SQL 语句，它们形成了一个相对独立的逻辑单元，能完成特定的任务。一般用户在设计数据库和表时，同时也会根据需要设计存储过程，所以本小节只介绍如何调用存储过程。在存储过程中可能有三种类型的参数：IN（输入）、OUT（输出）和 INOUT（输入输出）。当调用存储过程时，参数 IN 接收传递给存储过程的值；参数 OUT 用于存储过程执行结束后接收一个返回值，所以在调用存储过程时，不需要向 OUT 参数传递任何值；对于 INOUT 参数，当存储过程被调用时，需要向该参数传递一个值，当存储过程执行完成后该参数还将接收一个返回值。在 JDBC 中执行数据的存储过程中需要使用 CallableStatement 对象。

CallableStatement 接口继承了 Statement 接口和 PreparedStatement 接口，它具有两者的特点：可以处理一般的 SQL 语句，也可以处理 IN 参数，同时它还定义了 OUT 参数及 INOUT 参数的处理方法。表 13.16 给出了 CallableStatement 接口的常用方法。

表 13.16　CallableStatement 接口的常用方法

方法名称	功能说明
public void setInt(String parameterName,int x)	将名为 parameterName 的参数设置为 int 型值 x

续表

方法名称	功能说明
public void setFloat(String parameterName, float x)	将名为 parameterName 的参数设置为 float 型值 x
public void setDouble(String parameterName, double x)	将名为 parameterName 的参数设置为 double 型值 x
public void setBoolean(String parameterName, boolean x)	将名为 parameterName 的参数设置为 boolean 型值 x
public void setString(String parameterName, String x)	将名为 parameterName 的参数设置为 String 型值 x
public void setDate(String parameterName, String x)	将名为 parameterName 的参数设置为 date 型值 x
public void setObject(String parameterName, Object x)	将名为 parameterName 的参数设置为 Object 型值 x
public int getInt(int parameterIndex)	返回第 parameterIndex 个参数 int 型的值
public int getInt(String parameterName)	返回参数名为 parameterName 的 int 型的值
public float getFloat(int parameterIndex)	返回第 parameterIndex 个参数 float 型的值
public float getFloat(String parameterName)	返回参数名为 parameterName 的 float 型的值
public float getDouble(int parameterIndex)	返回第 parameterIndex 个参数 double 型的值
public float getDouble(String parameterName)	返回参数名为 parameterName 的 double 型的值
public String getString(int parameterIndex)	返回第 parameterIndex 个参数 String 型的值
public String getSting(String parameterName)	返回参数名为 parameterName 的 String 型的值
public Object getObject(String parameterName)	返回参数名为 parameterName 的 Object 型值

在 Java 程序中通过 JDBC 调用存储过程时，首先要通过一个数据库连接创建一个 CallableStatement 类型的对象，该对象将包含对存储过程的调用，然后再调用该对象的 executeQuery()方法执行存储过程。

创建一个 CallableStatement 对象可以使用 Connection 类的 prepareCall()方法，调用格式有三种：

```
CallableStatement cs=conn.prepareCall("{call 存储过程名}");
CallableStatement cs=conn.prepareCall("{call 存储过程名(?,?,…)}");        //?是占位符
CallableStatement cs=conn.prepareCall("{?=call 存储过程名(?,?,…)}");      //?是占位符
```

其中的"?"是存储过程参数的占位符，一个占位符"?"是 IN、OUT 还是 INOUT 型取决于存储过程定义。在上面的三种调用方式中，第一种是不带参数的存储过程调用；第二种是带若干个参数的存储过程调用；而第三种则是带若干个参数并且有返回值参数的存储过程调用（实际是函数调用），这种方式中的第一个（等号前面的）占位符"?"用于接收存储过程的返回值，它必须是 OUT 型。

在执行带参数的 SQL 语句前，必须对 IN 和 INOUT 参数的占位符"?"进行赋值。这可以使用 setXXX()方法通过占位符的下标完成对输入参数的赋值，XXX 根据不同的数据类型进行选择。而对 OUT 或 INOUT 的参数还要进行类型注册。注册方式如下：

```
cs.registerOutParamenter(1,java.sql.Types.INTEGER);        //注册第一个占位符对应的变量类型为整型
```

说明：如果已知 OUT 或 INOUT 参数的类型，也可以不进行注册。

本章小结

- 数据库、数据库管理系统和数据库系统是三个不同的概念。
- 一个关系型数据库是由一个或多个二维表构成的。表的列称为字段、行称为记录。
- 数据库中的表有三种约束：域约束、主码约束和外码约束。
- SQL 是结构化查询语言的英文缩写，是用来定义数据库表和完整性约束以及访问和操作数据的语言。
- JDBC 是为在 Java 程序中访问数据库而设计的一组 Java API，包含有一组类与接口，用于与数据库连接，把 SQL 语句发送到数据库，处理 SQL 语句的结果以及获取数据库的元数据等。
- 使用 Java 开发任何数据库应用程序都需要四个接口：Driver、Connection、Statement 和 ResultSet。这些接口定义类使用 SQL 语句访问数据库的方法。JDBC 驱动程序开发商或第三方已实现了这些接口中的方法。
- 使用 JDBC 访问数据库的一般步骤为：加载驱动程序、建立与数据库的连接、创建执行方式语句、执行 SQL 语句、处理返回结果和关闭创建的各种对象。
- JDBC 中有三种 SQL 查询方式：不含参数的静态查询、含有参数的动态查询和存储过程调用。这三种方式分别对应 Statement、PreparedStatement 和 CallableStatement 接口。
- JDBC 通过 Statement 接口实现静态 SQL 查询，通过 PreparedStatement 接口实现动态 SQL 查询，通过 CallableStatement 接口实现存储过程的调用。
- JDBC 通过 ResultSet 返回查询结果集，并提供记录指针对其记录进行定位。
- JDBC 通过 DatabaseMetaData 接口获得关于数据库的信息，通过 ResultSetMetaData 接口获取结果集的结构。
- JDBC 默认的事务提交方式是自动提交，可以通过 setAutoCommit()方式，使用 rollback()方法可实现事务回滚。

14 网络编程

在 Internet 被广泛使用的今天,网络编程显得更加重要了。网络应用是 Java 语言取得成功的领域之一,Java 语言现在已经成为 Internet 上最流行的一种编程语言。

Java 语言的网络功能非常强大,其网络类库不仅使用户可以开发、访问 Internet 应用层程序,而且还可以实现网络底层的通信。

14.1 网络编程概述

网络编程的目的就是直接或间接地通过网络协议与其他计算机进行数据传递。网络编程中有两个主要问题,一个是如何准确地定位网络上一台或多台主机;另一个就是找到主机后如何可靠、高效地进行数据传输。在 TCP/IP 协议中,IP 层主要负责网络主机的定位以及数据包的寻址,由 IP 地址可以唯一地确定 Internet 上的一台主机;TCP 层则提供面向应用的可靠或不可靠的数据传输机制,它是网络编程的主要对象,一般不需要关心 IP 层对数据包是如何封装和处理的。

Java 中网络编程的实现方法主要有两种:一种方法是通过 URL 类和 URLConnection 类访问 WWW 网络资源,由于 URL 十分方便、直观,尽管在功能上有一定的局限性,但在某些情况下还是值得推荐的;另一种方法是借助 Socket 套接字实现基于 TCP 协议或 UDP 协议的网络编程,TCP 编程主要用到的类有 Socket、ServerSocket,UDP 编程主要用到的类有 DatagramSocket、DatagramPacket 和 DatagramSocket。

14.2 基于 URL 的网络编程

URL(Uniform Resourse Locator,统一资源定位符)是用于完整地描述 Internet 上网页和其他资源地址的一种标识方法。URL 通过使用一定的顺序排列数字和字母来确定一个地址。浏览器通过解析给定的 URL 地址,可对我们访问的 Internet 上的各种网络资源(比如文件、Web 站点、新闻组、网页等)进行访问及数据传输。

14.2.1　URL 类

IP 地址用来唯一标识网络中的计算机，而 URL 标识了网络中计算机上的资源。Java 中使用 URL 类来封装 URL 相关的数据信息。使用 URL 类和 URLConnection 类都能够实现对一个服务器的访问，获取服务器上的资源。

创建 URL 类的对象，主要使用如下的构造方法：

public URL(String spec)throws MalformedURLException

该构造方法使用字符串初始化一个 URL 对象，例如：

```
try {
    URL url=new URL("http://www.baidu.com");
} catch (MalformedURLException e) {
    e.printStackTrace();
}
```

该 URL 对象中的协议是 HTTP，即用户按照这种协议与指定的服务器通信，该 URL 对象包含的地址是 www.baidu.com，所包含的资源是默认的资源（主页）。

除了上述的构造方法，还有以下三种构造方法，如表 14.1 所示。

表 14.1　URL 类的构造方法

构造方法	功能
public URL(URL context, String spec) throws MalformedURLException	使用指定的 URL 对象 context 作为基本地址，使用参数 spec 作为相对路径来创建一个 URL 对象
public URL(String protocol, String host, String file) throws MalformedURLException	使用参数 protocol 指定网络协议（例如 ftp 或 http）、参数 host 指定主机名、参数 file 作为相对路径来创建一个 URL 对象
public URL(String protocol,String host, int port,String file) throws MalformedURL-Exception	使用参数 protocol 指定网络协议（例如 ftp 或 http）、参数 host 指定主机名、参数 port 指定端口号、参数 file 作为相对路径来创建一个 URL 对象

URL 类中的主要方法及作用如表 14.2 所示。

表 14.2　URL 类的常用方法

常用方法	功能
public final Object getContent()throws IOException	获取此 URL 的内容
public String getHost()	获得当前 URL 对象所连接机器的名字
public int getPort()	获得此 URL 的端口号
public int getDefaultPort()	获取与此 URL 关联的默认端口号
public String getProtocol()	获取此 URL 的协议名称
public String toString()	构造此 URL 的字符串表示形式。

【例 14.1】获取 URL 相关信息示例的源程序。

import java.net.MalformedURLException;

```
import java.net.URL;
public class app14_1 {
    public static void main(String[] args) {
        try {
            // 使用指定的 URL: "http://www.baidu.com:8080" 来创建 URL 类对象 url
            URL url = new URL("http://www.baidu.com:8080/");
            // 获取服务器名并显示
            System.out.println("Host is:" + url.getHost());
            // 获取端口号并显示
            System.out.println("Port is:" + url.getPort());
            // 获取默认端口号并显示
            System.out.println("DefaultPort is:" + url.getDefaultPort());
            // 获取网络传输协议并显示
            System.out.println("Protocol is:" + url.getProtocol());
        } catch (MalformedURLException e) {
            e.printStackTrace();
        }
    }
}
```

程序的运行结果如下:

Host is:www.baidu.com
Port is:8080
DefaultPort is:80
Protocol is:http

14.2.2　URLConnection 类

URLConnection 类的对象可以与指定的 URL 建立动态连接。同时使用 URLConnection 类的对象可以实现服务器发送请求并将数据送回服务器。创建 URLConnection 类的对象,一般都会使用 URL 对象的 openConnection()方法来返回。

```
try {
        URL url=new URL("http://www.baidu.com:8080/");
        URLConnection urlConn=url.openConnection();
} catch (MalformedURLException e) {        //创建 URL 对象失败
        e.printStackTrace();
}catch ( IOException    e) {                //openConnection 失败
        e.printStackTrace();
}
```

以上程序段生成一个指向地址 http://www.baidu.com:8080 的对象,然后 openConnection() 打开该 URL 对象上的一个连接,返回一个 URLConnection 对象,如果连接失败,会产生 IOException 类型异常。

在类 URLConnection 中,提供了许多设置或获取连接参数的方法,其中,最常使用的是获得输入流的方法 getInputStream()和获得输出流的方法 getOutputStream()。

getInputStream():返回该 URLConnection 对应的输入流,用于获取 URLConnection 相应的内容。

getOutputStream():返回该 URLConnection 对应的输出流,用于向 URLConnection 发送请求参数。

下面的示例中创建 URLConnection 类的对象，并使用该对象的方法获取当前 URL 指定的服务器资源文件的相关信息，同时获取资源文件（网页 html 文件）的内容。

【例 14.2】获取 URL 指定的服务器上资源文件的相关信息示例的源程序。

```java
import java.io.IOException;
import java.io.InputStream;
import java.net.MalformedURLException;
import java.net.URL;
import java.net.URLConnection;

public class app14_2 {
    public static void main(String[] args) {
        try {
            int n;
            // 使用指定的 URL："http://www.baidu.com"来创建 URL 类对象 url
            URL url = new URL("http://www.baidu.com");
            // 通过 url 的 openConnection 方法获取 URLConnection 的对象
            URLConnection urlConn = url.openConnection();
            // 创建输入流，获取指定 url 上资源文件的信息
            InputStream in = urlConn.getInputStream();
            // 获取资源文件的内容
            System.out.println("The Content of http://www.baidu.com is:");
            while ((n = in.read()) != -1) {
                char c = (char) n;
                System.out.print(c);
            }
            // 获取资源文件的类型
            System.out.println("ContentType is :" + urlConn.getContentType());
            // 获取资源文件的长度
            System.out.println("ContentLength is :"    + urlConn.getContentLength());
        } catch (MalformedURLException e) {            //创建 URL 对象失败
            e.printStackTrace();
        } catch (IOException e) {                      //openConnection 失败
            e.printStackTrace();
        }
    }
}
```

程序运行结果略。

14.3 基于套接字的网络编程

套接字是网络通信的应用程序端口，可以实现客户机与服务器之间的通信。

根据网络通信的特征，套接字分为两类：基于 TCP 的流式套接字和基于 UDP 的数据报套接字。两种套接字有很大的区别，若需要提供可靠的、全双工的字节流服务，选择使用流式套接字；若不需要保证数据的可靠性和完整性，则使用数据报套接字。在流式套接字的方式下，网络通信操作是在一对进程之间进行的，因此在进行通信时，双方必须首先创建一个连接过程，建立起一条通信链路，通信结束直接关闭此连接过程即可。而使用数据报套接字方式进行通信时，网络通信的操作是在不同的主机和进程之间转发完成的，不需要建立专门的连接和通信链

路。本小节主要介绍 TCP 套接字的实现原理。

14.3.1 TCP 套接字实现过程

套接字 Socket 类，是通过 C/S（客户端/服务器）方式来实现网络中的两个程序间的连接。通过指定的 IP 地址以及端口来实现互联。建立连接的两个程序间可以实现双向通信，任何一方既可以接受请求，也可以向另一方发送请求，因此利用套接字 Socket 类可以轻易实现网络中数据的传递。

实现 TCP 套接字的基本步骤通常分为服务器端和客户端两部分，如图 14.1 所示。

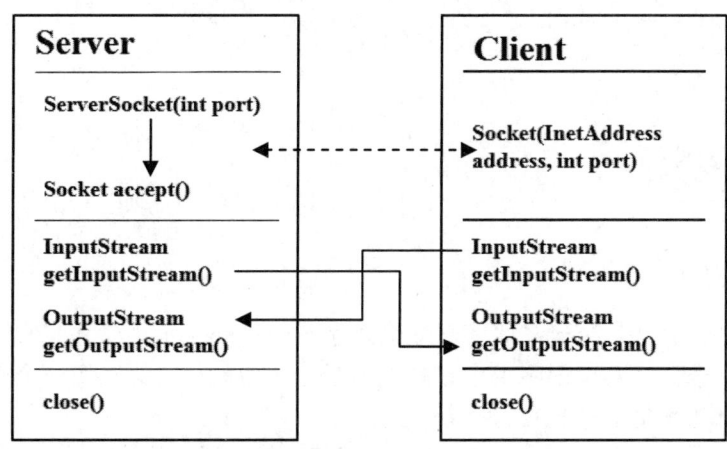

图 14.1　TCP 套接字实现过程示意图

具体步骤如下：

1. 服务器端步骤

1）创建一个服务器套接字（ServerSocket），绑定到指定端口。

2）调用 accept 方法，侦听来自客户端的请求，如果客户发出请求，则接受连接，返回通信套接字（Socket）。

3）调用 Socket 的 getInputStream 和 getOutputStream 方法，获得输入流和输出流，开始网络数据的接收和发送。

4）关闭通信套接字，关闭服务器套接字。

2. 客户端步骤

1）创建一个套接字（Socket），向服务器的侦听端口发出请求。

2）与服务器正确连接后，调用 Socket 的 getInputStream 和 getOutputStream 方法，获得输入流和输出流，开始网络数据的接收和发送。

3）关闭通信套接字。

虽然 TCP 流式套接字原理有一定难度，但有相对固定的使用模式，所以也并不难掌握。接下来将详细介绍实现客户端套接字的 Socket 类和实现服务器端的套接字 ServerSocket 类。

14.3.2　Socket 类

作为客户端的程序，会建立客户端套接字 Socket 对象，并需要指定服务器端的地址及端口号，当客户端程序运行时，就会向服务器发送请求并等待服务器的响应。

常用构造方法如下：

public Socket(String host, int port);用于建立一个主机域名为 host、端口号为 port 的套接字对象。

public Socket(InetAddress address,int port);用于建立一个 InetAddress 对象指定的主机、端口号为 port 的套接字对象。

构造 Socket 对象时，需要指定待连接机器的 IP 地址和提供的端口号。例如：

```
Socket socket=null ;
try {
        socket = new Socket("192.168.1.100", 10000);     //IP 地址
        socket = new Socket("zhangsan", 10000);          //机器名
} catch (UnknownHostException e) {
        e.printStackTrace();
} catch (IOException e) {
        e.printStackTrace();
}
```

14.3.3 ServerSocket 类

作为服务器端的程序，会建立服务器端套接字 ServerSocket 对象并监听端口号，需要注意的是：这里的端口号和客户端程序中指定的端口号是一致的，它就好像一个门牌号，只有服务器和客户端程序都进入同一个门中才会建立连接。

常用构造方法 public ServerSocket(int port); 用于建立服务器端 ServerSocket 对象，参数 port 指定所要监听的端口号。

服务器端程序运行后，其 ServerSocket 对象会一直监听指定的端口中是否有客户端发送的请求，如果没有，服务器程序就会处于等待状态，并一直监听端口；一旦接收到客户端发送的请求，就可以在服务器端建立一个 Socket 类的对象，并使用 ServerSocket 对象的 accept()方法来获取该对象，从而在服务器端保存与客户端的连接，利用该连接实现与客户端连接和数据交换。例如：

```
try {
        ssocket = new    ServerSocket(10000);
        s = ss.accept();
} catch (IOException e) {
        e.printStackTrace();
}
```

其中，accept 方法的原型为：public Socket accept()，它完成的功能是侦听来自客户端的连接请求。在连接传入之前一直阻塞，也就是程序执行到此方法时也会一直等待，直到侦听到客户端的连接请求，然后为此次连接创建新的套接字（Socket）对象。

14.3.4 InetAddress 类

1. 地址的表示

Internet 主机有两种表示地址的方式。

（1）域名，例如：www.baidu.com。

（2）IP 地址，例如：180.97.33.108。

针对上述两种表示地址的方式，java.net 包中的 InetAddress 类对象含有一个 InetAddress 主机地址的域名和 IP 地址：

www.baidu.com/180.97.33.108

域名很容易记忆，在连接网络时输入一个主机的域名后，域名服务器（DNS）负责将域名转化成 IP 地址，这样才能和主机建立连接。

2．获得 Internet 上主机的地址

可以使用 InetAddress 类的静态方法 getByName(String s);将一个域名或 IP 地址传递给该方法的参数 s，获得一个 InetAddress 对象，该对象含有主机地址的域名和 IP 地址。

【例 14.3】获取域名为 www.baidu.com 的主机域名及 IP 地址示例的源程序。

```java
import java.net.InetAddress;
import java.net.UnknownHostException;
public class app14_3 {
    public static void main(String[] args) {
        try {
            InetAddress address=InetAddress.getByName("www.baidu.com");
            System.out.println(address.toString());
        } catch (UnknownHostException e) {
            System.out.println("无法找到 www.baidu.com");
        }
    }
}
```

当运行上述程序时应保证所在计算机已经连接到了 Internet 上，上述程序的运行结果如下：

www.baidu.com/180.97.33.108

3．获得本地机的地址

使用 InetAddress 类的静态方法 getLocalHost ();获得一个 InetAddress 对象，该对象含有主机地址的域名和 IP 地址。

14.3.5 端–端通信程序设计分析

1．从本地控制台数据到程序（内存）

使用 BufferedReader 对象和 InputStreamReader 对象完成字节流到字符流转换，并能按行进行高效读取。

【例 14.4】获取从本地控制台数据到程序示例的源程序。

```java
import java.io.BufferedReader;
import java.io.InputStreamReader;
public class app14_4 {
    public static void main(String[] args) throws Exception
    {
        BufferedReader sin=new BufferedReader(new InputStreamReader(System.in));
        String s= sin.readLine();
        System.out.println(s);
    }
}
```

示例数据输入及程序处理结果如下：

```
Hi,Good morning!
Hi,Good morning!
```

分析：

BufferedReader 对象可以从字符输入流（InputStreamReader 对象）中读取文本，缓冲各个字符，从而实现字符、数组和行的高效读取。

InputStreamReader 对象可以将字节输入流（System.in 可以得到一个标准字节输入流对象）中的字节解码为字符。

2. 从连接的两端进行发送和接受数据

（1）发送数据

PrintWriter 类是字符输出流。可通过字节输出流对象创建一个新的字符输出流对象。

构造方法的原型为：

public PrintWriter(OutputStream out)

发送数据的程序片段（注意：此程序片段不能单独执行）：

```
String s="这是我要发送的字符数据";
PrintWriter os = new PrintWriter(socket.getOutputStream());
os.println(s);
os.flush();
```

通信双方的 Socket 对象都构造成功后，socket 和 socket 之间建立了一条"通道"，从一端往另一端发送数据需要一个输出流对象完成；从一端接收另一端发过来的数据，需要一个输入流来完成。

（2）接收数据

接收数据的程序片段（注意：此程序片段不能单独执行）：

```
BufferedReader is = new BufferedReader(new java.io.InputStreamReader(ClientSocket.getInputStream()));
String inPutStr=null;
inPutStr=is.readLine();
System.out.println(inPutStr);
```

此处，这个客户端为了接收从另外一端（可能是某个服务器或者某个其他的客户端）的数据，需要通过输入流对象来完成数据的获取。这个输入流对象可以通过 ServerSocket 的 getInputStream 方法获取，也可以通过 Socket 的 getInputStream 方法获取。

14.3.6 逐步完成具备发送和接收数据的 Java 控制台聊天程序

按照上述发送数据和接收数据原理，假设两台机器进行聊天通信，其中一台作为服务器，另一台作为客户端。服务器端应能够发送数据给客户端，也能够接收从客户端发送过来的数据；客户端同理，也有发送到服务器、接收服务器的数据的要求。

（1）点对点通信能按照一个"发"一个"收"的方式进行。

【例 14.5】点对点通信示例的源程序。

Server 端程序：

```
import java.io.BufferedReader;
import java.net.ServerSocket;
import java.net.Socket;

public class app14_5_Server {
```

```java
        ServerSocket ssocket=null;
        Socket socket=null;
        String inStr = null;
        public static void main(String[] args) {
            new  app14_5_Server().serverHandle();
        }

        public void serverHandle() {
            try {
                //创建一个 ServerSocket 在端口 10000 监听客户要求
                ssocket = new ServerSocket(10000);
                //等待客户端的连接，进入阻塞状态
                socket = ssocket.accept();
                //由 socket 对象得到的输入流，构造 BufferedReader 对象
                BufferedReader is = new BufferedReader(
                        new java.io.InputStreamReader(socket.getInputStream()));
                while (true) {
                    inStr = is.readLine();      //获取从客户端发送的数据
                    System.out.println(inStr);
                    if (inStr.equals("bye"))    //如果字符串为 bye，则停止读取数据
                        break;
                }
                is.close();             //关闭 Socket 输入流
                socket.close();         //关闭 Socket
                ssocket.close();        //关闭 ServerSocket
            } catch (Exception e) {
                System.out.println(e.getMessage());
            }
        }
    }
}
```

Client 程序：

```java
import java.io.BufferedReader;
import java.io.IOException;
import java.io.InputStreamReader;
import java.io.PrintWriter;
import java.net.Socket;

public class  app14_5_Client {
    Socket socket = null;
    public static void main(String[] args) throws IOException {
        new  app14_5_Client().clientHandle();
    }

    public void clientHandle() throws IOException {
        //向本机 10000 端口发出客户请求
        socket = new Socket(java.net.InetAddress.getLocalHost(), 10000);
        String s = null;
        //由 Socket 得到的输出流，构造 PrintWriter 对象
        PrintWriter os = new PrintWriter((socket.getOutputStream()));
        //由系统标准输入设备构造 BufferedReader 对象
```

```
            BufferedReader sin = new BufferedReader(
                new InputStreamReader(System.in));
            while (true) {
                os.print("来自客户端的提问：");
                s = sin.readLine();      //从标准输入设备读取一行字符串
                if (s.equals("bye"))     //如果该字符串为 bye，停止提问，终止循环
                    break;
                os.println(s);           //向服务器端 app14_5_Server 输出字符串
                os.flush();              //刷新输出流，使 app14_5_Server 端马上收到该字符串
            }
            os.close();                  //关闭 Socket 输出流
            socket.close();              //关闭 Socket
        }
    }
```

该程序的运行结果如下：

Client 端的运行效果：

```
1+1在什么情况下不等于2？
狗为什么不生跳骚
什么东西能看、能吃、能坐？
bye
```

Server 端的运行效果：

```
来自客户端的提问：1+1在什么情况下不等于2？
来自客户端的提问：狗为什么不生跳骚
来自客户端的提问：sh什么东西能看、能吃、能坐？
Connection reset
```

注意：首先执行 Server 端程序，然后执行 Client 端程序，在 Client 端的控制台输入数据，注意每一行以"回车"结束。将会看到 Client 端输入的每一行会依次出现在 Server 端。

也就是说，作为 Server 端，仅完成了接收从客户端发送过来的数据的功能。而客户端也仅完成了发送数据到服务器的功能。

（2）点对点能相互进行收、发通信

上述程序中：Server 端仅能接收 Client 端发送的数据，不能发送数据到 Client 端；Client 端仅能发送数据，不能接收 Server 端发送的数据。进行更改：Client 端先发送数据"1+1 在什么情况下不等于 2"到 Server 端，Server 端发送"在算错的情况下"到 Client 端。服务器端、客户端能够相互进行发送、接收数据，则服务器端、客户端都应该具备相应的输入流对象、输出流对象，分别用于接收数据和发送数据。

【例 14.6】点对点能相互进行收、发通信示例的源程序。

Server 端程序：

```
import java.io.BufferedReader;
import java.io.PrintWriter;
import java.net.ServerSocket;
import java.net.Socket;
```

```java
public class app14_6_Server {
    ServerSocket ssocket=null;
    Socket socket=null;
    String inStr = null;
    public static void main(String[] args) {
        new app14_6_Server().serverHandle();
    }

    public void serverHandle() {
        try {
            //创建一个 ServerSocket 在端口 10000 监听客户要求
            ssocket = new ServerSocket(10000);
            //等待客户端的连接,进入阻塞状态
            socket = ssocket.accept();
            //由 socket 对象得到的输入流,构造 BufferedReader 对象
            BufferedReader is = new BufferedReader(
                    new java.io.InputStreamReader(socket.getInputStream()));
            //由 Socket 得到的输出流,构造 PrintWriter 对象
            PrintWriter os = new PrintWriter(socket.getOutputStream());
            //由系统标准输入设备构造 BufferedReader 对象
            BufferedReader sin = new BufferedReader(
                    new java.io.InputStreamReader(System.in));
            while (true) {

                inStr = is.readLine();        //获取从客户端发送的数据
                System.out.println(inStr);
                if (inStr.equals("bye"))      //如果字符串为 bye,则停止读取数据
                    break;
                os.print("来自服务器端的回答: ");
                os.println(sin.readLine());   //向客户端 app14_6_Client 输出字符串
                os.flush();                   //刷新输出流,使 app14_6_Clientr 端马上收到该字符串
            }
            is.close();       // 关闭 Socket 输入流
            socket.close();   //关闭 Socket
            ssocket.close();  //关闭 ServerSocket
        } catch (Exception e) {
            System.out.println(e.getMessage());
        }
    }
}
```

可以看到,作为服务器端,通过输入流读取另一端发送的数据;通过输出流发送从键盘输入的数据。

Client 端程序:

```java
import java.io.BufferedReader;
import java.io.IOException;
import java.io.InputStreamReader;
import java.io.PrintWriter;
import java.net.Socket;
```

```java
public class app14_6_Client {
    Socket socket = null;
    public static void main(String[] args) throws IOException {
        new app14_6_Client().clientHandle();
    }

    public void clientHandle() throws IOException {
        //向本机 10000 端口发出客户请求
        socket = new Socket(java.net.InetAddress.getLocalHost(), 10000);
        String s = null;
        //由 Socket 得到的输出流，构造 PrintWriter 对象
        PrintWriter os = new PrintWriter((socket.getOutputStream()));
        //由系统标准输入设备构造 BufferedReader 对象
        BufferedReader sin = new BufferedReader(
            new InputStreamReader(System.in));
        //由 socket 对象得到的输入流，构造 BufferedReader 对象
        BufferedReader is = new BufferedReader(
            new java.io.InputStreamReader(socket.getInputStream()));
        while (true) {
            os.print("来自客户端的提问：");
            s = sin.readLine();          //从标准输入设备读取一行字符串
            if (s.equals("bye"))         //如果该字符串为 bye，停止提问，终止循环
                break;
            os.println(s);               //向服务器端 app14_6_Server 输出字符串
            os.flush();                  //刷新输出流，使 app14_6_Server 端马上收到该字符串
            System.out.println(is.readLine());
        }
        os.close();                      //关闭 Socket 输出流
        socket.close();                  //关闭 Socket
    }
}
```

可以看到，作为客户端，通过输入流读取另一端发送的数据；通过输出流发送从键盘输入的数据。

该程序的运行结果如下：

Client 端的运行效果：

```
1+1在什么情况下不等于2？
来自服务器端的回答：在算错的情况下
狗为什么不生跳蚤？
来自服务器端的回答：狗只能生狗
什么东西能看、能吃、能坐？
来自服务器端的回答：电视、面包、沙发
```

Server 端的运行效果：

```
来自客户端的提问：1+1在什么情况下不等于2？
在算错的情况下
来自客户端的提问：狗为什么不生跳蚤？
狗只能生狗
来自客户端的提问：什么东西能看、能吃、能坐？
电视、面包、沙发
```

此例即完成了两端都能够发送和接收数据的功能。但是在等待输入流"流进"数据的同时，无法进行下一行数据的输入、发送，这是因为如下这条语句：

is.readLine();

这个输入流所在的端如果通过 readline()方法没有得到数据，会一直等待，直到另一端输入数据并按下回车后发送了数据过来。这个等待的过程就会造成阻塞。

所以在调用输入流的 readline()方法时，要注意使用多线程来封装这个"读入数据"，以免造成阻塞。

（3）多线程改进通信

"发送—接收—再发送"的聊天模式显然并不符合我们日常聊天的习惯。问题在于等待输入流"流进"数据的同时无法进行下一行数据的输入。所以拟采用多线程的手段来进行改进，使得在等待的同时能进行下一行数据的输入。

可采取如下的设计思路：设计一个新的线程类用于实现接收数据的功能。在程序执行时，main 线程用于发送数据到另一端，这个新设计的线程用于读取数据。

在 Server.Java 文件中设计一个线程类：

class ReadThread extends Thread

在 Client.java 文件中设计一个线程类：

class ClientReadThread extends Thread

线程的 run 方法应能完成通过字符输入流读取连接通道中从另一端发送过来的数据。

【例 14.7】多线程改进通信示例的源程序。

Server 端程序：

```
import java.net.*;
import java.io.*;

public class app14_7_Server {
    Socket socket = null;
    ServerSocket ssocket = null;
    PrintWriter os = null;
    BufferedReader sin = null;

    public app14_7_Server() {
        // 创建一个 ServerSocket 在端口 10000 监听客户要求
        try {
            ssocket = new ServerSocket(10000);
            // 等待客户端的连接，进入阻塞状态
            socket = ssocket.accept();
        } catch (IOException e) {
            // TODO 自动生成的 catch 块
```

```java
                    e.printStackTrace();
            }
    }

    public static void main(String[] args) throws IOException {
            new app14_7_Server().serverHandle();
    }

    public void serverHandle() throws IOException {
            // 子线程接收客户端发送过来的数据
            ReadThread thread = new ReadThread(socket);
            thread.start();

            String inPutStr = null;
            // 处理发送数据到客户端
            while (true) {
                    // 由 Socket 得到的输出流，构造 PrintWriter 对象
                    os = new PrintWriter(socket.getOutputStream());
                    // 由系统标准输入设备构造 BufferedReader 对象
                    sin = new BufferedReader(new InputStreamReader(System.in));
                    os.print("来自服务器端的回答：");
                    inPutStr = sin.readLine();
                    if (inPutStr.equals("bye"))
                            break;
                    os.println(inPutStr);    // 向客户端 app14_7_Client 输出字符串
                    os.flush();              // 刷新输出流，使 app14_7_Clientr 端马上收到该字符串
            }
    }
}

class ReadThread extends Thread {
    Socket connectedSocket = null;
    BufferedReader is = null;

    public ReadThread(Socket connectedSocket) throws IOException {
            this.connectedSocket = connectedSocket;
    }

    public void run() {
            try {
                    // 由 connectedSocket 对象得到的输入流，构造 BufferedReader 对象
                    is = new BufferedReader(new InputStreamReader(
                                    connectedSocket.getInputStream()));
                    String inPutStr = null;
                    while (true) {
                            inPutStr = is.readLine();    // 获取从客户端发送的数据
                            if (inPutStr.equals("来自客户端的提问：bye")) {
                                    System.out.println("客户端已退出");
                                    // 如果该字符串为"来自客户端的提问：bye"，终止循环
                                    break;
```

```java
                    }
                    System.out.println(inPutStr);
                }
            } catch (Exception e) {
                System.out.println(e.getMessage());
            }
        }
    }
}
```

Client 端程序：

```java
import java.net.*;
import java.io.*;

public class app14_7_Client {
    Socket socket = null;
    PrintWriter os = null;
    BufferedReader sin = null;

    public static void main(String[] args) throws IOException {
        new app14_7_Client().clientHandle();
    }

    public void clientHandle() throws IOException {
        // 向本机 10000 端口发出客户请求
        socket = new Socket(java.net.InetAddress.getLocalHost(), 10000);

        // 子线程用来读服务器端发送过来的数据
        ClientReadThread thread = new ClientReadThread(socket);
        thread.start();

        String s = null;
        // 由 Socket 得到的输出流，构造 PrintWriter 对象
        os = new PrintWriter((socket.getOutputStream()));
        // 由系统标准输入设备构造 BufferedReader 对象
        sin = new BufferedReader(new InputStreamReader(System.in));

        while (true) {
            os.print("来自客户端的提问：");
            s = sin.readLine();        // 从标准输入设备读取一行字符串
            os.println(s);             // 向服务器端 app14_7_Server 输出字符串
            os.flush();                // 刷新输出流，使 app14_7_Server 端马上收到该字符串
            if (s.equals("bye"))
                break;                 // 如果该字符串为"bye"，停止提问，终止循环
        }
    }
}

class ClientReadThread extends Thread {
    Socket ClientSocket = null;
    BufferedReader is = null;
```

```java
        public ClientReadThread(Socket ClientSocket) throws IOException {
            this.ClientSocket = ClientSocket;
        }

        public void run() {
            try {
                // 由 ClientSockett 对象得到的输入流，构造 BufferedReader 对象
                is = new BufferedReader(new InputStreamReader(
                        ClientSocket.getInputStream()));
                String inPutStr = null;
                while (true) {
                    inPutStr = is.readLine();        // 获取服务器端发送的消息
                    if (inPutStr.equals("来自服务器端的回答：bye")) {
                        //如果该字符串为"来自服务器端的回答：bye"，终止循环
                        break;
                    }
                    System.out.println(inPutStr);

                }
            } catch (Exception e) {
            }
        }
    }
```

通过 Server.java 可以看到，main 线程主要完成发送数据到客户端的功能，而接收从客户端发送的数据则由一个 ReadThread 线程来完成。因为 2 个线程并发执行，所以不存在等待或者阻塞的问题了。

某个端在发送数据到另一端时，可以不用等到另一端发送数据才能继续再行发送。例如如下"客户端"和"服务器"都连着说了三句话：

Client 端：

```
1+1在什么情况下不等于2？
狗为什么不能生跳蚤？
什么东西能看、能吃、能坐？
来自服务器端的回答：在算错的情况下
来自服务器端的回答：狗只能生狗，不能生跳蚤
来自服务器端的回答：电视、面包、沙发
bye
```

Server 端：

```
来自客户端的提问：1+1在什么情况下不等于2？
来自客户端的提问：狗为什么不能生跳蚤？
来自客户端的提问：什么东西能看、能吃、能坐？
在算错的情况下
狗只能生狗，不能生跳蚤
电视、面包、沙发
客户端已退出
bye
```

（4）实现一对多通信

上述程序只能实现服务器和一个客户端的对话，在实际应用中，通常是多个客户端同时向服务器提出请求，因此往往在服务器上运行一个常驻程序，用它来接受多个客户端的请求并提供相应的服务。服务器总是在指定的端口上监听是否有客户端请求，一旦监听到客户请求，服务器就会启动一个专门的服务线程来响应客户的请求。而服务器本身在启动线程后马上进入到监听状态，等待下一个客户端的到来。借助于 Java 语言的多线程机制，可实现并发服务，以适应一个服务器与多个客户端通信的目的。

【例 14.8】一对多通信示例的源程序。

Server 端程序：

```java
import java.io.*;
import java.net.*;

public class app14_8_Server {
    static int num = 1;// 客户端计数

    public static void main(String[] args) {
        ServerSocket ssocket = null;
        Socket socket = null;
        while (true) {
            try {
                // 创建一个 ServerSocket 在端口 10000 监听客户要求
                ssocket = new ServerSocket(10000);
                // 等待客户端的连接（阻塞）请求到来时，产生一个 Socket 对象
                socket = ssocket.accept();
                System.out.println("Client[" + app14_8_Server.num + "]登录......");
                //监听到客户请求，根据计数创建服务器线程并启动
                ServerThread st=new ServerThread(socket);
                new Thread(st).start();
                ssocket.close();
                num++;
            } catch (IOException e) {
                // TODO 自动生成的 catch 块
                e.printStackTrace();
            }
        }
    }
}

class ServerThread implements Runnable {
    private Socket clientsSocket;

    public ServerThread(Socket clientsSocket) {
        this.clientsSocket = clientsSocket;
    }

    public void run() {
        try {
```

```java
            //由 clientsSocket 对象得到的输入流，构造 BufferedReader 对象
            BufferedReader is = new BufferedReader(new InputStreamReader(
                        clientsSocket.getInputStream()));
            //由 Socket 得到的输出流，构造 PrintWriter 对象
            PrintWriter os = new PrintWriter(clientsSocket.getOutputStream());
            //由系统标准输入设备构造 BufferedReader 对象
            BufferedReader sin = new BufferedReader(
                        new java.io.InputStreamReader(System.in));
            System.out.println("Client:"+is.readLine());
            String inputString=sin.readLine();      //从输入设备读取一行字符串
            while(inputString!=null&&!inputString.trim().equals("bye")){
                os.println(inputString);       //向客户端输出字符串
                os.flush();      //刷新输出流，使得客户端马上得到此字符串
                System.out.println("来自客户端的提问："+is.readLine());
                inputString=sin.readLine();    //从输入设备读取一行字符串
            }
            os.close();              //关闭 Socket 输出流
            is.close();              //关闭 Socket 输入流
            clientsSocket.close();   //关闭 Socket
            System.out.println("聊天结束!");
        } catch (IOException e) {
            e.printStackTrace();
        }
    }
}
```

Client 端程序：

```java
import java.io.*;
import java.net.*;

public class app14_8_Client {
    public static void main(String[] args) throws IOException {
        Socket socket = null;
        String inputString = null;
        //向本机 10000 端口发出客户请求
        socket = new Socket(InetAddress.getLocalHost(), 10000);
        System.out.println("请输入消息：");
        // 由 socket 对象得到的输入流，构造 BufferedReader 对象
        BufferedReader is = new BufferedReader(new InputStreamReader(
                    socket.getInputStream()));
        // 由 Socket 得到的输出流，构造 PrintWriter 对象
        PrintWriter os = new PrintWriter(socket.getOutputStream());
        // 由系统标准输入设备构造 BufferedReader 对象
        BufferedReader sin = new BufferedReader(new java.io.InputStreamReader(
                    System.in));
        inputString=sin.readLine();       //从输入设备读取一行字符串
        while(inputString!=null&&!inputString.trim().equals("bye")){
            os.println(inputString);        //向服务器端输出字符串
            os.flush();       //刷新输出流，使得服务器端马上得到此字符串
```

```
                System.out.println("来自服务器的回复: "+is.readLine());
                inputString=sin.readLine();;//从输入设备读取一行字符串
            }
            os.close();          //关闭Socket输出流
            is.close();          //关闭Socket输入流
            socket.close();      //关闭Socket
            System.out.println("聊天结束!");
        }
    }
}
```

程序的运行结果如下:

Server 端:

```
Client[1]登录……
Client:你好,服务器,我是1号客户端
Client[2]登录……
Client:你好,服务器,我是2号客户端
1号客户端,你好
2号客户端,你好
```

Client 端:

```
请输入消息:
你好,服务器,我是1号客户端
来自服务器的回复:1号客户端,你好
bye
聊天结束!
```

14.4 基于 UDP 的网络编程

上小节介绍了基于 TCP 协议的、面向连接的 Socket 类编程,本节着重介绍基于 UDP 协议的、面向无连接的 DatagramSocket 类编程。

基于 UDP 的通信和基于 TCP 的通信不同,基于 UDP 的通信的信息传递得更快,但不提供可靠性保证。也就是说,数据在传输时,用户无法知道数据能否正确到达目的地,也不能确定数据到达目的地的顺序是否与发送的顺序一致。可以把 UDP 通信比作生活中的邮递邮件,我们不能保证所发的邮件一定能到达目的地,也不能保证到达的顺序是发出时的顺序,可能因为某种原因导致先发的后到达。既然 UDP 是一种不可靠的协议,为什么还要使用它呢?如果人们有时候需要较快速地传输信息并能容忍小的错误,就可以考虑 UDP。

基于 UDP 通信的基本模式是:

1)将数据打包,称为数据包(好比将信件装入信封一样),然后将数据包发往目的地。
2)接收别人发来的数据包(好比接收信封一样),然后查看数据包中的内容。

14.4.1　数据报套接字

在 java.net 包中，提供了 DatagramPacket 和 DatagramSocket 两个类，用来实现应用程序间建立的数据报方式的网络通信。使用 Datagram 数据报方式实现通信，要将数据打包后才能进行传送和接收。而 DatagramPacket 就是创建数据包的，创建的数据包分为以下两种。

1. 发送数据包

该数据包包含所要传送的数据信息以及要传送的目的地址。常用的构造方法如下：

```
public DatagramPacket(byte[] data,int length,InetAddress address, int port);
```

使用该构造方法创建的数据包对象具有下列两个性质：

1）含有 data 数组指定的数据。

2）该数据包将发送到地址 address，端口号是 port 的主机上。

我们称 address 是它的目标地址，port 是这个数据包的目标端口。如下述程序片段：

```
byte data[]="".getBytes();
InetAddress address=InetAddress.getByName("www.baidu.com");
DatagramPacket dp=new DatagramPacket(data, data.length,address,6666);
```

2. 接收数据包

首先用 DatagramSocket 类的一个构造方法创建一个对象：

```
public DatagramSocket(int port) throws SocketException
```

其中的参数 port 必须和待接收的数据包的端口号相同。例如，发送方的数据包的端口是 6666，那么创建 DatagramSocket 对象为：

```
DatagramSocket mail_in=new DatagramSocket(6666);
```

然后对象 mail_in 使用下述方法接收数据包：

```
public void receive(DatagramPacket p) throws IOException
```

该方法有一个数据包参数 p，方法 receive() 把收到的数据包传给该参数。因此我们必须预备一个数据包以便收取数据包。这时需要 DatagramPacket 类的另一个构造方法：

```
public DatagramPacket(byte[] buf, int length)
```

此方法创建一个数据包，用于接收数据包，例如：

```
byte[] data=new byte[200];
int length=90;
DatagramPacket dp=new DatagramPacket(data, length);
mail_in.receive(dp);
```

该数据包 dp 将接收长度是 length 字节的数据放入 data。

14.4.2　UDP 通信一般过程

与 TCP 套接字的通信过程类似，UDP 套接字也分为服务器端和客户端两个部分。

1. 服务器端步骤

1）创建 UDP 套接字。

2）绑定套接字到特定地址。

3）等待并接收客户端消息。

4）处理客户端请求。

5）发信息回客户端。

6）关闭套接字。

2. 客户端步骤

1）创建 UDP 套接字。

2）发送信息至服务器。

3）接收来自服务器的信息。

4）关闭套接字。

14.4.3 简单的客户/服务器程序设计

【例 14.9】基于 UDP 的客户端/服务器通信示例的源程序。

服务器代码，app14_9_UdpServer.java：

```java
import java.io.*;
import java.net.*;
public class app14_9_UdpServer {

    public static void main(String[] args) throws IOException {
        System.out.println("UDP Server starting.....");
        //创建一个绑定到 6666 端口的数据报套接字
        DatagramSocket ds=new DatagramSocket(6666);
        //创建一个用于保存数据包的字节数组
        byte[] data=new byte[200];
        /*
        创建 DatagramPacket 对象封装了一个指向字节数组和目标的地址信息，
        DatagramPacket 对象没有初始化地址是因为它包含了来自客户端的地址信息
        */
        DatagramPacket dgp=new DatagramPacket(data, data.length);

        while(true){
            //从客户端接受数据包
            ds.receive(dgp);
            //显示数据包的内容
            System.out.println(new String(data));
            //回应一个信息到客户端
            ds.send(dgp);
        }

    }

}
```

客户端代码，app14_9_UdpClient.java：

```java
import java.io.DataInputStream;
import java.io.IOException;
import java.net.DatagramPacket;
import java.net.DatagramSocket;
import java.net.InetAddress;
import java.net.SocketException;
import java.net.UnknownHostException;
```

```java
public class app14_9_UdpClient {

    public static void main(String[] args) {
        DatagramSocket ds=null;    //定义数据报套接字
        try {
            //客户端创建一个数据报套接字,由系统自动分配端口号
            ds=new DatagramSocket();
            //创建一个字节数组,用来保存数据包信息的数据部分
            byte[] sendBuffer;
            //这个信息最初为字符串对象,之后转换为字节序列
            sendBuffer=new String("this is a datagram").getBytes();
            //获得主机地址
            InetAddress address=InetAddress.getLocalHost();
            //创建 DatagramPacket 对象,它封装了对字节数组的引用和目标地址信息
            DatagramPacket dp=new DatagramPacket(
                    sendBuffer, sendBuffer.length,address,6666);
            //创建 socket 发送包
            ds.send(dp);
            //创建一个字节数组保存服务器的返回
            byte[] receiveBuffer=new byte[200];
            //创建一个 DatagramPacket 对象,这个对象保存了服务器的返回值
            dp=new DatagramPacket(receiveBuffer, receiveBuffer.length,address,6666);
            //通过 socket 接收的数据包
            ds.receive(dp);
            //打印服务器返回并保存在数据包中的值。
            System.out.println(new String(dp.getData()));
        } catch (SocketException e) {
            e.printStackTrace();
        } catch (UnknownHostException e) {
            e.printStackTrace();
        } catch (IOException e) {
            e.printStackTrace();
        } finally {
            if (ds!=null) {
                ds.close();
            }
        }

    }
}
```

程序的运行结果如下:
服务器端:

```
UDP Server starting.....
this is a datagram
```

客户端:

从以上程序中可以看出，UDP 和 TCP 还是有很大区别的。一个较为明显的不同是 UDP 的 Socket 编程不提供监听功能，通信双方采用完全相同的接口，它们是平等的。当然，在 UDP 编程时，也可以实现类似监听的功能，使用 DatagramSocket.receive()达到客户端/服务器端结构的要求，因为 receive()是阻塞的函数，当它返回时，接收方的缓冲区已经接收到了一个包含发送方各种消息的数据报，这一点和 accept()很相似，所以下一步如何动作取决于读入的数据报，这就达到了跟网络监听相似的效果。

本章小结

- 通信端口是一个标记计算机逻辑通信信道的正整数，用于区分一台主机中的不同应用程序，端口号不是物理实体。
- IP 地址和端口号组成了所谓的 Socket。Socket 是实现客户与服务器模式的通信方式，Socket 本意为"插座"，在通信领域译为"套接字"，在网络通信里的含义就是建立一个连接。
- URL 是统一资源定位符，它表示 Internet 上某一资源的地址。URL 的基本结构由五部分组成。
- Java 的网络编程分为三个层次。最高一级的网络通信就是从网络上下载一个小程序；次一级的通信就是通过 URL 类的对象指明文件所在位置，并从网络上下载音频、视频或图像文件，然后播放音频、视频或显示图像；最低一级的通信是利用 java.net 包中提供的类直接在程序中实现网络通信。
- 针对不同层次的网络通信，Java 语言提供的网络功能有四大类：URL、InetAddress、Socket 和 Datagram。

参考文献

[1] 明日科技．Java 从入门到精通．4 版．北京：清华大学出版社，2016．
[2] 明日科技．Java 项目开发实战入门．北京：人民邮电出版社，2017．
[3] 梁勇（Y. Daniel Liang）著．Java 语言程序设计．2 版．北京：机械工业出版社，2015．
[4] 唐大仕．Java 程序设计．2 版．北京：清华大学出版社，2015．
[5] Walter Savitch．Java 程序设计与问题解决．6 版．张长富，等译．北京：清华大学出版社，2012．
[6] 陈国君．Java 程序设计基础．5 版．北京：清华大学出版社，2015．
[7] 辛运帏，饶一梅．Java 程序设计．4 版．北京：清华大学出版社，2017．
[8] 杨佩理，周洪斌．Java 程序设计基础教程．北京：机械工业出版社，2010．
[9] 谷志峰．Java 程序设计基础教程．北京：电子工业出版社．2016．
[10] 毕静．Java 语言程序设计基础．北京：北京航空航天大学出版社．2017．